Diether Grünenfelder «... als wären wir gleichwertig»

Diether Grünenfelder

«... als wären wir gleichwertig»

Geschichten aus 20 Jahren
Entwicklungszusammenarbeit
mit EcoSolidar

orell füssli Verlag AG

Umschlaggestaltung: Isabella Augustin-Hitz, Chur
Umschlagabbildung: EcoSolidar, Zürich
Fotos: EcoSolidar und Mario Modena, Zürich
Landkarten: Seraina Grünenfelder, Ottenbach ZH
Lektorat: Esther Hürlimann, Zürich
Druck: fgb • freiburger graphische betriebe, Freiburg i. Brsg.
Printed in Germany

ISBN 3-280-06072-9
ISBN 978-3-280-06072-8

Bibliografische Information der Deutschen Bibliothek:
Die Deutsche Bibliothek verzeichnet diese Publikation in der Deutschen Nationalbibliografie; detaillierte bibliografische Daten sind im Internet abrufbar über http://dnb.ddb.de.

Inhaltsverzeichnis

D. G. – der sanfte Revolutionär

Vorwort von Emilio Modena, Präsident von EcoSolidar

Als auf Zürichs Strassen Jungarbeiter und Studenten Solidarität mit der Dritten Welt forderten und für Autonomie kämpften – 1968, 1980 – lernte ich ihn kennen: Diether Grünenfelder (D. G.). Er war bei den progressiven Mittelschülern gewesen, wurde Sekundarlehrer, dann Präsident des Demokratischen Manifestes, einer breiten Koalition von linken und liberalen Kräften, die damals schon gegen den Abbau der demokratischen Rechte und gegen faschistoide Umtriebe von rechts antrat. Von der «neuen Rechten» sprach man noch nicht, und der eidgenössische Fichenskandal lag noch in weiter Ferne, aber die Initiative gegen die «Überfremdung von Volk und Heimat» von James Schwarzenbach hatte es schon gegeben, und der Rechtsfreisinnige Ernst Cincera hatte ein privates Schnüffelunternehmen gegen alles Linke (und Nette) aufgezogen.

Die Gruppe um D. G. enttarnte einen Spitzel und entwendete und publizierte das «Cincera-Archiv». Rechtsgültig wegen Hausfriedensbruch verurteilt, fand der Sekundarlehrer daraufhin landauf, landab keine Stelle mehr – obschon es in der Schweiz (im Gegensatz zur Bundesrepublik Deutschland) offiziell kein Berufsverbot gab. Er machte aus der Not eine Tugend, begann als Aktivist der Selbstverwaltungsbewegung sich in Kneipenkollektiven zu engagieren und dort seine Existenz zu fristen, mittlerweilen verheiratet und in einer Patchworkfamilie mit Kindern.

Im «Engel» in Ottenbach lernten wir uns näher kennen, als der Wirt und Pädagoge und sein Kollektiv nicht mehr weiter wussten und den Psychoanalytiker für eine Gruppensupervision einstellten. Aber das ist eine andere Geschichte, die zur Aufarbeitung der Probleme beim Aufbau des demokratischen Sozialismus und in ein anderes Buch gehört... Wie konnten wir nur derart blauäugig sein! Die Jungrevolutionäre mussten zur Kenntnis nehmen, dass die Welt nicht in einem Kraftakt zu verändern war – trotz klarem Verstand, trotz unternehmerischer Phantasie, trotz Herzblut und der besseren Moral. Die Ziele mussten zurückgesteckt und konkretisiert, die materialistische Umwelt mit einbezogen werden. Da überraschte mich D. G.

mit einem völlig unerwarteten neuen Projekt: einem Hilfswerk der besonderen Art, solidarisch, ökologisch, gleichberechtigt.

Ein Hilfswerk? Ich war, ehrlich gesagt – wie die meisten damals –, ziemlich konsterniert. Moderner Ablasshandel? Wegbereitung für den Neokolonialismus? Aber ich hatte mittlerweile auch den Menschen, den Mann D.G. näher kennen gelernt: ein Freigeist mit hohem Verantwortungsgefühl, ein Liebender, der zu nehmen und zu geben wusste. Wir wohnten in einer WG in Ottenbach eine Zeit lang zusammen, der Schweizer und der Italo. Eigentlich trennten uns Welten – und wollten nicht die Achtziger das ganze Alpenmassiv abtragen? –, aber es gab auch diese gemeinsame Welle, diesen subtilen, unprätentiösen, selbstverständlichen Humanismus, diese fast fraulich zu nennende Fürsorge im Alltag. Die Wohnung war nicht immer aufgeräumt, aber ordentlich, die Leute gingen ein und aus, und es wurden Feste gefeiert. Es gab das Fernweh und die Abenteuerlust: «Gimme a Ticket for an Aeroplane»![1] Ich bewunderte meinen blonden blauäugigen Freund (der einmal tatsächlich Militärpilot hatte werden wollen und am liebsten auf einem grossen Motorrad fuhr) und dachte, wenn es einer schafft, dann er.

D.G. hat sein Ticket genutzt. Er hat in 20 Jahren EcoSolidar mit Ameisenfleiss aufgebaut und durch echte Überzeugungsarbeit das Vertrauen seiner Generation und weit darüber hinaus gewonnen, ja weit über das allzu eng gewordene Umfeld der historischen Linken hinaus. Mit wenig Geld viel erreichen und wirklich Hilfe zur Selbsthilfe geben: Ich staunte, wieviel 100 Dollar wert waren, wenn man sie nicht in den Konsum, sondern in Wissenstransfer, in den alternativen Handel und vor allem in Produktion und Erziehung steckte. Der Süd-Süd-Austausch zwischen den Fischern in Sri Lanka und in Südindien, zwischen den Stadtgärtnern in den Armenvierteln von Santiago de Chile und denjenigen in Lima begeisterte mich. Das Day-Bank-Netzwerk überzeugte mich davon – neben der Alternativbank –, dass Banking nicht nur eine moderne Variante des Raubrittertums zu sein brauchte, und die umsichtige, psychologisch und politisch abgestützte Aufbauarbeit mit den Strassenkindern in Chicani verdiente meiner Meinung nach das Prädikat eines zweiten «pädagogischen Poems»[2]. Auch darüber wäre ein weiteres Buch zu schreiben…

D. G. ist es vor allem auch gelungen, sich das Vertrauen einiger Gleichgesinnter im Trikont zu erwerben, woraus eine gleichberechtigte Zusammenarbeit an konkreten Projekten hervorging. Das ist Gegenstand dieses Buches, das sich streckenweise wie ein Abenteuerroman liest. Auf dieser Grundlage löst sich der Widerspruch zwischen Geber und Nehmer auf: Die Leute im Süden, die das Geld aus dem Norden mit ihrem Fleiss vervielfältigen, schaffen zugleich Arbeitsplätze bei uns und gestalten unsere Institution mit. Die Caritas wird von diesen sanften Revolutionären im Hegelschen Sinn aufgehoben und macht Platz für die gemeinsame Arbeit an einer besseren Welt.

Wenn ich ursprünglich aus Freundschaft zu D.G. das Amt des Präsidenten dieses Hilfswerkes angenommen habe, so bin ich heute dafür dankbar und stolz.

Emilio Modena, Zürich im Sommer 2006

Emilio Modena, Arzt und Psychoanalytiker, 1941 in Neapel geboren, seit 1950 in der Schweiz. Engagiert sich in Quartierprojekten in Zürich und in wissenschaftlicher Arbeit bei der Stiftung für Psychotherapie und Psychoanalyse. Ist Mitbegründer des Psychoanalytischen Seminars, Dozent und Supervisor. Zahlreiche Publikationen, u. a. «Das Faschismussyndrom» (Psychosozial 1998). Er ist seit 1997 Präsident von EcoSolidar.

---

1) Aus dem Song «The Letter» der Rockband Box Tops,1967.

2) Man vergleiche das Buch «Ein pädagogisches Poem – Der Weg ins Leben» von Anton Semenowitsch Makarenko, der nach der russischen Revolution in der frühen Sowjetunion Strassenkinder resozialisierte (Makarenko, A. S. Berlin [Aufbau-Verlag] 1953).

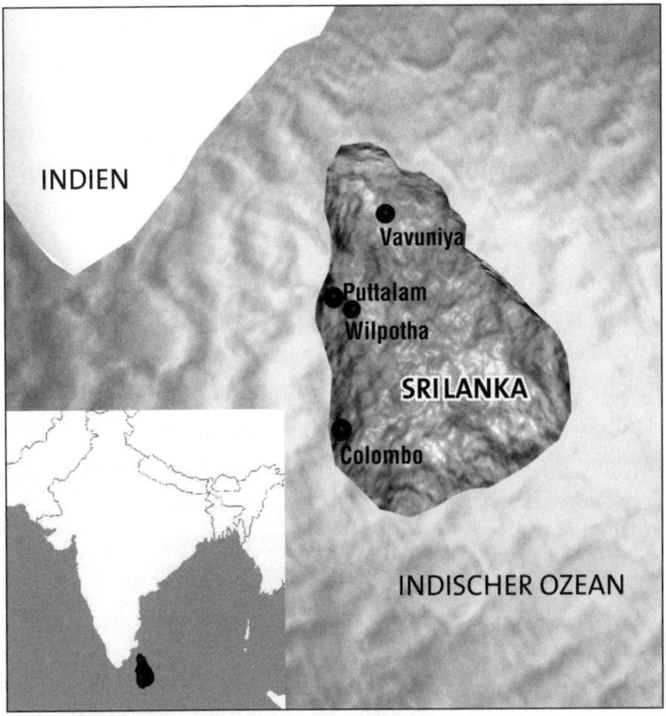

Sri Lanka – selbstbestimmtes Lernen im Süd-Süd-Austausch

Zu Tisch bei Willie Gamage – Fischer/-innen reisen nach Kerala in Indien – Voneinander lernen im Austausch – Ein Freundschaftsmarsch auf den Adam's Peak – Crevettenprojekt – Diskussion um biologischen Landbau – Studienreise nach Ouagadougou und Europa mit Folgerungen – Wilpotha, ein «Musterdorf» in Sri Lanka – Vorläufiger Abschied

Mittagstisch bei Willie Gamage in Colombo. Der Gast und der Gastgeber sitzen am Tisch, Willies Frau und seine Kinder tragen Platte um Platte die Speisen auf, bleiben am Tisch stehen und versuchen am Gesichtsausdruck des Gastes abzulesen, ob ihm das Essen schmeckt. Die mit Chilli gewürzten Gerichte sind köstlich. Auch wenn kein Gast da ist, lässt Willie sich bedienen. Frau und Kinder essen vorher in der Küche. So ist es Brauch.

Zu Beginn – ich habe Willie Gamage 1988 kennen gelernt – sagte ich ihm und seiner Frau Doreen einmal, es würde mich irritieren, dass sie an diesem Brauch festhielten, und es sei mir auch ein wenig peinlich, so bedient zu werden. Immerhin war Willie Gamage in den frühen 1970er Jahren ein Sprecher der linken Studentenbewegung gegen die Regierung Bandaraneike gewesen. Die Gamages verbaten sich meine Kritik.

Nach dem Essen kommen wir auf Unawatuna zu sprechen, wo ich das Wochenende verbringen will. Unawatuna ist ein kleines Dorf in der Nähe von Galle an der Südwestküste Sri Lankas, das Individualtouristen aus aller Welt, aber auch Einheimische anzieht. In Unawatuna hatte ich vor Jahren mit meiner Familie die Ferien verbracht. In lebhafter Erinnerung geblieben sind mir die engen verwinkelten Wege mit den unzähligen winzig kleinen Ladenlokalen und den familiär geführten Pensionen, das doppelstöckige Hotel an einem halbmondförmigen Strand, unsere Kinder, wie sie mit den einheimischen Kindern die Kleider tauschen und stundenlang am Strand gebannt dem Kampf zwischen Eidechsen und Krebsen zusehen.

So lernte ich Sri Lanka kennen und mit jedem Aufenthalt wuchs meine Bewunderung für dieses Land. Willie ist noch nie in Unawatuna gewesen, und je länger wir darüber reden, desto klarer wird, wie gerne er mich begleiten und seiner Familie die grosse Welt etwas näher bringen würde. Schliesslich lade ich ihn und seine Familie ein, mitzukommen.

Einige Tage später hüpfen und tollen Willies Kinder über den Strand und fotografieren sich gegenseitig vor der grandiosen Kulisse des Meeres, während an den Rändern des Strandes Einheimische diskret ihre Notdurft verrichten. Aber was so freudig und ausgelassen beginnt, nimmt beim Abendessen eine abrupte Wendung. Der Grund dafür ist, dass keine Schale mit Wasser gebracht wird, um die Finger zu waschen, wie dies im Land sonst üblich ist, da in Sri Lanka mit den Fingern gegessen wird. Doreen schweigt sichtbar verärgert. Willie schlägt Alarm. Nach einer längeren Auseinandersetzung mit dem Kellner wird die Schale doch noch gebracht. Aber die Stimmung ist dahin. Willie meint grämlich, die Touristen würden die einheimische Esskultur vermiesen, und die Restaurantbetreiber wollten die Ausländer und die einheimischen Emporkömmlinge nicht mit der archaischen Landessitte erschrecken.

Den nächsten Tag verbringen die Gamages im Zimmer. Sie haben keine Lust, das Dorf zu besichtigen oder an den Strand zu gehen. Auf der Heimfahrt nach Colombo schimpft Willie auf die Touristen und die Bücklinge der Sri Lanker. Zur Zeit der Studentenbewegung sei dies noch anders gewesen, sagt Willie, und grollt vor sich hin. Die Regierung Bandaraneike war damals gezwungen, die Inder zu Hilfe zu holen. Später wurde die Bewegung nationalistisch und konservativ. Zumindest im familiären Bereich wurde auch Willie konservativ.

*

Treu ist Willie hingegen seiner politischen Grundhaltung geblieben. Er setzt sich immer noch für die kleinen Leute ein und beherrscht – ganz im Gegensatz zur führenden Oberschicht, die auch unter sich englisch spricht – die einheimischen Sprachen. Aus dem Wortführer einer Bewegung ist ein Kommunikator geworden. Seit 1986 arbeitet Willie für die Organisation Ired, ein internationales Netzwerk von 800 Nichtregierungsorganisationen (NGOs).

Ende der 1980er Jahre wird Ired von 36 Fischergemeinschaften aus dem Puttalam-Distrikt, der etwa 100 Kilometer nördlich von Colombo liegt, um Unterstützung gebeten. Aufgrund der Überfischung des Meeres durch ausländische Fangflotten können sie den Verdienstausfall in den Wochen des Monsuns von Mai bis Juli nicht mehr verkraften und sind dringend auf einen Zusatzverdienst angewiesen.

Willie Gamage nimmt sich der Sache an und entwickelt gemeinsam mit den Betroffenen das Projekt, entlang der Küste künstliche Becken für die Crevettenzucht anzulegen. Auf der Suche nach Geldgebern fragt Ired bei EcoSolidar an – aus dem ersten Kontakt entwickelt sich eine Zusammenarbeit, die sieben Jahre dauern wird.

Als Erstes beteiligt sich EcoSolidar an der Finanzierung einer Reise ins benachbarte südindische Kerala. Sie soll einer Gruppe von interessierten Fischern die Möglichkeit bieten, sich ein Bild von den dortigen Fischerdörfern zu machen. In Kerala war 1959 im Rahmen eines norwegischen Entwicklungsprojektes das so genannte Trawling eingeführt worden, bei dem mit Schleifnetzen auf dem Meeresgrund die Crevetten gefischt werden. In Norwegen war diese Fangmethode schon lange verboten, weil dabei massenhaft Jungfische getötet werden und der Fischbestand zurückgeht.

Was in Norwegen untersagt ist, schien der norwegischen Entwicklungshilfe in Indien unbedenklich – mit der Folge, dass es in Kerala heute nur noch die Hälfte aller ursprünglichen Fischarten und insgesamt immer weniger Fische gibt. Die langen Küstenabschnitte in Indien sind kaum kontrollierbar. Fatalerweise gibt der Markt in dieser Situation genau das verkehrte Signal: Die Preise für Fische steigen, und die Fischergemeinschaften verdrängen, dass dies auf Grund des Rückgangs der Bestände geschieht.

Aber nicht alle Fischerdörfer in Kerala nehmen die Entwicklung passiv hin. Seit Jahren kämpfen Vereinigungen um ihre Fangrechte und fordern von der indischen Regierung Massnahmen gegen das unkontrollierte Trawling. In Valiathura und anderen Dörfern wehren sich die Betroffenen direkt, indem sie drei Kilometer vor der Küste grosse Felsbrocken im Meer versenken und dies öffentlich bekannt geben. Sie erreichen damit, dass die Trawler um ihre Netze fürchten und einen Bogen um die Fischgründe dieser Dörfer machen.

Crevettenbassins, wie sie Ired und die Fischerfamilien in Puttalam planen, wären in Kerala nicht realisierbar, denn jeder Quadratmeter Boden wird dort landwirtschaftlich genutzt. Dies im Gegensatz zu Sri Lanka, wo grosse Küstenabschnitte nicht bebaut sind. Unterschiedlich ist auch die politische Situation. Während die indischen Fischergemeinschaften versuchen, ihre Forderungen bei der Regierung durchzusetzen, erwarten jene aus Puttalam nichts von der Regierung Sri Lankas. Sie müssen sich selber helfen.

Willie stellt eine Reisegruppe von zwölf Personen zusammen, wobei er darauf achtet, dass Frauen und Männer vertreten sind, Angehörige der tamilischen und singhalesischen Volksgruppe, Mitglieder der verschiedenen politischen Parteien. Er wählt die Teilnehmer auch unter dem Gesichtspunkt ihrer Fangtechnik aus. Die Gruppe soll möglichst vielfältig zusammengesetzt sein, damit die neuen Eindrücke möglichst breit diskutiert werden können. Das Projekt soll allen dienen und keinen politischen Widerstand herausfordern.

Eine solche Reise ermöglicht den Fischergemeinschaften, im Sinne eines Süd-Süd-Kontaktes Erfahrungen direkt auszutauschen. Kein westlicher Berater drängt ihnen seine Vorstellungen von Entwicklung auf. Auch müssen sie nicht lesen und schreiben können, um ihren Horizont zu erweitern. Sie bestimmen selbst, welche Schlüsse sie aus dem Meinungs- und Erfahrungsaustausch ziehen wollen. Das führt dazu, dass auch kleine Schritte eine nachhaltige Wirkung zeitigen.

Mit der Reise nach Kerala verfolgt Ired auch das Ziel, das Crevettenprojekt in der Öffentlichkeit bekannt zu machen. Aus diesem Grund hat Ired die Frau des nationalen Fischereiministers eingeladen. Und prompt tritt denn auch an der Pressekonferenz der Minister persönlich auf und verspricht, sich für die Sache der Fischergemeinschaften einzusetzen und das Crevettenprojekt zu unterstützen. Dabei ist es kein Geheimnis, dass er mit den grossen Gesellschaften verbunden ist, die an der Küste quadratkilometerweise Crevetten züchten, und auch mit den japanischen Fischereiunternehmen, die draussen vor der Küste das Meer leer fischen.

Was EcoSolidar an diesem Projekt interessiert? Die materielle Hilfe der Industrieländer führt häufig dazu, dass auf einen Franken, der in Entwicklungsprojekte fliesst, deren zwei den Weg in die reiche Welt zurückfinden. Wir unterstützen daher lieber Lernprozesse, statt dass wir fertige Technologien verschenken. Die Leute sollen befähigt werden, selbst einen Brunnen zu bohren, statt dass wir ihnen einen Brunnen auf den Dorfplatz stellen. Denn Wissen ist in jeder Region vorhanden. Es muss nur neu verteilt werden.

Die Erkenntnisse, die die Fischergemeinschaft von Puttalam mit nach Hause bringen wird, sind eindeutig: Sie wollen das Crevettenprojekt realisieren, und ihnen ist klar geworden, dass sie sich mehr Kontrolle über ihren Meeresabschnitt erkämpfen müssen.

Die Reise nach Kerala wird aber auch als Erlebnis in Erinnerung bleiben. Noch nach Jahren wird man sich erzählen, dass die Frau des Fischereiministers aus Sri Lanka Seife mitgenommen hatte, um diese mit zwei anderen Frauen zu verkaufen. Sie besserte so ihr Taschengeld auf.

Unvergesslich auch die Rückfahrt: Der Bus bleibt im Stau stecken, der Fahrer dreht das Radio auf und wir tanzen wie wild zur Musik. Selbst der geduldige Fotograf, der alle Dorfkinder durch den Sucher seines Apparates hat blicken lassen, rockt. Während die Stimmung unter den Mitreisenden immer ausgelassener wird, verdüstert sich das Gesicht von Willies Chef. Er versteht sich als Moralhüter von Ired, und was um ihn herum passiert, gehört sich nicht.

Die Reise nach Kerala hat aber auch ein unvorhergesehenes Nachspiel. Zwei Teilnehmerinnen sind in Indien geblieben, um in einem Kurs zu lernen, wie man «Beedies» herstellt. Diese kleinen, süsslichen Zigaretten, die im rauen Wind des Meeres nicht so leicht verlöschen, sind auch in Sri Lanka beliebt. Wer weiss, dachten sich die beiden Frauen, vielleicht liesse sich zu Hause eine kleine Produktion aufbauen und ein wenig Geld verdienen.

Als sie zwei Wochen später nach Puttalam zurückkehren, ist der Teufel los. Im Dorf haben sich die Leute – insbesondere die Männer – auch ihre Gedanken gemacht, allerdings ganz andere. Die Gatten der beiden Frauen wollen sie aus dem Haus jagen. Mit Mühe und Not gelingt es Ired, die Situation zu klären.

*

Willie Gamage keucht die Treppen hoch und der Schweiss rinnt ihm an seinen Schläfen herunter. Es ist mitten in der Nacht, und wir quälen uns mühsam die Stufen zum Adam's Peak hinauf, einem der heiligen Berge Sri Lankas. Adam habe dort oben – auf 2243 Metern über Meer – seinen Fussabdruck hinterlassen, sagen die Muslime. Der Fussabdruck stamme vom Heiligen Thomas, glauben die Christen. Auch Buddha und Shiva sollen auf diesen Berg gestiegen sein. Ebenso Alexander der Grosse. Also müssen alle rauf, inklusive Willie und ich.

Der gemeinsame Aufstieg zum Adam's Peak diene der Festigung einer Freundschaft, wird in Sri Lanka gesagt, und das Ziel ist, den Gipfel bei Sonnenaufgang zu erreichen. In der Schweiz hat man mich gelehrt, fünfzig Minuten zu gehen und dann zehn Minuten zu ruhen. In Sri Lanka gilt dies nicht. Bereits nach jeweils hundert Treppenstufen wartet eine Teestube auf die bergunerfahrenen Städter – und der ganze Weg auf den Gipfel besteht nur aus Stufen. Ich stellte mir vor, die Rigi treppensteigend zu erklimmen; in sechs Stunden – ja nicht schneller, sonst würde man die Müdigkeit nicht so traumwandlerisch auskosten können.

Willie schafft das Abenteuer seines Lebens. Kaum ist die Sonne aufgegangen, erreichen wir mit letzter Kraft die heilige Stätte. Für die auf dem Gipfel üblichen Zeremonien sind wir zu entkräftet. Den Sonnenaufgang haben wir nur kurz dankend quittiert. Ich weiss nicht, ob der gemeinsame Aufstieg zum Adam's Peak der Grund dafür ist, aber Willie Gamage und ich sind im Laufe der Jahre tatsächlich Freunde geworden.

*

Zwei Jahre nach der Kerala-Reise ist es so weit: Im sandigen Gelände von Wirankattuwa wird – von EcoSolidar finanziert – das erste Crevettenbassin feierlich eingeweiht. Es soll von der Fischergemeinschaft gemeinsam betreut und aus dem Erlös das nächste Bassin finanziert werden. So soll es weitergehen, bis auf jede Familie ein Bassin kommt und alle beteiligten Lagunenfischer alles Notwendige über die Crevettenzucht gelernt haben. Um eine Familie zu ernähren, muss ein Bassin etwa 20 mal 50 Meter messen.

Zur Eröffnung des ersten Bassins ist auch der Fischereiminister wieder eingeladen worden. Damit will Ired verhindern, dass der Minister sich dem Vorhaben plötzlich in den Weg stellt, denn eine offizielle Bewilligung war für das Projekt nicht zu erhalten gewesen.

EcoSolidar hat darauf bestanden, dass beim Crevettenprojekt von Anfang an die ökologischen Auswirkungen untersucht werden. Im Vordergrund steht dabei das Problem der Abfälle. Diese Frage kann allerdings zu diesem Zeitpunkt noch nicht geklärt werden, weil sich die Expertisen widersprechen. Deshalb geben wir der Armutsbekämpfung den Vorrang.

*

Ich versuche Willie Gamage davon zu überzeugen, dass der biologische Landbau auch in den armen Ländern von Vorteil sein kann. In Sri Lanka bedeutet die konventionelle Landwirtschaft wie überall sonst auf der Welt auch, dass sich die Bauernfamilien für den Kauf von Hybridpflanzen, Dünger und Pestiziden verschulden müssen und völlig von Kreditgebern und Saatgutherstellern abhängig werden. Biologischer Landbau wäre eine Möglichkeit, dieser negativen Spirale zu entrinnen – allerdings zum Preis eines etwas grösseren Arbeitsaufwandes und der Ausrichtung auf einen spezifischen Markt. Willie hält biologischen Landbau und ökologisches Bewusstsein für einen Luxus, den man sich nur in den reichen Ländern leisten kann. Ende der 1980er Jahre ist dies die allgemeine Haltung in den armen Ländern des Südens.

Bei unseren Diskussionen geht es um Grundsätzliches, aber auch um ein konkretes Projekt. Ired plant, auf der Basis von ayurvedischen Kräutern Tee auf den Markt zu bringen, der bei leichten Erkrankungen wie Schnupfen und Husten Linderung verschafft. Wäre es da nicht sinnvoll, die Kräuter schonend und wenn möglich biologisch anzubauen? Willie bleibt skeptisch, und auch meine Behauptung, das Label «Bio» sei heute anerkannt, überzeugt ihn nicht. Erst als er erfährt, dass eine internationale Konferenz über den Biolandbau in Afrika stattfinden wird, zeigt sich Willie etwas zugänglicher. Ich schlage deshalb vor, dass wir gemeinsam an der Konferenz in Ouagadougou, der Hauptstadt Burkina Fasos, teilnehmen, und erreiche, dass Willie eingeladen wird.

Zwei Wochen vor Konferenzbeginn hole ich Willie am Flughafen Zürich-Kloten ab. Er will sich den Schnee in der Schweiz im Dezember nicht entgehen lassen. Bei Freunden untergebracht, lernt Willie schnell, sich mit Tram und Bus selbständig zu bewegen. Da wir über Paris nach Ouagadougou reisen, erhält er auch noch einen Schnellkurs im Metrofahren. Später werden wir bei der Naga-Nagani-Airline Burkina Fasos auch noch einen Kurs in Flugangst absolvieren. Das letzte Flugzeug dieser Gesellschaft steht mit nur einem Flügel auf dem Flughafen von Ouagadougou, so dass extra für die Konferenzteilnehmer eine altertümliche, nicht gerade Vertrauen erweckende Boeing 707 bei einer ägyptischen Charter-Airline ausgeliehen werden muss.

Während der Konferenz fungiere ich als Simultanübersetzer für Willie und eine kleine Gruppe des schweizerischen Hilfswerks der evangelischen Kirchen (HEKS). Eine grosse Zahl von Beispielen macht deutlich, dass sich der biologische Landbau auch in der Dritten Welt lohnen kann, und bereits gibt es auch schon Vernetzungsstellen für standortgerechten Landbau im Süden, die beratend weiterhelfen. Für Willie ergeben sich zahlreiche persönliche Kontakte mit Leuten aus dem asiatischen Umfeld.

Am Neujahrstag wird getanzt. Eine afrikanische Tanzgruppe lässt vor dem Publikum die Hintern kreisen und verrichtet harte Beinarbeit. Willie ist empört. Irgendwie scheint er die Schwarzen zu fürchten, obwohl er selbst zur dunkelhäutigen Volksgruppe aus dem Süden Sri Lankas gehört. Aber in Sri Lanka gilt wie in weiten Teilen der Welt: Je dunkler die Haut, desto geringer das Ansehen. Solche Vorurteile sitzen tief.

Mitternächtliche Hitze auf dem Flughafen von Ouagadougou. Der Abflug verzögert sich. Die Boeing 707 steht auf dem Rollfeld, Gestalten huschen im Dunkeln unter der Maschine umher, leuchten mit Taschenlampen in eine der Düsen. Nach einigen Stunden wird die Maschine freigegeben. Ich werde das Gefühl nicht los, die Boeing hebe mit nur drei Triebwerken ab. Willie schläft. Ich versuche mich mit der Überlegung zu beruhigen, dass Flugzeuge, die vor dreissig Jahren gebaut wurden, stabiler sind als die heutigen. Der Landeanflug in Paris dauert rund eine halbe Stunde. Er glückt – nach einigen Versuchen. Kaum gelandet, stürmen Kontrollbeamte ins Cockpit. Zwei Wochen später wird der Naga-Nagani-Airline die Landebewilligung für Paris entzogen.

Zurück in der Schweiz, nimmt Willie an einer von EcoSolidar organisierten Besuchsreise zu verschiedenen Betrieben und Institutionen des Biolandbaus teil, an der sich auch die vom HEKS zusammengestellte Gruppe aus den Philippinen beteiligt. Sie besuchen Biohöfe, Schulungszentren, Verkaufs- und Vernetzungsstellen. Die Gruppe erhält auch Einblick in die politische Lobbyarbeit und besucht in Brüssel die grüne Fraktion des europäischen Parlamentes, die mit grossem Engagement die Diskussion über Gentechnologie in der Landwirtschaft in Gang bringt.

Was die Gäste während dieser Besuchsreise erfahren, lässt sich in vier Punkten zusammenfassen:

1. Die landwirtschaftlichen Überschüsse in den reichen Industriestaaten drücken die Preise und verdrängen die Kleinbauern, die höhere Gestehungskosten haben.
2. Die Überschüsse in den reichen Industriestaaten gelangen zu Schleuderpreisen auf die Märkte der Dritten Welt und die Folge ist, dass die dortigen Produzenten – die grosse Mehrheit der Bevölkerung – aus dem Markt gedrängt werden.
3. Qualität, also biologische Produkte aus dezentralen Strukturen, wären eine Chance für die Produzenten in der Dritten Welt und für die Bauern und Konsumenten in den reichen Industriestaaten.
4. Die Gentechnologie wird durch den Patentschutz die Vorherrschaft der reichen Industriestaaten auch im 21. Jahrhundert weiter zementieren und die Dritte Welt wird für das Wissen aus ihrer eigenen Biodiversität sogar Lizenzgebühren zu bezahlen haben.

Auf den Reisen und Ausflügen haben Willie und die anderen Gäste die Eisenbahn und andere öffentliche Verkehrsmittel benutzt. Eine Ausnahme ist die Fahrt in meinem alten Citroën Familiale in die jurassischen Freiberge auf die Biofarm von Cernévillers. Wir sind zu acht, meine Töchter Claudia und Seraina und die damalige EcoSolidar-Mitarbeiterin Claudia Kunz begleiten uns. Mit von der Partie ist auch mein Bernhardinermischling Giorgio. Es wird ein grossartiger Ausflug auf die winterliche Hochebene der Freiberge, wo in der Nähe von Montfaucon und hoch über dem Doubs der von mehreren Familien geführte Betrieb steht.

Die Gemeinschaft zieht mit einer rund fünfzigköpfigen Mutterkuhherde Kälber in Ammenhaltung auf und liefert Biofleisch an ein Netz von Direktkunden, von denen ein Teil durch Vorbestellungen die Aufzucht bevorschusst. Mit diesem System begeht die Biofarm von Cernévillers 1989 neue Wege. Markus Wespi, ein weltoffener Agraringenieur mit langjähriger Erfahrung in der

Entwicklungszusammenarbeit, nimmt uns in Empfang. Auf dem Hofrundgang staunen wir, wieviel Auslauf die Tiere auch während der Stallhaltung im Winter haben. Unvergesslich auch der Anblick unzähliger junger Katzen, die im Heu einer lichtdurchfluteten Scheune umhertollen. Ein Bild des Friedens und jugendlichen Lebensmutes.

Auf der Rückfahrt besuchen wir das Ökozentrum in Langenbruck, wo sich die Biovernetzungsstelle Agrécol befindet und unter anderem innovative Ansätze zur Energiegewinnung erforscht werden. Bereits etwas müde sitzen wir später wieder im Auto, fahren durch die kalte und regnerische Nacht und singen. Abwechslungsweise stimmt jeder und jede ein Lied aus seinem Land an. Als die Reihe an mir ist, gebe ich zusammen mit meinen Töchtern «Det äne am Bergli, det staht e wissi Geiss ...» zum Besten. Willie will unbedingt, dass wir den Text übersetzen, ich gebe ihm eine Übersetzung in gehobenem Englisch, und er und die anderen Gäste sind platt vor Erstaunen. Dass wir ernsten, fleissigen und ach so studierten Schweizer auch alte, mitten aus dem Leben gegriffene Nonsenslieder kennen, hätten sie nie gedacht.

*

Nach allem, was Willie Gamage auf der Reise nach Ouagadougou, in die Schweiz und nach Brüssel gehört und gesehen hat, sind seine letzten Zweifel zerstreut: Der biologische Landbau hat eine Chance in der Dritten Welt. Es gelingt ihm, die Chefetage von Ired zu überzeugen. Vom Entschluss, ayurvedische Kräuter in Sri Lanka biologisch anzubauen, bis zur Realisierung bleibt aber noch ein weiter Weg. Auch Sri Lanka hat eine «grüne Revolution» hinter sich. Chemischer Dünger und Pestizide kamen ins Land, der Kampf gegen den Hunger wurde trotzdem nicht gewonnen, und viel altes bäuerliches Wissen ging verloren. Ein Teil davon lässt sich sicher wieder erarbeiten und mit Hilfe von modernen Methoden des biologischen Landbaus weiterentwickeln.

Einer, der uns dabei helfen kann, ist K. D. Pieris. Er lebt in

Angunawila, einem Dorf in der Trockenzone im Norden Colombos an der Strasse nach Puttalam. Pieris ist Journalist, aber auch Lehrer der Bauern in der Umgebung. Für seine Kurse hat er sich ein offenes Schulungslokal gebaut. Er zeigt sich bei unserem Besuch am Kräuterprojekt interessiert und hält die Vermarktung der Gesundheits-Teebeutel für möglich. Pieris, der sich in der Gegend gut auskennt, empfiehlt uns, es im nicht weit entfernten Dorf Wilpotha zu versuchen, wo die Leute für neue Entwicklungen sehr zugänglich seien.

Wilpotha ist ein Siedlerdorf. Die sonst üblichen Strukturen mit Dorfgewaltigen, die sich gegen jede Entwicklung stemmen, die ihre Privilegien gefährden könnte, gibt es hier nicht. Die Leute sind aufgeschlossen. Vor allem die Frauen kümmern sich sehr aktiv um zusätzliche Einnahmequellen, da die Trockenheit nur zu oft die Ernten schmälert oder zerstört. Sie haben eine Methode gefunden, das Innere des Palmblattes so zu verarbeiten, dass sich Spielwaren und Tagungsmappen daraus herstellen lassen. Das Produkt heisst Pol Mathulu und hat in Colombo Erfolg.

Das Dorf liegt in einer leicht bewaldeten Gegend, wo sich viele Familien ein Steinhaus gebaut haben. Das ist zwar bedauerlich, aber die schönen alten, aus Palmblättern geflochtenen Hütten müssen alle vier bis fünf Jahre komplett erneuert werden, und der Wunsch nach einem Steinhaus ist deshalb mehr als verständlich.

Auf dem Weg nach Wilpotha treffen wir auf Karunawathi Menike, kurz Karuna genannt. Im Gegensatz zu vielen Frauen geht sie nicht mit gesenktem Blick durch die Welt, sondern spricht deutlich und mit fester Stimme und kann auch ein wenig Englisch. Sie ist die Präsidentin der Frauenorganisation des Dorfes. Hinter ihrem Haus steht eine kleine Versuchsanlage für Biogas. Vier Kühe stehen in einem offenen Unterstand, durch dessen Boden der Dung direkt in einen Tank gelangt. Dort gärt er, und die aufsteigenden Gase werden durch einen Schlauch ins Haus geleitet und zum Beleuchten und Kochen verwendet.

Das Kräuterprojekt interessiert Karuna sofort. In den Diskussionen mit Pieris, Karuna und den Frauen ihrer Organisation nimmt das neue Projekt langsam Gestalt an: Ired kauft in Wilpotha ein Stück Land für erste Anbauversuche der Frauenorganisation; EcoSolidar ermöglicht K. D. Pieris, in der Schweiz die Grundlagen des biologischen Kräuteranbaus kennen zu lernen, und Willie Gamage übernimmt die Koordination des Projektes.

Auf dem Hof der Biobäuerin Iren Täuber in Langenbruck (BL) – sie war von 1990 bis 1997 Präsidentin von EcoSolidar – macht K. D. Pieris seine ersten praktischen Erfahrungen im Biolandbau. Auf einem weiteren Hof übernimmt er eine Zeit lang die Pflege der Kräuterbeete, auf einem dritten Hof im Tessin erfährt er abschliessend alles über die schonungsvolle Verarbeitung der Kräuter. Pieris macht Planskizzen des Trocknungsofens, um ihn in Sri Lanka nachzubauen.

Alles scheint auf dem besten Weg zu sein, die Frauen beginnen mit K. D. Pieris' Unterstützung gemeinsam Kräuter anzubauen. Womit aber niemand gerechnet hat, ist, dass ein lokaler Geschäftsmann die Marktnische, auf die wir gesetzt haben, ebenfalls entdeckt hat und bereits erfolgreich – wenn auch nicht biologisch angebaut – ayurvedische Kräuter in Teebeuteln verkauft. Uns bleibt als Trost, dass Ired das Projekt des biologischen Landbaus in Sri Lanka trotzdem weiterverfolgen will.

*

Zu einem ungetrübten Erfolg hingegen entwickelt sich das Crevettenprojekt. Die Einkommen aller Lagunenfischer von Wirankattuwa können dank der Crevettentanks über die Armutsgrenze angehoben werden. Den beteiligten Familien geht es deutlich besser als zuvor. Hinzu kommt, dass Ired sich als Organisation im Puttalam-Distrikt damit einen Namen gemacht hat und hoffen kann, in Zukunft auf weniger Widerstände seitens der Regierung und der Öffentlichkeit zu stossen.

Eine weitere Folge ist, dass internationale Geldgeber auf Ired aufmerksam werden. Sie suchen, ähnlich den Grossbanken, Organisationen, die mit grossen Budgets Mittel umsetzen. Statt mit Eco-

Solidar und mit geringen Mitteln weiterzuarbeiten, bietet sich Ired nun plötzlich die Chance, an das grosse Geld heranzukommen und das Tätigkeitsgebiet ausweiten zu können. Das Interesse an der Zusammenarbeit mit EcoSolidar schwindet, und wir müssen uns überlegen, ob und wie wir die begonnene Arbeit weiterführen können.

Willie Gamage wird nachdenklich. Er beginnt, sich mit der Abhängigkeit von den Geldgebern auseinander zu setzen. Er schreibt eine Broschüre, die wachrütteln soll und den Traum einer nationalen, eigenfinanzierten NGO beschreibt. Willies Traum wird zwei Jahre später Wirklichkeit werden. Er verlässt Ired und gründet eine eigene Organisation. Auch diese wird nicht frei sein von Widersprüchen und sich eines Tages vor Situation gestellt sehen, wo sich die angestrebte Eigenständigkeit in ihr Gegenteil verkehrt. Davon soll später noch einmal die Rede sein.

Auf dem Weg zu einem neuen Hilfswerk

Wie und warum gründet einer ein neues Hilfswerk? – Trittsteine in meinem Leben: Reisen, Pädagogik, Politik und Selbstverwaltung – Projektbesuche in der Dritten Welt – Gründung von EcoSolidar

Vor der Gründung von EcoSolidar sprach ich mit vielen Leuten aus der Entwicklungszusammenarbeit über die Idee eines neuen Hilfswerks für kleine und überschaubare Projekte. Sie ermutigten mich dazu. Zweifel und Fragen kamen eher aus meinem privaten Umfeld: «Wie kommst du dazu, mit 36 Jahren ein neues Hilfswerk zu gründen? Gibt es nicht schon genug davon? Kannst du das denn einfach so? Und weshalb gerade dieses?»

Am Anfang antwortete ich jeweils mit einer rhetorischen Gegenfrage: «Braucht man als Hilfswerksgründer weisse Haare und muss man bereits ein Vermögen gespendet haben?» Natürlich trug eine solche Äusserung nicht gerade zur Verständigung bei. Sicher waren die Bedenken meiner Nächsten nicht unberechtigt. Und mir war bewusst, dass ich weder ein attraktives Gehalt noch einen bequemen Arbeitsalltag erwarten konnte.

Zum Hilfswerksgründer konnte ich mich nicht ausbilden lassen. Es sind verschiedene Trittsteine in meinem Leben, die mich dazu bewegten und – so hoffte ich – befähigten. Dazu kam eine Spur Moral und Asketentum, oder gnädiger ausgedrückt: die Idee von einem besseren Leben.

Den ersten Grundstein legten meine Eltern. Vater und Mutter vermittelten mir starke protestantische Grundwerte. Diese bezogen sie aus einer Kindheit in der Diaspora. Sie waren Idealisten. Meine Mutter widmete sich der Familie und mein Vater arbeitete als Buchhalter und war weltoffen, entwickelte aber keinen weiteren beruflichen Ehrgeiz. Hingegen hoffte er, dass ich seine insgeheim gehegten Träume von einem gesellschaftlichen Aufstieg erfüllen würde. Mit 15 Jahren lernte ich im Jugendparlament die Ränkespiele der Erwachsenen kennen. Mein Vater drängte darauf, dass ich mich zum Politiker ausbilden lasse, ohne mir aber zu Hause die Möglichkeit der Lüge oder des Versteckspiels zuzugestehen. Nicht einmal schummeln war erlaubt. Das musste also scheitern! So suchte ich nach anderen Wegen, um meinen Veränderungswillen ausleben zu können. Mein älterer Bruder Hans Peter schlug einen direkteren Weg ein, wurde Umwelt-Ingenieur und engagierte sich im Tier- und Naturschutz. Später gründete er die Stiftung «ProSpecieRara», die gefährdete Nutztierrassen und Kulturpflanzen vor dem Aussterben bewahrt.

*

Im Café Odeon treffe ich 1969 mit zwei Freunden zusammen und sitze während Stunden vor demselben Bier. Sie erzählen von ihrer geplanten Reise nach Asien. Ich möchte, dass sie das Thema wechseln, denn ich kann nicht mitfahren. Ich habe nach der Handelsmatura eine Arbeitsstelle angetreten, ich muss verspätet in die Rekrutenschule, und ich habe kein Geld. «Wenn du wirklich möchtest, dann kannst du das Problem heute noch lösen und sofort deinen Pass für das Visum einsenden. Morgen kündigst du, verschiebst die RS, und das fehlende Geld leihen wir dir», war ihre Antwort. Sie überzeugte mich. Am nächsten Abend waren alle Vorbereitungen getroffen.

Im Januar 1970 fahren wir mit der transsibirischen Eisenbahn nach Japan. Reiseführer für «Knapp-bei-Kasse-Touristen» gab es damals noch nicht. Wir hatten also keine Ahnung, worauf wir uns einliessen. Allen Schauergeschichten zum Trotz: Diese Zugfahrt war das Bequemste an der ganzen Reise. Die Rückreise quer durch Asien mit dem Schiff, dem Zug oder dem Bus, manchmal auch hinten auf einem Lastwagen oder per Autostop war um einiges beschwerlicher. Aber die Welt war für sechs Monate mein, und die viele freie Zeit liess mich das heimatliche Gehetze aus einer neuen Perspektive betrachten.

Mich interessierten die völlig anders gearteten Lebensentwürfe in Asien, die Möglichkeiten, die diese Menschen dort nutzen oder eben nicht nutzen konnten. In langen Gesprächen bei ihnen zu Hause erfuhr ich Gastfreundschaft und die soziale Kultur in vielen Ländern. Mich reizte aber auch das Abenteuer. In Laos entstand der Verdacht, ich sei ein Flugzeugentführer, weil ich im Cockpit der alten DC-3 den Piloten bei der Arbeit zuschauen durfte, während das Flugzeug wegen eines Unwetters plötzlich in Richtung Hanoi ausweichen musste. Ob bei diesem Abenteuer in Laos oder dem bewegenden Besuch in einem «grauslichen» Spital in Taiwan; ob auf einer der Velofahrten in Nepal oder einem Markt in Kabul: Ich entdeckte bei mir eine unermüdliche Neugier und einen starken Verständigungswillen – und freute mich auf kommende Reisen.

*

Nach der grossen Reise belegte ich einige Vorlesungen an der Universität und arbeitete als Aushilfslehrer. Danach sammelte ich Erfahrungen in einer Werbeagentur und im Marketing. Mit dem gesparten Geld finanzierte ich mein Sekundarlehrerstudium, das ich 1976 abschloss.

Als Lehrer fragte ich mich von Beginn an: «Wie bringt man der gähnenden Schülerschaft Staatskunde bei?» Wohl kaum mit Dozieren. Ich liess die Klasse Staatskunde selbst erleben. In Gruppen entwarfen die Schüler und Schülerinnen einen Gemeindeplan nach ihren eigenen Vorstellungen. Sie sahen beispielsweise Tempo 30 in Gebieten vor, die von den Kindern benutzt werden. Sie konnten die Gemeindebehörde und die Parteipräsidenten interviewen. So kamen sie zu konkreten Erfahrungen. Komplexe Strukturen bekamen ein Gesicht.

In dieser Zeit träumte ich von einer VW-Bus-Schule. Gerne hätte ich einen gemütlichen Unterrichtsraum mit bequemen Sesseln gehabt. Dort hätten wir besprochen, was wir mit dem VW-Bus, unterwegs in aller Welt, erforschen würden. Nicht die Welt wäre an die Wandtafel gekommen. Wir hätten sie besucht und dabei gelernt.

Es gibt, sehr kurz gesagt, wohl zwei grundlegende Prinzipien in der Pädagogik. Das eine besagt, dass du wenig oder nichts weisst, und es dir deshalb beigebracht werden muss. Du lernst von andern oder auch für dich zu Hause; zum Beispiel Französisch. Die zweite und einfachere Variante ist das Lernen in direktem Austausch mit andern. Du lernst Französisch, weil dich dein Nachbar interessiert, du lebst die Differenz und erfährst sie. Dieses zweite Prinzip ist auch die überzeugendere Variante für die Entwicklungszusammenarbeit. So lernen auch Nichtalphabetisierte komplexe Zusammenhänge begreifen.

Ebenfalls 1976 betätigte ich mich auch als politischer Vermittler. «Wie geht man mit Andersdenkenden um?» war ein Thema, das verschiedene Parteien von links bis zur Mitte hin wie auch kirchliche Organisationen beschäftigte. Vertreter politischer Parteien und Gruppen gründeten das Demokratische Manifest, um sich gegen Berufsverbote gegen Lehrer, Journalisten und Pfarrer zu wehren, die von rechten Magistraten verhängt wurden. Selbst ernannte «Staatsschützer», Polizei und Militär fichierten damals willkürlich Frauen und Männer, die sich in irgendeiner Form gesellschaftskritisch geäussert hatten. Aufgrund meines Engagements bei einer Berufsverbotskampagne und weil ich keiner Partei angehörte, wurde ich zum Präsidenten des Vereins gewählt.

Kulturschaffende und einflussreiche linke und liberale Persönlichkeiten aus der ganzen Schweiz unterzeichneten die Erklärung gegen den Abbau demokratischer Rechte. Der Verein Demokratisches Manifest hatte bis zu 3000 Mitglieder und leistete Aufklärungsarbeit. Nach der Entdeckung eines Spitzels in den eigenen Reihen und der nachfolgenden Aushebung des privaten Schnüfflerarchivs von Ernst Cincera, der einen Informationsdienst für Personalverantwortliche und Behörden führte, um linksverdächtige Personen zu denunzieren, wurden die Akten vom Vorstand des Demokratischen Manifestes den Betroffenen übergeben. Weil ich die Aushebung des Archivs und den «Hausfriedensbruch» bei Cincera aktiv duldete, verlor ich meine Stelle als Lehrer.

Als Präsident stand ich vor der Herausforderung, mit den auseinanderstrebenden politischen Gruppierungen immer wieder einen gemeinsamen Nenner zu erarbeiten, damit unsere konkreten Vorschläge auch in die politische Arena gelangen konnten. Dabei lernte ich, widersprüchliche Kräfte in eine gemeinsame Entwicklung einzubeziehen, gemeinsame Lösungen zu finden und bei Konflikten zu vermitteln – eine wichtige Aufgabe auch bei der Zusammenarbeit mit unseren Partnerorganisationen im Süden.

*

Nach diesem Rauswurf suchte ich vergebens eine neue feste Stelle als Lehrer: Die meist rechtsgerichteten Schulpfleger hatten kein Interesse an einem aufmüpfigen Lehrer. Meinungsäusserungsfreiheit galt zwar, aber der Brotkorb wurde mir höher gehängt. Nach Wanderjahren als Aushilfe wurde ich 1980 Kollektivbeizer, um mir eine unabhängige Plattform zu schaffen. Wir waren drei Familien, die gemeinsam ein Beizenkollektiv bildeten und in Ottenbach (ZH) den «Engel» als kinderfreundliches Restaurant mit Kleinkulturaktivitäten eröffneten.

«Wie lernt man Neues hinzu, wenn man als Berufsfremder quer einsteigt?» Viele wollten das in den 1980er Jahren wissen. Gelernt wurde voneinander im Alltag, in Austauschpraktikas und bei Zusammenkünften des Netzwerkes für Selbstverwaltung. Wir wollten nicht warten, bis eine neue Gesellschaft ein anderes Sozialleben erlaubt. Wir wollten unsere Visionen praktizieren und nicht nur propagieren. Nicht viel anders ist es vielerorts in der Dritten Welt, wo die Leute nicht warten wollen, bis der Staat Hilfe gewährt. Selbsthilfe lautet in diesem Fall die Parole.

Nicht etwa die endlose Diskussion, ob nun Pommes frites gesund seien oder eben nicht, beherrschte den Alltag in unserem Beizenkollektiv Engel in Ottenbach. (Tipp: In altem Öl schmecken sie am besten!) Uns interessierten vielmehr Gruppenverhalten und informelle Machtstrukturen. Thema an Sitzungen war häufig, dass Mitglieder, die über mehr berufliche Kenntnisse verfügten, dies ausnutzten, um eine Machtposition zu begründen. Die Weitergabe ihres Wissens musste organisiert werden. Das ist etwas, das die NGOs in der Dritten Welt genauso durchleben. Die Selbstverwaltungsbewegung in der Schweiz wandelte sich mit der Zeit und ging vom «Alle-machen-alles» über zur Delegation demokratisch kontrollierter Verantwortung. Ähnlichen Wegen und Schwierigkeiten begegnete ich später im Süden wieder.

*

Ein weiterer Trittstein zu meiner Hilfswerkgründung waren Erfahrungen auf Reisen und bei Besuchen von Freunden, die in Entwicklungsprojekten in der Dritten Welt arbeiteten. In Westkalimantan in Borneo sah ich 1979 zum Beispiel, dass die eine Strasse den Katholiken, die andere den Lutheranern «gehörte». Ein Seitengebiet wurde von den Methodisten bearbeitet und im Hinterland operierten die australischen Baptisten mit Helikoptern. Interessierte die mehrheitlich animistischen Völker der Dayaks die Kirchenspaltung im Europa des Mittelalters? Warum liess das muslimische Indonesien die Christen gewähren? Ein Armeeoberst meinte dazu lakonisch, die Missionare würden zuerst etwas Komfort in den unwegsamen Gebieten schaffen, dann errichte die Regierung eine Polizeistation, und daraufhin kämen die Händler. Die Leute und die Regierung seien selbst zu bequem, um etwas zu unternehmen. Die Missionare schufen also die Grundlage für die «Kolonisierung» durch die Regierung in Jakarta und betreuten dann die Opfer dieser Entwicklung.

Oder nehmen wir das Hochland von Peru. Dort arbeiteten Schweizer Ärzte und Ärztinnen. Zur gleichen Zeit gab es in Lima Frauen und Männer mit abgeschlossenem Medizinstudium, die Taxis chauffierten, bis in der Stadt eine Praxis frei wurde. Das Hochland war ihnen zu weit weg, zu arm und die Verdienstaussichten zu schlecht. Da die Schweiz die medizinische Betreuung in diesen Gebieten organisierte und finanzierte, war das Land nicht gezwungen, selbst eine Lösung zu suchen. Die Schweizer Ärzte kosteten eine Menge Geld.

Je mehr ich erfuhr und sah, beschäftigte mich die Frage: Was ist das für eine Hilfe, bei der unsere Leute den Menschen im Süden Anweisungen geben oder die Arbeit gleich selbst übernehmen? Ich entschloss mich, mit neuen Ansätzen, den Schweizer Hilfswerken einen Impuls zu geben. Für mich war klar, dass in den meisten Ländern bereits ein grosses Wissen vorhanden ist, aber neu verteilt werden muss; dass Lernen im Austausch unter benachbarten Kulturen und voneinander im eigenen Land kostengünstiger ist; dass es zu nachhaltigeren Resultaten führt, wenn die Menschen mit ihrem eigenen Wissen ernst genommen werden, und sie selbst entscheiden können, was sie in ihren kulturellen Kontext einbauen wollen. Der Respekt vor andern Kulturen und eine Kritik am Umgang mit den Partnerorganisationen im Süden machte die Gründung von EcoSolidar aus meiner Sicht notwendig.

Ich konnte Mitstreiter für den Vorstand gewinnen, die ich aus der Ökologie- und Selbstverwaltungsbewegung kannte. Zusammen mit bekannten Persönlichkeiten wie Hansjörg Braunschweig als Erstmitgliedern gründeten wir 1986 den Verein EcoSolidar. Der Aufbau in den folgenden Jahren war hart und steinig. Als Geschäftsleiter setzte ich vorerst 60 Prozent meiner Arbeit ein, weil ich auch für meine Kinder verantwortlich sein wollte. Meinen Lohn liess ich häufig stehen, damit es weiterging. Um meinen Lebensunterhalt bestreiten zu können, arbeitete ich abends zusätzlich als Deutschlehrer für Fremdsprachige an der Berufsschule. So ging der Aufbau in kleinen Schritten, aber nicht ohne Erfolg voran.

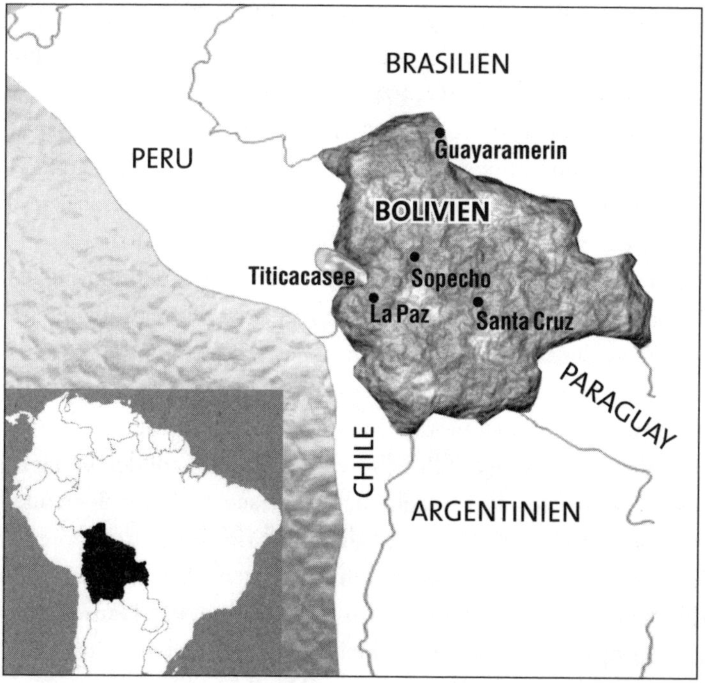

Bolivien – Strassenkinderprojekt mit Mädchen

Nationales Treffen der Mädchen – Lagerwoche in den Yungas – Interview mit Sandra, einem Mädchen von der Strasse – Idee zu einem Begleiteten Wohnen – Situation in Bolivien – Ilse Miranda beginnt mit dem Aufbau von EcoSolidar Bolivia – Die Arbeit auf den Strassen und Plätzen – Das Leben von Manuela – Ausflug mit Ilse – Bauprojekt in Chicani – Vorbereitungsgruppe für das begleitete Wohnen – Psychologische Grundlagen – Der Architekt ist unauffindbar – Ilse in Zürich – Geldnöte – Ein Gespräch über Freundschaft und meine Rolle als Geldgeber

Die bolivianische Frauenorganisation CETM organisierte 1992 in Cochabamba eine dreitägige Konferenz mit Strassenkindern und fragte EcoSolidar um Unterstützung an. Von den grossen Entwicklungsorganisationen hatte CETM nur Absagen erhalten. Projekte mit Mädchen und jungen Frauen, die auf der Strasse leben, erschienen ihnen zu riskant. EcoSolidar unterstützte die Konferenz, und ich informierte mich über die Arbeit von CETM vor Ort.

Bei den Strassenkindern unterscheidet sich die Situation der Mädchen und jungen Frauen deutlich von jener der männlichen Jugendlichen. Die Mädchen kämpfen ungeschützter um ihr tägliches Überleben. Die einen verkaufen Süssigkeiten oder Zeitungen, die andern putzen Schuhe, bewachen Autos oder verdienen ein wenig Geld damit, indem sie auf Friedhöfen die Blumen auf den Gräbern giessen. Die meisten aber betteln, beteiligen sich an Raubzügen oder prostituieren sich. Gemeinsam ist allen die Erfahrung durchfrorener Nächte auf Strassen und Plätzen. Um wenigstens für kurze Zeit alles rundum zu vergessen, atmen sie Drogensubstrate wie Leimdämpfe und Lösungsmittel ein. Die Mädchen werden zudem häufig von Polizisten und andern Männern unter Druck gesetzt, mit ihnen sexuelle Beziehungen einzugehen, was mit ein Grund dafür ist, dass mehr als die Hälfte der auf der Strasse lebenden Mädchen bereits vor ihrem 15. Geburtstag Mutter werden. Das bedeutet, dass die Neugeborenen unter den gleichen Bedingungen wie ihre Mütter aufwachsen werden: hungrig, der Kälte und Willkür ausgesetzt und ohne Aussicht, aus dieser Situation jemals herauszukommen.

In Cochabamba wird nicht nur über Mädchen und junge Frauen auf der Strasse und über Sexualität, Frausein, Gewalt und Drogen geredet. CETM hat auch eine Gruppe von Betroffenen aus verschiedenen Städten eingeladen, die von sich aus schon den Kontakt zu Hilfsorganisationen gesucht haben oder in einer für Strassenkinder geschaffenen Einrichtung leben oder gelebt haben.

Da ist Helena, die von sich selbst sagt: «Ich bin treu, einzigartig, vorsichtig, fleissig; mein zweiter Name ist Adriana, und ich bin nett, zart, widerspenstig, unglücklich, liebevoll, nervös.»

Maria Isabel, die von sich selbst sagt: «Ich bin lästig, freundlich und launisch, idealistisch und fröhlich.» Margarita, die sagt: «Ich bin wundervoll, freundschaftlich, heiter, naschhaft, voll Energie, nachtragend, unruhig, ängstlich und freundlich.» Celia sagt: «Ich bin zärtlich, verliebt, frei, blöd und immer nervös.» Silvia: «Ich bin gesellig, umgänglich, frei, eitel, unfähig und langweilig.» Fünf Aussagen aus einem der Workshops in Cochabamba, in dem die Mädchen gebeten wurden, sich selbst zu charakterisieren.

Bei all ihrer Labilität handelt es sich um pfiffige Mädchen und junge Frauen, denen der Schalk im Nacken sitzt. Sie sind begeisterungsfähig und gehen liebevoll miteinander um – trotz allem, was sie durchgemacht haben. In den drei Tagen in Cochabamba wird mir schnell klar, dass eine Unterstützung solcher Konferenzprojekte für EcoSolidar sinnvoll ist und wir das Treffen ein Jahr später in Lavi unterstützen werden.

*

Eine ältere Nonne rennt in ihrem weiten langen Kleid über ein Fussballfeld. Sie wird von einer Gruppe ausgelassener Mädchen und deren Betreuerinnen verfolgt, die sie mit einem Wasserschlauch von oben bis unten abspritzen: Wir befinden uns ein Jahr später in Lavi. Die Nonne lacht, füllt selbst Eimer um Eimer am Brunnen und bleibt den Mädchen bei diesem fröhlichen Wasserfest, einem traditionellen Reinigungsritual, nichts schuldig. Lavi liegt in den Yungas, den von den Anden abfallenden Tälern. Es ist warm, die Sonne scheint auf die wolkenverhangene Ebene unter uns, die Selva.

Zur Arbeitswoche zum Thema «Familie und verfrühte Mutterschaft» sind auch 60 Mädchen und junge Frauen von der Strasse gekommen. Viele der Mädchen werden von Betreuerinnen aus Heimen begleitet. Eine von ihnen ist die ältere Nonne von vorhin, sie arbeitet in einem Mädchenheim in Tarija. Ebenfalls dabei ist eine junge Nonne aus Santa Cruz, die in der Diskussion über Verhütungsmittel lakonisch feststellt: «Ich weiss, der Papst ist dagegen, aber über ihm gibt es ja die Dreifaltigkeit und niemand weiss, wie diese denkt.» Sie und andere Erzieherinnen werden an diesem einwöchigen Treffen in einem Workshop den Umgang mit den Mädchen – und Jugendlichen allgemein – besprechen und neue Formen kennen lernen.

Die Mädchen und jungen Frauen erhalten die Gelegenheit, Theater zu spielen und gemeinsam einen kurzen Videofilm zu produzieren. Was im Leben oft nicht möglich ist, nämlich selbst die Handlung zu bestimmen und verschiedene Möglichkeiten zu testen, erproben die Mädchen in kleinen Gruppen am Beispiel ihrer früheren Familiensituation.

Jede Gruppe denkt sich gemeinsam eine typische Szene aus und spielt sie dem Plenum vor. Die meisten handeln von Konflikten am Familientisch, es geht ums Ausgehen am Abend oder um Alkohol- und Geldprobleme. Stiefväter treten auf, die mit der Erziehung der Tochter nicht einverstanden sind, oft gibt es auch Schläge. Jede Darbietung wird vom Publikum analysiert, die spielende Gruppe durch Fragen und Einwände in die Diskussion einbezogen. Im Zentrum der Auseinandersetzung steht fast immer, wie der Vater und die Mutter dargestellt wurden. Es zeigt sich, dass die Haltung der Mütter meistens im passiven Hinnehmen besteht, manchmal im Unterlaufen der Anordnungen des Mannes. Eine stärkere Position kommt nie zum Ausdruck. Bei der Darstellung der Väter dominieren die lauten Worte, der Alkohol, das Dreinschlagen, dass sie vor den Problemen davonlaufen und sich ins Wirtshaus verziehen.

Die Mädchen diskutieren, wie sie innerhalb der Familie ihre Rechte besser durchsetzen könnten, denn gerade das gelingt ihnen später auch auf der Strasse nicht. Ebenso stark ist bei ihnen das Interesse an einem besseren gegenseitigen Verständnis in der Familie. Dazu werden viele Vorschläge gemacht. «Arme junge Mutter» lautet der Arbeitstitel für den zwanzigminütigen Videofilm, bei dem die Jugendlichen nebenbei auch lernen, dass schwierige Aufgaben einfacher zu lösen sind, wenn man sich genügend Zeit für die Planung und Organisation nimmt. Während eine Gruppe in heftigen Diskussionen das Drehbuch entwirft und danach Szene für Szene diskutiert und festlegt, macht sich eine andere Gruppe auf die Suche nach Aufnahmeorten, bereitet Kostüme vor und probiert Make-ups und Frisuren aus.

Was das Filmteam unter Anleitung der Mädchen aufnimmt, ist die Geschichte von der Verführung eines unerfahrenen Mädchens durch einen gewieften Strassenjungen. Das Mädchen wird schwanger und verliert seine Gelegenheitsarbeit. Zu einem ersten dramatischen Höhepunkt im Film kommt es nach der Geburt des Kindes. Die Protagonistin versucht, mit dem Baby im Arm, gemeinsam mit anderen Mädchen auf einem Marktstand Kinderkleider zu stehlen und wird dabei erwischt.

Auf der Polizeistation wird sie geschlagen und vergewaltigt. Nach der Freilassung beginnt sie ihr Baby zu vernachlässigen, weil sie nicht mehr mit den andern Mädchen in den Ausgang kann. Eine Sozialarbeiterin, zu der sie nach vielen Ausweichmanövern, Rückziehern und Missverständnissen langsam Vertrauen fasst, beginnt sich um sie zu kümmern. Die Protagonistin entscheidet sich schliesslich, in ein Heim zu ziehen. Im Abspann sitzt das Mädchen mit ihrem Kind neben der Sozialarbeiterin. Der Vater des Kindes spaziert im Hintergrund lässig – hinter einer Sonnenbrille versteckt – mit seiner neuen Freundin vorbei.

Der Film wird am Ende der Konferenzwoche vorgeführt. Die Mädchen sind mächtig stolz auf ihre Leistung.

*

Sandra hätte die Protagonistin von «Arme junge Mutter» sein können. Sie ist 22 und lebt mit ihrem zweijährigen Sohn Christian in einem Heim. Sandra ist schwierig im Umgang, betrinkt sich häufig und läuft immer wieder aus dem Heim davon. Sie hat sich zu einem dreiteiligen Interview von jeweils einer Stunde bereit erklärt. Ich möchte mir in konzentrierten Sitzungen ein Bild zur Lage von einzelnen Strassenkindern machen, damit ich bei der Planung der therapeutischen Gruppenaktivitäten mitreden kann. Ich verwende dazu die Methode des psychoanalytischen Erstgespräches.

Für das erste Gespräch hat sie die Lippen rot geschminkt und sich hübsch gemacht. Sie erzählt offen, ist aber auch sehr nervös und wischt immer etwas vom Tisch. Beim zweiten Interview ist sie sehr zerfahren und weinerlich. Sie erzählt fahrig, mag sich an wenig erinnern und bricht immer wieder in Tränen aus. Sie will das Gespräch vorzeitig abbrechen. Zum dritten Interview kommt sie völlig überdreht, wird aber schnell müde und ist auch traurig. Sie gähnt immer wieder. Gegen den Schluss hin entdeckt sie auf einem Tisch einen Satz Spielwürfel, würfelt sieben Punkte und möchte deshalb ein Haus von mir geschenkt erhalten. Als Nächstes bietet sie an, mir nach ihrem Rezept ein Poulet zuzubereiten. Zum Schluss wirkt sie nachdenklich, ist aber auch erleichtert.

Sandras fordernde und laute Art stellt für mich eine Herausforderung dar. Ich komme mir gelegentlich mies vor, wenn sie aufgrund meiner Fragen von Dingen berichtet, die sie niedergeschlagen machen. Oft muss ich aber auch über ihre Einfälle lachen.

Der Vater von Sandras Sohn Christian lebte früher auch auf der Strasse und ist heute in einem Heim für junge Männer untergebracht. Sandra stritt sich sehr oft mit ihm und tut es auch heute noch, weil er nicht arbeitet und sie überhaupt nicht unterstützt. Einmal, als Sandra krank war, hat er ihr das Kind weggenommen und es zu seinen eigenen Verwandten gebracht. «Als ich Christian endlich wiedersah, war er furchtbar dreckig, und sein Gesicht war ganz verschmiert», erzählt sie. Den Vater von Christian sieht sie heute nur noch sehr unregelmässig.

Von ihrer Situation zu Hause sagt Sandra: «Meine Mutter arbeitet, Gott sei Dank. Mein Stiefvater ist pensioniert, er hat keine Arbeit, aber er hat zwei Ehefrauen, das heisst, meine Mama und noch eine Frau mit Kindern, für die er sorgen muss. Deshalb gibt er meiner Mutter nichts. Ich glaube, er nimmt ihr sogar Geld für die andere Familie ab. Und so muss meine Mutter Tag und Nacht arbeiten. Bis zum Morgengrauen ist sie als Strassenverkäuferin unterwegs, oft ohne zu schlafen.» Sandra musste schon sehr früh auf ihre drei kleinen Brüder aufpassen und für sie sorgen. Weil sie das immer wieder überforderte, gab es oft Streit mit der Mutter oder dem Stiefvater. Die Mutter schenkte ihre Aufmerksamkeit hauptsächlich den drei Knaben. Der Stiefvater schlug Sandra oft. Dass er ihr Stiefvater und nicht ihr leiblicher Vater war, erfuhr Sandra im Alter von 15 Jahren. Den leiblichen Vater kennt sie auch heute noch nicht. Für sie sei es, als ob er tot wäre. Sie möchte ihn nicht sehen, denn er hat ihre Mutter nie unterstützt.

Die Beziehung zu ihrem Stiefvater veränderte sich nach der Klärung der wirklichen Verhältnisse. Wenn er sie schlagen wollte, sagte sie: «Sie haben kein Recht, mich anzufassen, Sie sind nicht mein Vater.» Auf die Frage, ob er sie habe spüren lassen, dass sie nicht seine richtige Tochter sei, antwortet Sandra: «Ja, aber er liebt mich trotzdem, als ob ich seine richtige Tochter wäre. Er hat mich grossgezogen, er hilft mir auch manchmal, wenn ich Probleme habe. Ich versuche, ihn zu mögen, aber es gelingt mir nicht immer.» Sie fragt ohne ersichtlichen Grund nach einem bestimmten Datum und Wochentag, sagt eine ganze Weile nichts mehr und spielt mit dem Kugelschreiber und dem Feuerzeug, die vor ihr auf dem Tisch liegen.

Der weitere Bericht macht klar, dass in dieser Zeit eine entscheidende Wende in Sandras Leben eintrat. Der Stiefvater hatte ein Dienstmädchen nach Hause gebracht, ein 18-jähriges Mädchen aus Santa Cruz. Schon am ersten Abend überraschte ihn Sandras Mutter im Bett der «Gamba». Die Mutter verlässt das Haus und lebt danach auf der Strasse. Kurz darauf zieht auch Sandra von zu Hause weg. Sandra erzählt, wie sie zusammen mit einer Freundin von La Paz nach Santa Cruz reist, um Arbeit zu suchen. Von der Freundin wird Sandra in Santa Cruz bald sitzen gelassen, aber sie findet eine Señora, die ihr Arbeit in ihrem Haushalt gibt. Sandra putzt, kocht und hütet die Kinder. Die versprochene Bezahlung erhält sie nicht. Nach zwei Jahren kehrt Sandra nach La Paz zurück. Ihre Mutter lebt mit dem jüngsten Sohn noch immer auf der Strasse. Der Junge bettelt in den Kneipen. Sandra trifft sich wieder mit ihren alten Freundinnen, geht mit ihnen in die Diskotheken und beginnt Leimdämpfe und

Lösungsmittel zu inhalieren. Das Geld dafür stiehlt sie ihrer Mutter. «Ich kaufte mir ‹Flug›, wir gingen tanzen, ich kaufte mir Kleider», erzählt Sandra und fügt nach ausgiebigem Gähnen hinzu: «Ich interessierte mich für überhaupt nichts mehr.»

Nach einer Weile fährt sie fort: «Flug ist ein Lösungsmittel. Davon habe ich früher viel inhaliert, auch als ich schwanger war. Ich nahm es, um meine Sorgen zu vergessen und um die Kälte und den Hunger zu ertragen; manchmal einfach, weil ich kein Geld und keine Arbeit hatte. Ich hatte damals viele Ängste. Wenn ich inhalierte, ängstigte mich nichts mehr.»

Um sich Geld zu beschaffen, machte sich Sandra früher auch an Betrunkene heran, um sie zu «harken», wie die Mädchen sagen. Es bedeutet, dass sie sich als Prostituierte anbieten und die interessierten Männer auffordern, zuerst ein paar Geldscheine zu zeigen. Diese entreissen sie ihnen und rennen davon. Ein gefährliches Unterfangen, bei dem sich die Mädchen der Rache der bestohlenen Freier aussetzen und ab und zu auch von der Polizei gefasst werden. Wobei Letzteres oft glimpflicher ausgeht, weil die Erwischten von den anderen Mädchen der Strasse wieder freigekauft werden.

Heute strickt, putzt und kocht Sandra im Heim. Sie möchte Konditorin lernen, und das Kochen macht ihr Spass; auch Schneiderin oder Friseuse wäre eine Möglichkeit. Im Traum möchte sie gerne Erzieherin in einem Programm sein. Sie hat die früheren Drogengewohnheiten so gut wie überwunden. Aber sie trinkt. Wo immer ein Fest steigt, es hat magische Anziehungskraft auf Sandra und die anderen Mädchen von der Strasse. An diesen Feten wird ein Gemisch aus Schnaps und Tee getrunken. In rauen Mengen. Und es wird ausgelassen getanzt.

«Lieb Kind sein» wäre Sandras grösster Wunsch. Sie ist katholisch, glaubt an den Messias und an die Jungfrau von Urcupiña. «Katholisch zu sein bedeutet, eine gute Tochter zu sein, den Eltern zu gehorchen, und auch ab und zu die Messe zu hören», sagt Sandra. Sie glaubt nicht, dass sie eine gute Tochter gewesen ist. Sie hat zwar auf ihre Geschwister aufgepasst, hat auch viel gearbeitet, aber sie findet, dass sie böse sei. Sie schämt sich vor ihren Geschwistern, weil sie auf der Strasse lebt und ihnen kein Vorbild ist. Sie findet auch, dass sie eine schlechte Mutter sei, sie macht sich Vorwürfe, dass sie ihren Sohn Christian so oft ihrer Mutter zum Hüten bringt.

Ihre Vorstellung von «lieb Kind und gute Tochter sein» misst sich an einem hohen Ideal. Sie sagt: «Ich sollte tun, was man mir sagt; ich sollte wissen, was sich für eine Frau gehört; ich sollte nicht mehr so oft zum Tanzen gehen, ausser bei bestimmten Gelegenheiten; ich sollte mich ändern, nie mehr inhalieren, keine Freundinnen haben, die wie ich schlecht sind; ich sollte einen besseren Umgang haben; ich sollte arbeiten, um vorwärts zu kommen, denn wovon soll ich sonst leben?»

Die hohen Ideale geraten zwangsläufig in Konflikt mit den Bedürfnissen einer jungen Frau. Sandra möchte tanzen gehen, das Leben geniessen und mit Freunden reden. Nicht so viel zu arbeiten, wäre ihr auch lieb. Und sie möchte auch akzeptiert werden, wenn sie eine schlechte Tochter ist und streitet und meckert; wenn sie ausgehen will, um zu trinken; wenn sie hin und wieder inhaliert oder stiehlt. Auch in der Partnerschaft möchte Sandra «lieb Kind sein». Wenn sie es nicht schafft, läuft sie davon. Zwischen den beiden Extremen von «lieb Kind sein» und Davonlaufen scheint es für sie keine Alternativen zu geben. Mit mir, dem Interviewer, will Sandra keinen offenen Konflikt. Sie gähnt, will schlafen, lenkt ab, wenn es schwierig wird. Oder sie will plötzlich, dass ich ihr eine Cola kaufe, gibt aber klein bei, wenn ich hartnäckig bleibe. Sie möchte mich für sich einnehmen.

Das drückt sich auch im Umstand aus, dass sie häufig Situationen und eigene Reaktionen beschönigt, die sie später revidieren muss. Kaum hat sie beispielsweise behauptet, ihre Mutter helfe ihr nie, berichtet sie, die Mutter habe sie zu einem Zahnarzt bringen wollen, um ihre Zahnstellung korrigieren zu lassen. Oder sie beteuert, dass sie in Auseinandersetzungen mit den anderen Mädchen von der Strasse oder mit ihrem Partner nie dreinschlägt, und sagt dann: «Nun, wenn es sich nur mit Schlägen regeln lässt, dann prügeln wir uns halt, danach sprechen wir.» Bezüglich des Vaters ihres Sohnes erklärt sie: «Wenn er mich schlägt, wehre ich mich und versuche, zurückzuschlagen. Auch wenn der Mann immer gewinnt, die Frau muss ihn doch spüren lassen, dass er im Unrecht ist, oder nicht?»

Ähnlich widersprüchlich sind die Aussagen zu ihrem Sohn Christian. In der ersten Stunde, in der sie davon spricht, dass sie ihm ein Geburtstagsfest bereiten wolle, wie sie es selbst nie erlebt habe, sagt sie, dass sie ihn nie schlage. In der dritten Stunde jedoch erzählt sie: «Ah, ich schreie die Erzieherinnen an, wenn sie mir sagen, ich solle damit aufhören, Schläge seien keine Lösung, Christian sei ein kleines Kind und verstehe das nicht. Es ist nicht ihr Kind, es ist mein Kind, ich weiss selber, was ich zu tun habe, und niemand soll sich einmischen.» Es wiederholt sich, was Sandra selbst erlebt hat. Sie gibt es nun weiter. Aber gemäss ihrer Moral hat nur sie ein Recht dazu, nämlich als leibliche «Besitzerin» Christians.

Das Heim ist für Sandra der einzig stabile Ort, den sie hat, und sie weiss es. Auch Christian fühlt sich dort wohl. Sandra hat deshalb grosse Angst, dass sie es im Heim nicht schafft und ihre Freundinnen und ihre Erinnerungen sie wieder auf die Strasse zurückziehen werden. Eine Einladung zu einer Party – und schon wäre es wieder soweit. «Hoffentlich helfen mir Gott und die Jungfrau, dass ich nicht wieder auf der Strasse lande», sagt sie.

Sandra weiss, dass die anderen Mädchen und die Betreuerinnen des Heims sie schätzen. Aber es genügt ein Streit, und schon läuft Sandra wieder davon. Sie weiss, dass es nicht so weitergehen kann. Die Vorstellung, wieder auf der Strasse zu leben, erfüllt sie mit Angst, aber sie rechnet damit. «Ich allein kann alles Mögliche aushalten», sagt sie, «ich kann mich mit allem abfinden. Wer am meisten darunter leiden müsste, ist Christian. Und eines Tages, wenn er die Mädchen inhalieren sieht, und all die Dinge, die man auf der Strasse sieht – klar, ein Kind ist ein Kind, aber es kann sich das alles einprägen …»

Zudem weiss Sandra, dass die Polizei neuerdings einer Frau, die sie auf der Strasse aufgreift, auch die Kinder wegnehmen kann.

Sie malt sich aus, was sie sich selbst vorwerfen müsste, wenn es so weit käme. Sandra kann ihre Vergangenheit nicht ändern, sie muss damit leben und lernen, nicht bei jedem Anlass davonzulaufen. Sie müsste Liebe erfahren, damit sie Liebe auch weitergeben könnte. Eine Therapie wäre bei Sandra das Richtige. Aber das kann sich kein Programm leisten – auch mit Spenden aus der Schweiz nicht.

*

Während der Lern- und Austauschwoche in Lavi nimmt die Idee für ein Haus, in dem die Mädchen von der Strasse gemeinsam und von Bezugspersonen begleitet wohnen können, Gestalt an. Die Mädchen wünschen sich eine Institution, in der sie auf ein freies und selbstverantwortliches Leben vorbereitet werden. In La Paz gibt es 1993 keine Einrichtungen, in der die Jugendlichen nicht einfach nur zurechtgewiesen und verwalten werden, sondern in der tagtäglichen Auseinandersetzung mit dafür ausgebildetem Personal lernen können, einen Weg in ein menschenwürdiges Leben zu finden.

In Bolivien sind die staatlichen Institutionen für Strassenkinder meist geschlossene Anstalten mit unmotivierten Erziehern, die beim Regierungswechsel jeweils ausgetauscht werden. Nichtstaatliche Organisationen finanzieren sich häufig durch Spenden aus reichen Ländern und bieten ein breiteres Angebot mit Berufslehren und Kursen. In den meisten Fällen werden die Jugendlichen dort zu passiven Hilfeempfängern und geraten in eine permanente Abhängigkeit. Sie werden physisch gut versorgt, aber in ihrem Reifeprozess nicht begleitet. Die Mitarbeiterinnen sind motiviert, müssen aber viel zu viele Aufgaben übernehmen und sind meist völlig auf sich allein gestellt. Für Auseinandersetzungen, für das Aufarbeiten von Sucht oder frühen Traumata fehlt die Zeit.

*

Bolivien ist ein armes Land. Es exportiert Zinn und andere Rohstoffe und erzielt damit auf dem Weltmarkt geringe Erlöse. In den 1980er Jahren wurden über 20 000 Minenarbeiter entlassen, viele von ihnen bauen heute in der Chapare-Region Koka an. Kokablätter werden im Hochland von Bolivien gekaut, um den Hunger und die Höhe besser zu ertragen und gelten als gesund. Koka wird aber auch mit chemischen Produkten aus dem Norden zu Kokain verarbeitet. Das Kokain bringt Devisen und einen gewissen Wohlstand. Relativ gut entwickelt ist die gewerbliche Produktion, Industrie gibt es hingegen praktisch keine. Die Mehrheit der Haushalte lebt von der landwirtschaftlichen Produktion. Die bäuerliche Bevölkerung in den Bergen kann aber mit den subventionierten Landwirtschaftsexporten aus den USA nicht konkurrieren. Im ganzen Land müssen viele Personen migrieren und finden meist im informellen Dienstleistungssektor nur ein kärgliches Auskommen. 5 Prozent der Bevölkerung gelten als reich und 15 Prozent als Mittelstand. Alle anderen sind entweder arm, sehr arm oder verelendet.

Initiativen von Privaten oder Körperschaften werden vom Staat durch eine Unzahl von Gesetzen und die Korruption der Beamten behindert. Die traditionellen Parteien teilen den Kuchen der Macht in abenteuerlichen Koalitionen unter sich auf. Die Mehrheit der Bevölkerung sind Indios. Sie sind die Basis einer Oppositionsbewegung, die sich in den letzten Jahren herausgebildet hat. Der zivile Ungehorsam lähmt zuweilen das ganze Land und schadet auch den kleinen Betrieben der Indios selbst. Die Lage ist häufig sehr explosiv.

Angesicht der allgemeinen Armut fallen die Strassenkinder im Strassenbild kaum auf. Die Behörden möchten sie je nach Regierung vertreiben oder versorgen. Viele der Strassenkinder kommen aus Grossfamilien, bei denen die Eltern nur gelegentlich Arbeit finden. Körperliche, psychische und sexuelle Aggressionen sind der Grund, weshalb viele Jugendliche, insbesondere Mädchen, von zu Hause weglaufen. In La Paz lebten 1994 schätzungsweise 800 Kinder und Jugendliche auf der Strasse.

*

Ilse Miranda lacht und ihr Kopf kugelt sich im Kreis. Die Abende sind lang in Lavi. Wir singen Lieder und erzählen Witze. In Bolivien werden die Abende noch häufig so verbracht. Die Gitarre kreist. Ich spiele und singe einen rauchigen Blues. Andere stimmen poesievolle Liebeslieder an. Die Witze machen vor nichts Halt, Europäerinnen wären schockiert.

Ilse hat Psychologie studiert und arbeitet in einem Heim für Strassenkinder. Sie hatte sich nach der Konferenz in Cochabamba bereit erklärt, mit Unterstützung von EcoSolidar die Organisation der Arbeitswoche in Lavi zu übernehmen. Mir kommt es vor, als hätte ich sie während des Tages nie ohne Telefonhörer am Ohr gesehen. Sie hat eine Autorität, die sie nicht ausspielen muss. Ihr Auftreten genügt. Sie ist dabei, wenn es ausgelassen zugeht (wie bei der weiter vorne geschilderten Wasserschlacht), beteiligt sich unauffällig an den Workshops und sorgt – aus dem Hintergrund, aber höchst zielstrebig – dafür, dass die Videoproduktion vorankommt.

Ilse und ich kommen überein, dass wir die Idee von einem Haus für Begleitetes Wohnen und einem Betreuungs- und Schulungsangebot gemeinsam mit den Mädchen von der Strasse zu einem konkreten Projekt weiterentwickeln. Ilse wird es leiten. Sie bringt dafür die wohl wichtigsten Voraussetzungen mit: Offenheit, Klarheit und eine selbstverständliche Art, den Mädchen Freiheiten in Verantwortung zu übergeben. Sie wird nicht das Potenzial der

Mädchen verkümmern lassen, nur weil es sich so angenehmer leben lässt. Sie fordert alles von andern, aber auch von sich selbst.

Die Mädchen der Strasse haben aus ihrer Mitte eine Führungsgruppe gewählt, die eine nationale Organisation der Mädchen der Strasse aufbauen soll. Ich vereinbare mit Ilse, dass sie in einem ersten Schritt die Schulung und Betreuung dieser Gruppe übernimmt, während sich EcoSolidar um die Finanzierung des Projektes für ein Begleitetes Wohnen kümmert.

*

Ilse Miranda lebt in La Paz und wohnt mit ihrem kleinen, mehrfachbehinderten Sohn Estefano in einer engen, zentral gelegenen Dachwohnung mit Sicht auf den Illimani, den knapp 6500 Meter hohen Hausberg der Stadt. Ich bin zum Essen eingeladen. Wir sind zu fünft am Tisch, neben Ilse, ihrem Sohn und mir sind auch zwei ihrer Schwestern dabei. Ilse amtet als Familienoberhaupt. Ihr Umgang mit dem Sohn und den Schwestern ist sehr fürsorglich, die Mahlzeit gestaltet sich als witziger Trubel, alle wetteifern darum, die Tageskommentare der anderen an Frechheit zu übertreffen.

Später begleite ich Ilse in den botanischen Garten zu einem Kurs mit der in Lavi gewählten Führungsgruppe. Die Mädchen haben sich entschlossen, eine kleine Zeitung, die «Notichicas» herauszugeben. Ein Journalist aus der Schweiz ist bei diesem Kurs auch anwesend. Ich hatte ihn dazu eingeladen. Ilse schafft eine angenehme Stimmung in der Gruppe. Alle Mädchen gehen sehr feinfühlig miteinander um und erzählen sich aus ihrem Leben. Dabei liegen Freude und Traurigkeit nahe beieinander. «Mit dreizehn schickte mich meine Mutter auf den Strich», wird später als Titel über dem Artikel des Journalisten stehen. Aus den verschiedenen Geschichten der Mädchen hat er ein Schicksal konstruiert, um auf die Tränendrüsen zu drücken und die Gier nach «Sex and Crime» seiner Leserschaft zu bedienen. Es ist genau die Art von Berichterstattung, die wir nicht wollen. Dass es auch anders geht, beweist ein anderer Journalist aus der Schweiz, der sich auf Einladung der

Organisatoren während der ganzen Arbeitswoche in Lavi aufgehalten hat und sehr differenziert über die verschiedenen Geschichten der Mädchen berichtet.

In unserer Öffentlichkeitsarbeit versuchen Ilse und ich, die Realität der Mädchen sowohl mit ihren dunklen als auch fröhlichen Seiten zu schildern. Wir wollen alles vermeiden, was zur weiteren Stigmatisierung der Mädchen beitragen und ihre Würde verletzen könnte. Auch soll unsere eigene Arbeit in ihrer Komplexität sichtbar werden: mit Hoffnungen, Fehlschlägen und Erfolgen.

*

Nach zähen Verhandlungen mit bolivianischen Regierungsstellen für eine Anerkennung als juristische Person wird EcoSolidar Bolivia 1994 als Filiale von EcoSolidar Zürich unter der Leitung von Ilse Miranda gegründet. Die erste Buchhaltung wird von mir in der Freizeit noch von Hand erstellt, der erste Angestellte der Organisation ist der Strassenarbeiter und Soziologe Ramiro Delgado, der schon in Lavi dabei war und durch seine besonnene Art und seine Begeisterungsfähigkeit auffiel. Er bezieht ein kleines Büro im Zentrum von La Paz. Es dient als Treffpunkt für die Mädchen und als Basis für die Organisation. Ramiro organisiert Kurse für Mädchen aus verschiedenen Heimen und beginnt mit den Vorarbeiten für das Begleitete Wohnen.

Das Begleitete Wohnen haben wir uns in der Aufbauphase als Brücke zwischen dem Leben im Heim und einem eigenständigen Leben danach vorgestellt. Ein solches Übergangsangebot gibt es in La Paz noch nicht, so dass viele Jugendliche nach ihrem Austritt aus dem Heim wieder auf der Strasse landen. Womit wir nicht gerechnet haben, ist, dass die Heime uns jene Jugendlichen, die die besten Voraussetzungen für das Begleitete Wohnen mitbringen würden, nicht überlassen wollen. Sie wollen sie lieber zum Vorzeigen bei sich behalten.

Das wirft uns zurück. Wir ändern unsere Strategie und sind gezwungen, selber eine Strassenarbeit aufzubauen. Auf diesem Gebiet gibt es in La Paz kaum Bemühungen und schon gar keine separaten Angebote für Mädchen und junge Frauen. Strassenarbeit ist nicht ungefährlich, es kommt häufig zu Drohungen und Gewaltakten. Ramiro traut sich diese Arbeit zu.

Die Strassenkinder schlafen unter den Ladenarkaden, im Busbahnhof, in Rohbauten und unter Betonbrücken an den Ausfallstrassen. Im Zentrum tummeln sie sich auf den Plätzen und auf dem Markt. Hier bekommen sie Suppe, Äpfel und Süssigkeiten, wenn sie Botengänge machen oder beim Ein- und Ausladen der Waren mit anpacken. An Essen fehlt es den Kindern nicht. Oft gerät es allerdings in Vergessenheit, wenn sie ihre Drogenräusche auf den Parkwiesen ausschlafen.

Ramiro arbeitet auf den Plätzen, wo sich die Mädchen tagsüber oder abends aufhalten. Er hat in der Stadt auch drei von EcoSolidar gemietete Räume und eine Übernachtungsstätte zur Verfügung. Auf den Plätzen kümmert er sich um die unmittelbaren Nöte der Mädchen. Martha zum Beispiel wurde von der Polizei aufgegriffen, weil sie sich nicht ausweisen konnte. Ramiro sorgt dafür, dass die Polizei sie freilässt, ohne dass ihre Clique ein Schmiergeld zahlen muss. Er kann Martha auch sagen, was sie tun muss, um vom Pfarrer ihrer Gemeinde einen Geburtsschein zu erhalten.

Oder da ist Magdalena. Sie wurde von den Jungen ihrer Clique so misshandelt, dass sie ins Spital gebracht werden musste. In Zusammenarbeit mit anderen Institutionen erreicht Ramiro, dass Magdalena für die Behandlung nur einen kleinen Selbstkostenanteil übernehmen muss. Ihre Freundinnen tun sich zusammen und beraten im EcoSolidar-Lokal, wie sie das Thema Gewalt mit den jungen Männern diskutieren könnten. Ramiro vermittelt die Aussprache.

In der Strassenarbeit geht es darum, nicht einfach die Rolle des Beschützers zu übernehmen, sondern die Mädchen zu ermutigen, ihre eigenen Ressourcen zu mobilisieren. Ramiro verweist bei jeder Gelegenheit auf den Unterschied zwischen Gesagtem und Gelebtem, damit die Mädchen lernen, ihre eigenen Grenzen erkennen. Er versucht, die Beziehungs- und Kommunikationsformen unter den Mädchen zu verbessern und ihnen verständlich zu machen, dass vieles, was auf der Strasse als Solidarität oder Toleranz verstanden wird, nichts anderes als Komplizenschaft ist.

Viele der Mädchen haben sich mit ihrer Situation als Opfer abgefunden. Für eine Veränderung braucht es Hilfe von aussen. Die Mädchen müssen lernen, sich selber und sich gemeinsam zu helfen, um so ihre Ohnmacht überwinden zu können. Die Anleitung zur Selbsthilfe steht im Mittelpunkt der Arbeit von EcoSolidar Bolivia. Je näher sich die Mädchen dabei kommen, desto eher können sie sich in so genannt informellen Gruppen weiterbilden. Dies bereitet sie auf den späteren Gruppenprozess im Begleiteten Wohnen vor oder verschafft ihnen, wenn sie eine andere Lebensform wählen, bessere Ausgangsbedingungen dafür.

Um ihre Entwicklung zu unterstützen, bietet EcoSolidar den Mädchen weitere Angebote, wie beispielsweise den Workshop «Kunst und Kreativität». Einheimische Kunststudenten zeigen den Mädchen Methoden, wie sie ihre Welt oder ihre Gefühle künstlerisch zum Ausdruck bringen können. Dabei erfahren die Studenten erstmals von der Situation der Strassenkinder und sind herausgefordert, dies künstlerisch umzusetzen. Die Resultate beider Gruppen werden in einer Ausstellung gezeigt. Die rege Teilnahme der Mädchen an solchen Workshops ist ermutigend, auch wenn einzelne Mädchen zwischendurch «abstürzen» oder die Lust verlieren.

*

Manuela gehört zu einer Strassenbande. Zum ersten Interview kommt sie barfuss. Sie erklärt, die Bande habe ihr die Schuhe weggenommen, um zu verhindern, dass sie am nächtlichen Streifzug teilnimmt, weil sie stark erkältet ist. Manuela hat den Kontakt zur EcoSolidar-Gruppe gesucht, um von der Strasse wegzukommen. Auf meine Anfrage hin ist sie wie Sandra bereit, mir während dreier Stunden von sich zu erzählen. Obwohl sie von der Strasse weg will, berichtet sie mir die Abenteuer und Husarenstücke ihrer Bande mit einer Begeisterung, als wolle sie mich als Mitglied anwerben.

Sie erzählt, wie ihre Bande auf einem Platz gemeinsam mit Musikanten ein Ständchen inszeniert, und die Bandenmitglieder dabei den dicht gedrängt stehenden Zuschauern Geld und Geldbeutel aus den Hosentaschen fingern. In der Bande seien die Aufgaben genau verteilt, die Jungen würden stehlen und die Mädchen die Beute in Obhut nehmen.

Sie erzählt, sie sei schon zweimal von der Polizei verhaftet, aber von der Gruppe wieder freigekauft worden. Sie idealisiert ihre Bande. Eine Führerschaft bestehe nicht, aber die Grossen würden die Jüngeren kontrollieren, wie in einer grossen Familie. Selbst Mitglieder, die die Bande hintergingen, würden nicht weggejagt, nur Verräter würden ausgeschlossen. Als Verräter gilt, wer Raubtricks weitererzählt. Zum Schluss sagt sie, nun wolle sie aber von der Strasse weg, weil sie es satt habe, ständig zu frieren. Das ist eine etwas dürftige Motivation und wohl eher ein Versuch, «cool» zu wirken. Als Manuela dann von ihrer Familie und ihrem Werdegang zu erzählen beginnt, bleibt von Begeisterung keine Spur mehr. Ihre Eltern haben ein Haus in Trinidad im östlichen Tiefland Boliviens. Manuela kann sich nur an das Haus und die Pflanzen erinnern. Auch die Tiere liebte sie sehr. Mit sechs Jahren wurde sie von den Eltern zu ihrer Halbschwester und deren Mann nach La Paz geschickt, wo sie wie eine Hausangestellte arbeiten und die Kinder hüten musste. Ich finde nicht heraus, weshalb ihre Eltern sie weggaben. Manuela will ihre Eltern nicht belasten. Im Gegenteil: Die Eltern sind gut, ihre Halbschwester ist schlecht. Solche Kindsvergaben sind in Bolivien leider sehr verbreitet, so hat Manuelas Mutter später einen ihrer Enkel aus La Paz bei sich in Trinidad aufgenommen.

Manuela hielt es bei ihrer Halbschwester nicht lange aus und lief davon. Obwohl sie noch ein Kind war, wurde sie in verschiedenen Familien als Haushaltshilfe beschäftigt. An eine Familie erinnert sie sich ganz besonders: Sie habe dort ein behindertes Kind gehütet und es innig geliebt. Das Kind sei aber gestorben, sagt sie traurig. Kurz darauf habe sie sich der Strassenbande angeschlossen.

Ich treffe Manuela ein halbes Jahr später wieder. Sie lebt zur Zeit wieder auf der Strasse und besucht die EcoSolidar-Gruppe nur sporadisch. Mit einem Mädchen und sieben Jungen bewohnt sie eine niedrige Plastikbehausung am Rande der Stadtautobahn. Sie ist erst seit kurzem wieder in La Paz. Sie wurde von ihrem Freund und einigen anderen Jungen vergewaltigt. Sie war, als es geschah, von Leimdämpfen «high». Die EcoSolidar-Gruppe kümmerte sich um sie und stellte die Jungen zur Rede. Manuela selbst wollte sich mit der Vergewaltigung nicht auseinander setzen. Sie wollte vergessen und ging in eine andere Stadt.

Beim nächsten Besuch erfahre ich, dass sich Manuela an der Brust und im Gesicht Verbrennungen zugezogen hat. Benzindämpfe, die sie einatmen wollte, hatten sich entzündet. Nach dem Spitalaufenthalt möchte Manuela nun wirklich von der Strasse loskommen und besucht die EcoSolidar-Gruppe regelmässig. Als ich sie antreffe, spielt sie mit einem etwa dreijährigen Kind. Das Kind ist behindert. Es ist Manuelas Kind, und sie verleugnet es nicht mehr.

*

An einem Sonntag unternehmen Ilse Miranda, ihr Sohn Estefano und ich einen Ausflug auf den Altiplano, die bolivianische Hochebene auf über 4000 Metern über Meer. Je nach Jahreszeit präsentiert sich das Plateau als braune, endlose Fläche mit Bergen im Hintergrund oder dann als grüner Garten Boliviens. Hier werden die vielen Kartoffelsorten gezüchtet, für die das Land bekannt ist, und das kräftige Gemüse, das hier aus der kaum gedüngten Erde wächst. Die Leute sind arm und leben verstreut in kleinen Dörfern oder Kleinstädten. Die Frauen tragen noch den traditionellen Rundhut und die wallenden, bunten Röcke. Hier erwächst den Regierungen immer wieder starker Widerstand, die Bevölkerung des Altiplano ist in der Politik schlecht vertreten.

Das Juwel des Hochplateaus ist der tiefblaue Titicacasee. Auf seiner Oberfläche spiegelt sich der unendlich weite Himmel, das Vorbeiziehen der Wolken verändert fortwährend sein Aussehen.

Das Schilf am Ufer wird für den Bootsbau und zum Decken der Häuser verwendet. Aymara-Indianer vom Titicacasee bauten 1969 für den norwegischen Forscher Thor Heyerdahl die «Ra II», mit der er es ihm gelang, vom Mittelmeer aus über den Atlantik nach Barbados zu segeln.

Am Titicacasee liegt auch der Wallfahrtsort Copacabana mit dem Calvario, einem Kalvarienberg. Nach alter einheimischer Aymara-Sitte kann man sich hier auch die Erfüllung materieller Wünsche erbitten. Ilse und ich kaufen dort für teures Geld ein Modellhäuschen, das wir als Symbol für unser Begleitetes Wohnen in ein kleines Gärtchen stellen und vom Zeremonienmeister, der dazu alle Windrichtungen begrüsst, mit Bier segnen lassen. Andere Besucher kaufen Spielgeld und legen es in die Gärtchen. Die Zeremonie hat einen schalen Beigeschmack. Die «ehrwürdigen», angeblichen Inkapriester sind geldgierig und meist ziemlich betrunken. Für das Projekt des Begleiteten Wohnens sind wir auf ihren Beitrag zum Glück nicht angewiesen. Nach einer Spendenzusage der ökumenischen Arbeitsgruppe beider Kirchen der Gemeinde Stäfa haben wir allen Grund, uns zuversichtlich an die Realisierung zu machen.

Unterhalb des Calvario steht ein Kloster mit einer Madonna, deren Ausstaffierung ausreichen würde, die ganze Staatsschuld zu bezahlen. So kommt es mir jedenfalls vor. Ich lasse mich vom Abt des Klosters überzeugen, dass die Bedeutung der Madonna für die Volksgesundheit Boliviens grösser sei. Er ist ein sehr konservativer Mann und äussert sich abfällig über die Förderung und Befreiung der Armen im Land.

Auf der Rückfahrt begegnen wir Radfahrern, die sich auf 4500 Metern über Meer abstrampeln. Es sind, wie sich herausstellt, Nordeuropäer. Einheimische würden sich auf ein solches Abenteuer nicht einlassen. Später sehen wir ein Pärchen, das sich vor der untergehenden Sonne küsst. Wir vermuten bösartig, dass auch sie Europäer oder Amerikaner sind, denn beide lassen beim Küssen noch einen Mundwinkel zum Atmen in der dünnen Luft offen.

Bei einem Hügel halten wir, und Ilse lässt ihren Sohn Estefano mit den Schafen auf der Weide spielen. Angesicht der Ruhe und Weite der Landschaft empfinde ich einen tiefen Frieden. Nach der Rast entdecken wir einen modernen Lehmbau im traditionellen Stil der Gegend. Es ist ein Zentrum für die Bauernvereinigung der Umgebung. Der Neubau wirkt einladend und beschützend zugleich: Genauso stellen wir uns unser Haus für das Begleitete Wohnen vor. Wir erkundigen uns nach dem Architekten und beschliessen, sofort Kontakt mit ihm aufzunehmen.

Ilse Miranda hat noch einen weiteren Ausflug geplant. Sie will mir Chicani zeigen, ein Bauerndorf, das etwa eine halbe Fahrstunde südöstlich von La Paz liegt. Unser Projekt für Begleitetes Wohnen hier anzusiedeln hätte den Vorteil, dass die Kinder nicht so leicht wieder in den Bann der Grossstadt gezogen würden, und doch wäre die Stadt für die Arbeit und Ausbildung erreichbar. Die Mädchen sollen – falls vorhanden – ihrer bisherigen Erwerbstätigkeit nachgehen können, um nicht in die Lethargie von Sozialhilfeempfängerinnen zu fallen.

Mit dem Taxi gelangen wir auf ein Plateau und befinden uns plötzlich inmitten von Feldern und Weiden mit grasenden Kühen. Die Wiesen sind voller Blumen. Die Strasse endet hier, nur ein Fussweg führt bis auf den Andenkamm. Die Lage ist idyllisch und das Bauland für ein Kleinhilfswerk gerade noch erschwinglich. In Chicani, in den Blumen sitzend, beschliessen Ilse und ich, hier unser Haus zu errichten, und zwar im Stil der hier ursprünglich ansässigen Chipayas und mit der hiesigen Lehmerde gebaut. Den Architekten des Lehmbaus auf dem Altiplano, Pepe Camacho, hatten wir in der Zwischenzeit ausfindig machen können. Neben dem Begleiteten Wohnen soll das Haus auch Platz für Kurse und Tagungen bieten. Dieses erweiterte Angebot ermöglicht zudem, dass die Mädchen bei der Bewirtung und Beherbergung der Gäste etwas lernen und verdienen können.

*

Während in Chicani gebaut wird – immer wieder aufgehalten von den Behörden, weil EcoSolidar nicht bereit ist, Schmiergelder zu bezahlen, bereiten sich in La Paz die Mädchen in verschiedenen Gruppen auf das neue Zusammenleben vor. Der Gruppenprozess wird von der Psychologin Carolina Cespedes geleitet, die Mädchen leben zusammen in einer Wohnung im Albergue von EcoSolidar. Zweimal wöchentlich bespricht sich Carolina mit den Gruppen, zusätzlich trifft sie die Mädchen zu individuellen Unterredungen.

Carolinas Arbeit ist schwierig. Den Mädchen fällt es schwer, eine verbindliche Beziehung zur Gruppe und zu anderen Mädchen einzugehen. Sie haben nie gelernt, jemandem Vertrauen zu schenken. Ihre Erfahrung auf der Strasse hat ihnen im Gegenteil beigebracht, dass Offenheit ausgenutzt wird. Deshalb begegnen sie sich im Gespräch voller Abwehr. Carolina leitet die Mädchen an, sich mit sich selbst und den anderen auseinander zu setzen und die dabei aufbrechenden Gefühle auszuhalten. Häufig geht es um die Aufarbeitung schmerzlicher Erfahrungen, worauf sie mit Aggressivität, Verdrängung – oder Weglaufen reagieren. Auch laufen manche wegen einer neuen Liebesbeziehung weg. In den meisten Fällen kommen die Mädchen nach kurzer Zeit zurück.

Eine der jungen Frauen aus den Vorbereitungsgruppen ist Cinthia. Obwohl sie halbtags als Sekretärin arbeitet, ist sie daran, in die Prostitution abzugleiten. Sie hat niemandem etwas erzählt, aber aufwändiges Make-up, teure Kleider und ihre nächtelange Abwesenheit sind Carolina und den anderen Mädchen aufgefallen. Die Gruppe verhält sich komplizenhaft, da alle Mädchen schon ähnliche Erfahrungen gemacht haben. Cinthia selbst verharmlost ihren Job in einem Animierlokal. Sie sagt, sie habe es nur wegen des schnellen Geldes und der Anerkennung der Männer getan.

In der Gruppendiskussion geht es bald nicht mehr nur um Prostitution. Es wird über persönliche Autonomie diskutiert, das Setzen von Grenzen und Selbstbestimmung. Es geht darum, Ziele festzulegen, Alternativen zum bisherigen Leben zu suchen. Cinthia braucht Zeit, um für sich einen Weg zu finden. Es ist wichtig, dass sie sich nicht wie in der Vergangenheit an zweifelhafte Autoritäten anlehnt und die eigene Verantwortung aufgibt. Dabei helfen ihr das Team und die Gruppe. Carolina, die Psychologin, unterstützt die Mädchen auch mit individuellen Interventionen auf diesem anspruchsvollen Weg. Um bei der Arbeit mit den Mädchen nicht völlig auf sich gestellt zu sein, haben die Teammitglieder die Möglichkeit einer Supervision: individuell und im Team. EcoSolidar Bolivia arbeitet als einzige Hilfsorganisation konsequent im psychosozialen Bereich.

*

An einem internationalen Kongress zur Auseinandersetzung mit Psychoanalyse und marxistischer Psychologie 1994 in Kuba stellt Ilse Miranda unsere Arbeit mit den Mädchen vor. Das Interesse ist gross. Hier treffen sich Vertreter der marxistischen Psychologie mit den Verfechtern der kritischen Psychoanalyse. Da Veränderungen bei sich selbst beginnen, hat Ilse sich entschlossen, ihre eigene Geschichte und die daraus resultierenden Haltungen in einer Analyse aufzuarbeiten. Auch ich bilde mich in Zürich am Psychoanalytischen Seminar Zürich (PSZ) als Laie weiter. Mich interessieren die freudsche Analyse und die Ansätze der Ethnopsychoanalyse, die einen besseren Zugang zu anderen Kulturen versprechen, als es die traditionellen ethnologischen Wissenschaften vermögen. Mit meinem Freund, dem Arzt und Psychoanalytiker Emilio Modena, der auch Präsident von EcoSolidar ist, besuche ich eine Ausbildung zum Gruppentherapeuten nach der Methode des «Grupo operativo». Unser Interesse an der Gruppentherapie hat einen einfachen Grund: Einzeltherapien für die Strassenkinder kommen nicht in Frage, weil sie für EcoSolidar nicht finanzierbar wären, und erst recht nicht für bolivianische Organisationen, von denen wir hoffen, dass sie unsere Ansätze einmal aufnehmen und weiterführen.

Die Methode des Grupo operativo wurde in Argentinien im Hinblick auf eine bessere medizinische Versorgung der armen Bevölkerung entwickelt. Die Gruppe gibt sich einen klar umrissenen

Auftrag, ein Koordinator misst die Gruppe laufend an ihrem ursprünglichen Ziel und deutet die Widerstände der Gruppe gegenüber der selbstgestellten Aufgabe. Die koordinierende Person wird ihrerseits von einem Beobachter begleitet. Weil eine Gruppe nur so gut funktioniert wie ihr schwächstes Glied, wird so in demokratischer Weise kollektives Wissen erarbeitet und in der Selbstreflexion vertieft. Die Gruppe geht in ihrer Aufgabestellung erst weiter, wenn alle dazu bereit sind. Politisch ist dies bedeutsam, denn das Recht des Stärkeren gilt hier nicht. Genau dies interessiert Ilse und mich bezüglich der Arbeit mit den Strassenkindern. Wir beschliessen die Aufnahme dieser Methode in unsere Workshops und Tagungen. Die beiden Vorstandsmitglieder Emilio Modena und Gregor Busslinger, die ebenfalls zu diesem Kongress nach Kuba gereist sind, unterstützen uns dabei.

Der Aufenthalt in Kuba bietet aber noch einen anderen Höhepunkt. Mit einem Mietauto fahren wir zu einem staatlichen Heim für behinderte Kinder. Wir werden mit einem Konzert der besonderen Art empfangen. Die Kinder spielen mit allem, was Töne hergibt. Das Schlagzeug besteht aus Blechdeckeln, das Klavier ist verstimmt und als Blasinstrumente dienen Röhren aller Art. Es ist ein einstudiertes Konzert und wird mit viel Enthusiasmus und Freude dargeboten.

*

In Chicani kommt unser Bauprojekt voran. Zwei Häuser sind im Rohbau fertig. Was noch fehlt, sind die Kuppeldächer. Doch eines Tages ist unser Architekt und Lehmbauspezialist Pepe Camacho verschwunden. Mit ihm auch ein Vorschuss für die nächste Bauetappe. Der Betrag ist nicht sehr gross, aber für eine kleine Organisation wie EcoSolidar nicht so einfach wegzustecken. Das Katastrophale aber ist, dass die Regenzeit bevorsteht und die ungedeckten Lehmbauten dem Wasser nicht standhalten werden. Wir lassen Pepe suchen, finden ihn aber nicht. So kreativ er auch war, nun hatte er uns versetzt. Der Bau scheint ihm über den Kopf gewachsen zu sein.

Ausgerechnet in dieser Zeit kommt eine Reisegruppe aus der Schweiz nach Bolivien, um das Vorankommen unseres Projektes zu besichtigen: Vertreter der Kirchgemeinden Stäfa, Emilio Modena und meine Kinder. Sie erhalten nun eine Demonstration dessen, was in der Entwicklungszusammenarbeit im negativen Fall auch passieren kann. Mit einigem Sarkasmus taufen wir die Häuser auf den Namen «Die Ruinen von Chicani». Und Ilse Miranda lässt, um der Katastrophe doch noch etwas Positives abzugewinnen, nach altem Ritual eine Räucher-Zeremonie ausrichten.

Bei der Suche nach einem neuen Architekten vermittelt uns die Universität von La Paz drei Büros, die Erfahrungen mit natürlicher Bauweise haben. Dabei wird klar, dass niemand die bestehenden Rohbauten weiterführen will. Der Regen hat ihnen zu stark zugesetzt. Wir haben viel Zeit verloren. Das Desaster kostet EcoSolidar 40 000 Dollar. Mit Pepe Camacho, der nach einer Weile wieder auftaucht, schliessen wir einen Vergleich ab, der uns immerhin einen Teil des Verlustes wieder einbringt. Die Situation für EcoSolidar ist nun extrem schwierig. Ohne das angekündigte Haus Spenden für ein Begleitetes Wohnen zu erhalten, scheint mir praktisch aussichtslos. Doch die Kosten für Löhne, Kurse und Workshops laufen weiter. Ich beschliesse, mit dem Kopf durch die Wand zu gehen. Von Freunden und Vorstandsmitgliedern von EcoSolidar leihe ich mir 140 000 Franken – bei einem Scheitern würde eine Rückzahlung im Vergleich zu dem, was ich verdiene, sehr, sehr lange dauern.

In dieser schwierigen Zeit im Frühjahr 1996 besucht uns Ilse Miranda in Zürich. Sie will sich ein Bild von den hiesigen Institutionen machen. Gemeinsam besuchen wir ein Projekt für Begleitetes Wohnen der Stadt Zürich. Die Unterschiede werden sogleich deutlich. In Bolivien sind klare Zielsetzungen, offene Arbeitsmethoden und Berichte ein Muss; bei uns in Zürich überraschenderweise – für staatliche Institutionen zumindest – nicht unbedingt. Hier gehen die Institutionen mit genauen Angaben zurückhaltend um, weil oppositionelle Politiker sie darauf behaften und eine Kürzung der Finanzen durchsetzen könnten. Auch politische Aussagen zu den Ursachen, die zu einem solch hohen Bedarf an Sozialhilfe führen, will man vermeiden. Bei privaten Institutionen wie dem Mädchenhaus hingegen finden wir eine moderne Struktur mit ausgereiften Evaluationsverfahren.

In Stäfa trifft Ilse Miranda auf interessiert zuhörende Geldgeber, mit denen auch die Schwierigkeiten im Projekt diskutiert werden können. Ilse berichtet von den Hindernissen beim Hausbau in Chicani und den tagtäglichen Problemen in La Paz: Hausbesitzer, die uns keine Räume vermieten wollen; Mädchen, die auf Raubzüge gehen; Mädchen, die davonlaufen, sobald sie einen neuen Freund haben, um dann nach ein paar Monaten mit einem Baby wieder aufzutauchen. Ilse plädiert deshalb für ein gemischtgeschlechtliches Projekt, bei dem die Väter einbezogen werden. Im Begleiteten Wohnen soll die junge Familie eine gemeinsame Perspektive erarbeiten können. Damit sind wir die einzige Institution in La Paz, die gleichzeitig mit jungen Frauen und Männern arbeitet. Bei der herrschenden Moral ist dies in Bolivien kein leichtes Unterfangen. Mit ihrer offenen Art und ihren klaren, durchdachten Worten gelingt es Ilse, das Publikum in Stäfa zu überzeugen.

Der Besuch von Ilse Miranda in der Schweiz bringt jedoch nicht nur spannende und inspirierende Begegnungen. Es entstehen auch Konflikte. Ilse Miranda hat die reiche Schweiz gesehen. Wie die meisten Gäste aus der armen Welt versteht sie zwar schnell, dass in der Schweiz auch die Lebenshaltungskosten sehr hoch sind. Trotzdem ist es unvermeidlich, dass sie sich bei jedem Betrag, den ihr Gastgeber für einen Kinobesuch oder eine Flasche Wein ausgibt, ausmalt, was sie sich dafür in Bolivien kaufen könnte. Was sie nicht weiss: Bei mir geht in dieser Zeit das Monatsbudget so knapp auf, dass ich in jedem Laden zuerst die Aktionsgestelle anpeilen muss.

Angesichts des Wohlstandes hier in der Schweiz nimmt unser Projekt in Ilses Kopf plötzlich neue Dimensionen an. Sie will viel mehr: Das Problem der Strassenkinder soll auf allen Ebenen gelöst werden. Auch weitere gesellschaftliche Randgruppen sollen in die Arbeit mit einbezogen werden. Das Weiterbildungsprogramm soll auf Mitarbeiterinnen anderer Institutionen ausgeweitet werden... Ilse fordert plötzlich ein Mehrfaches an finanzieller Unterstützung mit der Begründung: Wenn wir ihre Arbeit wirklich schätzen, würden wir auch einen Kredit für den Programmausbau von EcoSolidar Bolivia aufnehmen. Mich trifft zunächst einmal der Schlag. Die Winterspendenkampagne 1996 läuft schlecht. Das Geld für die Häuser habe ich noch nicht beisammen. Und nun noch eine Diskussion über den Umgang mit gespendetem Geld! Ilse versteht meine Vorbehalte gegenüber Krediten nicht. Sie will nicht warten. Wir streiten wie ein altes Ehepaar. «Der eine verdient, und die andere gibt das Geld aus!», grummle ich und bin nicht gerade stolz, plötzlich wie einer am Stammtisch zu reden. Ihre Rückreise nach Bolivien erfolgt im Unfrieden.

Nach einem langen emotionalen Briefwechsel einigen wir uns auf die Weiterführung des eingeschlagenen Weges. Ich bin nicht bereit, mehr Geld auszugeben, als EcoSolidar mit Spenden auftreiben kann. Trotzdem hat mich die Auseinandersetzung sehr getroffen. Ich bin enttäuscht und desillusioniert. Wie kann ich arbeiten, wenn eine solch freundschaftliche Beziehung der Zusammenarbeit nicht trägt? Ist Freundschaft überhaupt denkbar, wenn ich gleichzeitig Geldgeber bin?

Ilse glaubt, dass es erstrebenswert ist und möglich, wenn eine gemeinsame ethische Grundhaltung vorhanden ist und ein persönliches Vertrauensverhältnis besteht. Das Vertrauen habe sie, weil zwischen uns immer wieder auch Persönliches zur Sprache gekommen und deshalb Verständnis für den andern möglich sei. Auch in der Arbeit hätten wir immer wieder Entscheidungen miteinander besprochen, die sonst in der Einsamkeit des Verantwortlichen hätten getroffen werden müssen. Sie findet, dass wir uns gegenseitig positiv beeinflusst hätten. Sie habe schnell gelernt, ihre Arbeit zu strukturieren und sei weniger dem Alltagskram nachgerannt. Bei mir schätze sie, dass ich Beharrlichkeit entwickelt hätte und mich nicht wie andere Geldgeber in immer neue Projekte stürzen würde. Diesen Wirren folgen bessere Zeiten. Davon aber später.

EcoSolidar muss nun auch in der Schweiz wachsen

Mehr Geld für eine kleine Organisation – Spendegewohnheiten – Gespräch mit Freunden – Das Büro in Zürich – Was garantiert die ZEWO – Isabella Augustin beantwortet Spender/-innenanfragen – Die Vergabe von Geldern durch Institutionen – Junge Leute möchten sich in der Entwicklungszusammenarbeit einsetzen

EcoSolidar ist von 1986 bis 1993 nur sehr langsam gewachsen. Der Jahresumsatz von 52 000 Franken im ersten Jahr stieg in dieser Zeit auf 208 000 Franken. Zwanzig Jahre später haben wir mehr als eine Million pro Jahr zur Verfügung. Das langsame Wachstum hatte einerseits damit zu tun, dass wir erst einmal beweisen mussten, dass unsere Projekte vorankommen. Andererseits hatten wir auch kein Geld, um mit starker Werbung auf uns aufmerksam zu machen, zudem war ich damals noch recht befangen in Sachen Werbung. Neue Projekte wurden in einem knochentrockenen Stil vorgestellt. Aber EcoSolidar war so etwas wie ein Geheimtipp unter sehr treuen Eingeweihten.

Unser Projekt in Bolivien machte 1994 die Suche nach neuen Geldquellen erforderlich. Gemeinden, Kantone, Kirchgemeinden, Firmen und Stiftungen wurden angeschrieben und um grössere Geldbeträge gebeten. Im Laufe zweier Jahre kamen von 48 Institutionen oder Körperschaften insgesamt 470 000 Franken für die Bauten für das Begleitete Wohnen zusammen. Nicht inbegriffen war jedoch die Arbeit unserer Sozialarbeiterinnen und Therapeutinnen mit den Jungen und Mädchen von der Strasse. Aus dem Spenderinnenkreis konnten diese Mittel nicht aufgebracht werden. So versuchten wir es mit dem direktem Anschreiben von uns unbekannten Leuten und hatten dabei Erfolg. Entscheidend dafür war die Hilfe der Firma Erwin Müller & Partnerinnen im Tessin, die uns ihre umfassende Adresskartei, mit der sie auch politische Kampagnen und Initiativen begleitet, zur Verfügung stellte. So konnten wir sehr gezielt Leute ansprechen, bei denen die Chance gross war, dass sie sich für unseren Themenkreis interessieren könnten.

«Nun verstopft mir nebst all den anderen auch noch EcoSolidar den Briefkasten», werden sich viele der Empfänger unserer Post gesagt haben. Das stimmt leider, aber es zeigte sich, dass dieser Weg nicht nur der billigste, sondern auch erfolgreichste ist, um neue Spenderinnen zu gewinnen. Besonders der Dezember eignet sich für Spendenaufrufe. Die Hälfte der Einnahmen erreicht uns jedes Jahr zwischen dem 23. November und dem 10. Februar, weil die

Spendenfreude in dieser Zeit am grössten ist. Das gilt allerdings nicht nur für uns. Deshalb sind über den Jahreswechsel die Briefkästen immer so voll. Es kann ein noch so guter Artikel über uns in der Zeitung stehen, und die Postcheck-Nummer ist klar und deutlich abgedruckt, aber niemand geht auf das Postbüro und sucht sich einen leeren Einzahlungsschein und füllt ihn aus. In 20 Jahren ist das nur etwa 40 Mal geschehen. In der Schweiz muss der vorbereitete Einzahlungsschein ins Haus geliefert werden, sonst geht nichts.

Bei den Spendern und Spenderinnen gibt es eine klare Rangordnung: Zuoberst stehen die Kinder. Für sie zu sammeln ist am einfachsten. Kinder sind nicht Schuld an ihrer Not. Bei Projekten mit Erwachsenen sieht das anders aus, da wird weniger gespendet. Viele denken, dass Erwachsene doch selbstverantwortlich sind. Am einfachsten wäre eine Sammlung für Kinderpatenschaften. Aber da würden wieder nur die schönen und problemloseren Kinder Paten finden. Die Zerlumpten mit schiefen Zähnen hätten kaum Chancen. Deshalb sind fast alle schweizerischen Organisationen dazu übergegangen, Patenschaften nur für Gruppen zu ermöglichen. Das ist richtig so.

*

Wir sitzen zu dritt auf einer Parkbank und diskutieren über den Brauch, ausgerechnet an Weihnachten zu spenden. Wir sind drei alte Freunde, einer davon ist der Zyniker der Runde, und ich schätze seine bissigen Bemerkungen, die einem analytisch genau beobachtenden Verstand entspringen. Ich weiss, dass er diese Gabe nicht dazu missbraucht, um andere zu demütigen, nein, er ist ein sehr mitfühlender Mensch, der seine eigenen starken Gefühle kaum aushält und den Zynismus als Ventil braucht. Der zweite ist Pfarrer und stets aufrichtig bemüht, dem Quäntchen subjektiver Wahrheit auf die Spur zu kommen, das zu einer nicht widerlegbaren, nicht mehr weiter durchdenkbaren letzten Betrachtung führt. Ich sitze daneben in Sandalen, so wie man sich einen Hilfswerkgründer vorstellt.

Geruhsam blicken wir auf die sich kräuselnden Wellen des Zü-

richsees. Der alte Freund räuspert sich und meint unvermittelt: «Gib doch zu, dass du ein Ablasshändler bist! Du verkaufst im Dezember Wohlgefühl, damit die Spender unter dem Jahr wieder egoistisch handeln können.» Der Pfarrer schaltet sich ein, denn der Ablasshandel ist ja seine Domäne. Ruhig und beherzt kontert er den Angriff: «Du denkst, es sei noch wie im Mittelalter, als die Geistlichen den reichen Leuten Briefe verkauften, die ihnen gute Taten bescheinigten, und mit dem Erlös Armenhilfe und andere kirchliche Aufgaben finanzierten. Heute spenden nicht unbedingt die Reichen am meisten. Viele ärmere, keineswegs vermögende Leute sind froh, dass es ihnen gut geht und möchten andere daran teilhaben lassen. Das ist Grosszügigkeit und beweist soziales Denken.»

Ich argumentiere pragmatisch, verweise auf die materielle Seite und sage: «Im Dezember wird der 13. Monatslohn ausbezahlt, da ist eben auch mehr Geld im Umlauf. Und da auf Weihnachten hin der Familiensinn stärker ins Zentrum rückt, kommen bei den Leuten die weicheren Anteile der Persönlichkeit zum Vorschein.»

«Nun mach aber einen Punkt!», werde ich auf den Boden der zynischen Tatsachen heruntergeholt. «Die Leute haben doch ein schlechtes Gewissen wegen der unnötigen Weihnachtsgeschenke, die sie jedes Jahr kaufen. Und ausserdem können sie nach der Weihnachtsspende wieder das ganze Jahr über die siebzig Prozent der Energieressourcen, die die industrialisierte Welt für sich beansprucht, durch den Auspuff jagen. Das müsstest du zu verändern helfen!»

«Du unterstellst allen anderen die Bösartigkeit, die du bei dir selbst im Innersten vermutest», fährt unser Pfarrer aufgebracht dazwischen. «Du siehst gar nicht, dass die Menschen durch das ganze Jahr mit Sorge in die Zukunft blicken und an Weihnachten endlich ein bisschen Ruhe und Einkehr finden. Für sie ist es gut, für einmal nicht bedürftig zu sein; für sie ist es ein Luxus, einmal an andere denken zu können. Spenden ist ein Akt, der gut ist für die Volksgesundheit.»

«Ist es nicht so, dass jede und jeder mit sich selbst ins Reine kommen muss, und Etikettierungen wenig nützen», sage ich vermittelnd und bin überrascht, dass meine beiden Freunde meinen Kom-

promiss akzeptieren. Vielleicht sind sie auch nur zu faul, um weiter zu diskutieren und deshalb so friedfertig. Ich erzähle ihnen, wie es in meiner Kindheit noch Brauch war, dass arme Leute an Weihnachten zum Essen bei Bessergestellten eingeladen wurden. Heute ist das schwieriger geworden. Viele kennen keine armen Leute. Sie haben diese Beziehungen an die Hilfswerke delegiert.

*

Das Büro von EcoSolidar befindet sich an der Langstrasse in Zürich in einem schönen alten Eckhaus. Einer der Büroräume bietet weite Sicht auf die Geleise des Hauptbahnhofs, ein anderer hat einen kleinen Erker, der in den Baumwipfeln liegt. Vor dem Haus geht es allerdings nicht immer so idyllisch zu und her: Hier zeigt sich die städtische Drogenproblematik. Die Räume sind nicht gross, aber seit 20 Jahren können wir in Zürich sehr zentral zu einem günstigen Mietzins arbeiten.

Isabella Augustin ist seit 2001 meine Mitarbeiterin in Zürich. Sie lebte nach der Handelsschule mit ihrem Mann einige Jahre in Brasilien, arbeitete nach der Rückkehr in die Schweiz neben ihren Tätigkeiten als Mutter und Hausfrau teilzeitlich in administrativen Berufen und bildete sich nebenbei kontinuierlich weiter. Zuletzt war sie auf dem Sekretariat der Bündner Frauenschule und schloss an einer Fachhochschule mit dem Diplom «Öffentliche Verwaltung und Non-Profit-Organisationen» ab. Sie arbeitet wie ich 80 Prozent im Normalfall und rund um die Uhr, wenn es brennt. Isa, wie sie kurz genannt wird, kümmert sich um Administration, Buchhaltung und Information. Sie setzt auch das Layout des Mitglieder-Infos um und schreibt selbst Artikel. Unsere Verwaltung ist schlank und effizient, indem wir beispielsweise Synergien im Computerbereich und bei der Büromiete mit der Hilfsorganisation mediCuba-Suisse nutzen. Das ist gut so, denn die Verwaltungskosten werden in Zukunft immer mehr unter den Hilfswerken verglichen. Die Zentralstelle für Wohlfahrtsunternehmen (ZEWO) will die Rechnungsführung vereinheitlichen. Heute bucht jede Organisation anders ab. Ein Telefon nach Bolivien kann beispielsweise dem Projekt zugeschrieben werden oder wie bei uns den Verwaltungskosten. Eine Standardisierung ist zwar zu begrüssen, doch die Verhinderung von Bilanzkosmetik erfordert einen enormen bürokratischen Aufwand. Zudem bedeuten tiefe Verwaltungskosten nicht automatisch gute Projekte. EcoSolidar könnte bei gleich bleibenden Betriebskosten mit der Giesskanne leicht eine Million mehr umsetzen. Dies hätte aber eher negative Folgen für die Betroffenen, wie das Beispiel Malawi im nächsten Kapitel zeigt. Trotz dieser Einschränkung ist das Verhältnis zwischen Verwaltungskosten und Projektausgaben ein wichtiges Kriterium in der Entwicklungszusammenarbeit, und EcoSolidar steht diesbezüglich im Vergleich mit anderen Organisationen gut da.

Die ZEWO kann mit ihren Kontrollmechanismen die demokratischen Strukturen oder eine transparente Buchhaltung der zertifizierten Organisation garantieren. Das ist für die Vertrauensbildung gegenüber den Spendern und Spenderinnen wichtig. Bezüglich der Projektausführung müssen sie sich jedoch selber ein Bild erarbeiten. Bestimmt geben die Mitgliederzeitschriften der Werke etwas Auskunft, allerdings eher aus einer unkritischen Eigenperspektive. Da die Massenmedien sich mit der Dritten Welt meist nur bei Katastrophen auseinandersetzen, vermitteln auch sie uns kein objektives Bild des Südens. Mit unserem EcoSolidar-Info versuchen wir, möglichst ehrlich zu informieren. Das heisst, wir machen sowohl auf unsere Entwicklungsschritte als auch auf Fehlentwicklungen in Projekten aufmerksam. Wer unsere Projekte über Jahre verfolgt, kennt sowohl unsere Stärken wie unsere Schwächen.

Bei meinen Projektbesuchen werde ich manchmal von Vorstandsmitgliedern – sie reisen auf eigene Kosten – oder von Isa begleitet. Sie will sich ein eigenes Bild machen, damit sie die Spenderinnen gut informieren kann. Ich schätze ihren gesunden Menschenverstand und ihr kritisches Urteil. Bei der Einschätzung von kulturellen Unterschieden in der Arbeitshaltung und der Berichterstattung der Projektpartner ist sie bei allem Wohlwollen und aller Freundschaftlichkeit meist strenger als ich.

Isa ist auch beim Besuch 2001 in Bolivien dabei und kämpft mit den luftarmen Bedingungen des bolivianischen Hochlandes, die einem in den ersten drei Tagen häufig Kopfweh bescheren. In Chicani tummeln sich Babys und Kleinkinder auf dem Boden, während ihre jugendlichen Mütter und Väter in einem Gruppengespräch den Tag nochmals durchgehen. Zahlreiche kleine Konflikte werden angesprochen, aber auch die Planung für den nächsten Tag gibt einiges zu reden. Isa wird sofort klar, dass die Anwesenheit der Babys und Kleinkinder, wie sie hier an den Sitzungen im Begleiteten Wohnen der Strassenkinder stattfindet, nicht sehr produktiv ist. Sie schlägt später dem zuständigen Team vor, für gewisse Zeiten eine Kleinkinderbetreuung einzurichten. Isas Antrag an das Team in Chicani wird mit Interesse aufgenommen. Ein Jahr später funktioniert der Kinderhort bereits.

Isa ist eine wichtige Unterstützung für mich. Der «Blick mit vier Augen» ist, wenn ich mich zu sehr in ein Problem vergraben habe, ein nützliches Korrektiv. Dieses Vieraugenprinzip funktioniert auch im Büro in Zürich. Dass wir beide in den täglichen Realitäten des andern mitarbeiten, hat zudem den Vorteil, dass wir wissen, woher und mit welchen Schwierigkeiten das Geld beschafft worden ist, und wo es wie ausgegeben wird. Das schafft Transparenz und vereinfacht Entscheide. Die Motivation für unsere Arbeit bekommen wir beide bei den Begegnungen auf unseren Projektreisen.

Isabella Augustin ist auch die geduldige Seele, die die vielen telefonischen Anfragen betreut. Eine ältere Spenderin möchte unser Bulletin nur noch in Schwarzweiss, weil sie Farbdruck für Verschwendung hält, und droht, dass sie ansonsten nicht mehr spendet. Wir lassen ihr ab sofort eine Fotokopie zukommen, womit sie zufrieden ist. Oder da ist der Herr aus dem Thurgau, der eigentlich mit dem Papst ein Hühnchen rupfen möchte, aber seine Ideen zur Empfängnisverhütung nun dem Hilfswerk kundtut. Eine andere Person möchte sich orientieren, für welches Projekt sie spenden könnte. Nach langem Überlegen wählt sie Afrika aus, denn letztes Jahr spendete sie für einen andern Kontinent. Isa nimmt das gelassen, denn sie weiss, dass sich die Leute echte Sorgen machen darüber, wie ihr Geld weitergegeben wird. Sie beantwortet auch immer wieder Fragebogen und Untersuchungen aus der Forschung. Ebenso versendet sie Material für Schülervorträge, sofern diese nicht über das Internet zu beziehen sind. Wir selbst organisieren eher selten Vorträge und Weiterbildungsveranstaltungen.

Die vielen direkten Kontakte nehmen viel Zeit in Anspruch, sind aber für unsere Aufgabe unerlässlich. Einem solchen Kontakt verdanken wir auch, dass vor zwei Jahren eine Schwäche von Eco-Solidar, nämlich die fehlende langfristige Absicherung, behoben werden konnte. Nach mehreren Informationsgesprächen entschloss sich ein Spender, uns zuhanden unserer Reserve sein Vermögen zu überschreiben.

Oft melden sich bei Isa auch Leute, die in den Ferien viel Elend gesehen haben und gleich vor Ort ein Projekt auf die Beine stellen wollen. Darauf gibt es keine schnelle Antwort. Entweder empfiehlt sie ein Hilfswerk, das in diesem Land tätig ist, oder sie rät, selbst einen Freundeskreis für ihre Idee aufzubauen. Hartnäckige und Durchhaltewillige berate ich dann gerne beim Aufbau eines kleinen Vereines. Ich unterstütze sie so, wie andere mich früher auch unterstützt haben. Ein Beispiel dafür ist die Organisation «chandra-mia.ch». Sie hat sich zur Aufgabe gemacht, mit eigenen und fremden Projekten schweizerische KMUs davon zu überzeugen, dass sie vom Preis ihrer Güter und Dienstleistungen einen kleinen Prozentsatz für Entwicklungsaufgaben im Süden abzweigen und dies gegenüber ihren Kunden kommunizieren. Das ist ein wahrlich schwieriges Unterfangen, das noch wenig Tradition hat. Neben privaten Spenden erhalten Hilfswerke in der Schweiz auch öffentliche Unterstützung. Die Vergabe ist allerdings wenig transparent. Die Kommissionen von Gemeinden und Stiftungen wählen jeweils aus einer riesigen Fülle von Anträgen aus. Auch wir reichen jeweils Anfang Jahr unser Begehren ein. Irgendwann erfahren wir dann, ob wir dabei sind oder nicht. Ein Budget steht so immer auf wackligen Füssen, und doch müssen wir unsere Verpflichtungen den Projektpartnern gegenüber erfüllen. Dank unserer guten Arbeit ist es uns aber gelungen, die Unterstützung der Direktion für Entwicklung und Zusammenarbeit des Bundes (DEZA) für unser Strassenkinderprojekt über drei Jahre hinweg zu erhalten.

Wir leben in einer selektiven Gesellschaft, die das Auslesen, sei es beim Einkauf im Warenhaus oder bei der Unterstützung von Hilfsprojekten, geradezu fördert. Es gibt einzelne Private und auch öffentliche Institutionen, die jeweils nur neue Projekte unterstützen. Sei meinen, dass der zufällige Wechsel mehr Gerechtigkeit erzeuge. Für uns heisst dies, dass wir für unsere Treue gegenüber den Projektpartnern nicht belohnt werden. EcoSolidar bietet nicht jedes Jahr etwas Neues. Für uns bleibt ein Projekt aktuell, solange das Problem besteht. So verschwindet das Elend der Strassenkinder in Bolivien nicht, solange die Wirtschaftslage in Bolivien immer wieder neue Jugendliche auf die Strasse treibt. Da wollen wir dabei bleiben, solange es uns braucht. Deshalb sind wir dankbar für die zahlreichen treuen Mitglieder und Institutionen, die seit Jahren unsere Projekte verfolgen. Dank der Konstanz der ökumenischen Arbeitsgruppe beider Kirchen Stäfas über mehr als zehn Jahre hinweg war in Bolivien eine erfolgreiche Entwicklung möglich. Es gibt aber auch Projekte, die wir gerne in die Unabhängigkeit entlassen.

Die Kommissionen, welche für die Vergabe von öffentlichen Geldern zuständig sind, entscheiden meiner Meinung nach oft willkürlich. Auch wechseln die Mitglieder ständig. Allgemein verbindliche Kriterien oder Empfehlungen für die Vergabe von Geldern gibt es nicht. Ich bin der Auffassung, dass die für diese Geldvergaben Zuständigen mit einer neutralen Weiterbildung unterstützt werden sollten. Dies zu fordern und zu initiieren liegt eigentlich in der Kompetenz der ZEWO. Die Vergabe könnte trotzdem nach unterschiedlich formulierten Kriterien erfolgen. Eine Gemeinde im Kanton Bern zum Beispiel beauftragte in den 1990er Jahren ihre Oberstufenschüler mit der Auswahl der Projekte. Eine gute Idee für beide Seiten. So lernten die Jugendlichen in einer realen Aufgabe, Kriterien zu bilden und Verantwortung zu übernehmen. Die Schüler entschieden unter Umständen weniger zufällig als manche Erwachsene.

In der Absicht, die Projekte gerechter zu beurteilen, werden aber auch Fehler gemacht. So ist eine grosse Stadt dazu übergegangen, sich für die Jurierung Fachleute aus den Hilfswerken selbst zu holen. Zwar mag eine solche Vergabekommission hoch qualifiziert sein, Tatsache aber ist, dass sich so die grossen Hilfswerke die grossen Beträge gegenseitig zuschieben und nur ein paar kleinere Beträge für andere übrig lassen. Das ist jedoch die Ausnahme. Mehrheitliche werden die Gelder fair verteilt, nachdem die Projekte von freiwilligen unbezahlten Mitgliedern in verantwortungsvoller Weise evaluiert wurden. Sie beurteilen eine Vielzahl von Gesuchen mit Kompetenz, gesundem Menschenverstand und Herz.

*

Viele junge Schweizerinnen und Schweizer möchten sich gerne in der Entwicklungszusammenarbeit einsetzen. Das ist eine erfreuliche Tatsache, die in starkem Gegensatz zum Trend unserer Konsumgesellschaft mit ihren materiellen Verlockungen steht. Mehrmals wöchentlich werden Wünsche dieser Art an uns herangetragen. Wir engagieren für unsere Projekte jedoch keine Praktikantinnen und Praktikanten, denn im Süden gibt es genügend ausgebildete Fachpersonen, die Arbeit suchen und diese besser verrichten, weil sie ihre eigene Kultur und Sprache gut kennen.

Isabella Augustin verweist die Interessierten auf die Organisation cinfo.ch, die solche Einsätze koordiniert. Aber auch dort melden sich so viele, dass nur eine kleine Minderheit eine Aufgabe findet. Hinter dem Wunsch, in der Dritten Welt tätig zu werden, steht häufig die Sinnsuche, und dabei können wir äusserst selten behilflich sein. Eine Maturandin mit Abenteuerlust und Neugier für diese Welt ist kaum so weit, dass sie schon ihr Wissen einsetzen kann. Aber in den Süden fahren, um von anderen Kulturen zu lernen, das ist durchaus sinnvoll. Und da könnte sie sich auch irgendwo mit Einheimischen befreunden und eine Weile ohne Lohn mit anpacken. Das rät Isa immer dann, wenn sie überzeugt ist, dass der Wunsch und die Fähigkeiten ausgeprägt sind. Sinnstiftende Arbeit gibt es aber auch mit Behinderten oder alten Menschen in der Schweiz. Das ist leider weniger populär und angesehen. Für EcoSolidar ist auch die Schweiz ein Entwicklungsland. Wir können nicht nur in der Ferne Gutes tun und hier nichts verändern. Auch hier gibt es noch viele ungelöste Probleme, und unsere Lebensverhältnisse haben – wie in einem späteren Kapitel zu lesen sein wird – einen direkten Einfluss auf die Dritte Welt.

Kürzlich fragte mich eine Studentin an, ob ich mich an einer Studie beteiligen würde, die untersucht, ob Hilfswerksangestellte im Leben glücklicher seien als der Durchschnitt der Berufstätigen. Ich staunte über diese eigenartige Wahrnehmung unserer Branche und gab lachend zurück, dass sich bestimmt auch ein Banker darüber freut, wenn eine Kundenberatung gut gelaufen ist. Zudem gebe es in unserer Branche auch Leute, die die ganze Last dieser Welt auf den Schultern fühlten und deshalb zu Depressionen neigten. Die Studentin insistierte aber, und ich gab ihr meine Zusage – unter der Voraussetzung, dass ich die Resultate auch erhalte.

Während einer Woche trug ich nun ein Gerät am Bein, das siebenmal pro Tag nach dem Zufallsprinzip surrte, worauf ich jedes Mal einen Fragebogen zu meiner Befindlichkeit auszufüllen hatte. Auch wenn die These dieser aufwändigen Studie letztendlich nicht bestätigt wird, mir selbst verschaffte sie Einsichten in mein Arbeitsverhalten und meinen Umgang mit Stress. Ich weiss nun, dass ich meistens sehr konzentriert arbeiten kann und Stress eher auf das

Jahresendergebnis hin entsteht. Auch auf Reisen begegne ich immer wieder Situationen, die Stress verursachen und manchmal auch meine Gesundheit strapazieren. Aber zufrieden bin ich allemal.

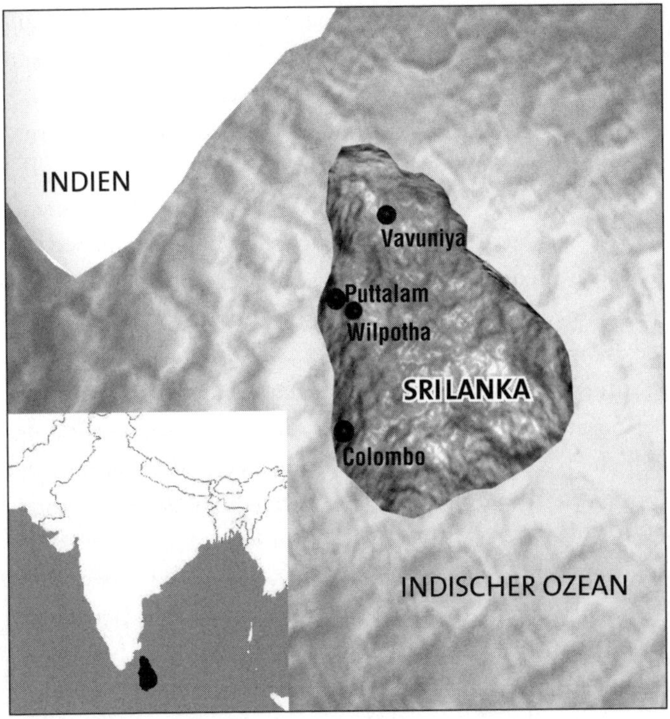

Sri Lanka – Ökologie und Armutsbekämpfung

Eine Reise von Frauen zum Studium von Kleinstbanken – Ende des Crevettenprojektes – Willies neue Organisation NFPO – Die erste Daybank – Ökologische Kleinprojekte – Plan für ein Ökozentrum – Wilpotha und die weissen Elefanten – Evaluation unserer Tätigkeit – NFPO wächst dank Erfolg – Das grosse Geld und die Kleinprojekte

Die Organisation von Ired in Sri Lanka, mit deren Mitarbeiter Willie Gamage EcoSolidar das Crevettenprojekt erfolgreich aufgebaut hatte, verlor, wie im ersten Kapitel geschildert, das Interesse an der Zusammenarbeit mit uns. Die lukrativen Aufträge grosser internationaler Hilfswerke, deren Vertreter und Vertreterinnen zum Teil ihr Hotel in Colombo nie verlassen und die lokalen NGO-Verantwortlichen zu den Sitzungen in die Hauptstadt bestellen, haben den Chef und die führenden Angestellten von Ired verblendet. Nur eine schon seit längerem gemeinsam geplante Austauschreise nach Indien und Bangladesh findet 1992 noch statt. Danach erlischt der Kontakt, und ich erhalte auf meine Fragen keine Antworten mehr.

Die Initiative für diese Reise geht von Willie Gamage und der unermüdlichen Karuna (Karunawathi Menike), der Leiterin der Frauengruppe in Wilpotha, aus. Die von EcoSolidar unterstützte biologische Versuchs- und Demonstrationsfarm der Frauenorganisation hat sich etablieren können. Mit ihr verbunden ist inzwischen eine Kleinbank, deren Anlage- und Kreditsystem den Betrieb der Farm garantiert und zur Ankurbelung weiterer Projekte herangezogen werden kann. Im Dorf ist auch ein Sparfonds für Heiraten und Todesfälle entstanden. Rund 150 Frauen sind in den verschiedenen Organisationen zusammengeschlossen. Um mit der erfolgreichen Entwicklung ihrer Vereinigungen Schritt zu halten, wünschen die Frauen einen Austausch mit Frauen aus ähnlichen Projekten. Sie wollen wissen, welche Erfahrungen andernorts mit Selbsthilfe-Kleinbanken und anderen dörflichen Systemen der sozialen Absicherung gemacht worden sind. In Trockenzonen wie dem Puttalam Distrikt sind die bäuerlichen Einkommen starken Schwankungen ausgesetzt, und Kleinbanken könnten Kredite für die Implementierung von zusätzlichen und weniger klimaabhängigen Tätigkeiten verleihen.

*

Penny Gassmann, eine sehr aktive freiwillige Mitarbeiterin von EcoSolidar, hat die Reise der Frauen aus Puttalam nach Indien und

Bangladesh für die Schweizer Spender und Spenderinnen in einem ausführlichen Bericht dokumentiert. Zum Empfang in Jamalpur in Bangladesh schreibt sie:

«Die Gruppe macht einen guten Eindruck. Die Frauen lächeln uns freundlich zu, und nach der militärischen Begrüssung und dem Aufsagen der siebzehn Leitbildversprechen ihrer Organisation stellen viele der Frauen animierte und interessierte Fragen. Einige von ihnen arbeiten als Stickerinnen, einem traditionellen Handwerk in dieser Region. Wir sitzen auf einer dieser bunt bestickten Decken voller Phantasievögel, Tiere, Menschen und Blumen. Für das Besticken einer Decke brauchen fünf Frauen etwa zehn Tage, also fünfzig Arbeitstage insgesamt. Die Stickereiarbeiten werden von Aarong-Läden verkauft, die den Gewinn in die Projekte zurückleiten. Es herrscht eine herzliche Atmosphäre, unsere Frauen reden direkt mit den Bangladeshi-Frauen. Die zwei verschiedenen Sprachen behindern dank Gesten und Mimik und der Übersetzung die Kommunikation nicht. Die Frauen reden über Verdienstmöglichkeiten und deren Organisation, es geht um Spargesellschaften, Maulbeerplantagen, Seidenraupenzucht, Sticken, Schneidern, Weben und Holzstoffdruck. Auch der Häuserbau ist Thema für die dörflichen Gemeinschaften. Geschichten werden erzählt und Erfahrungen ausgetauscht. Ich begnüge mich mit Zuschauen und Fotografieren – schöne Gesichter, junge und alte, schlechte Zähne, zum Teil vom Betelkauen rot gefärbt. Kinder klammern sich an ihre Mütter, einige gesund und munter, andere sichtlich unterernährt mit verschorften Augen. Die Ärmsten der Armen: Sie tragen nur einen Sari, die dazugehörende Bluse ist zu teuer, einen Nasenschmuck aber tragen alle. Einige sind vielleicht Opfer von Kindesheirat und Mitgiftscheidungen, aber ihre Lebensfreude, ihre Energie und ihr Wille, etwas in ihrem Leben zu ändern, ist offensichtlich. Zum Schluss machen wir mit der Rikscha eine Irrfahrt durch die Landschaft, unser Ziel ist nur unseren Betreuern bekannt und schwierig zu eruieren. Es dauert lange, wir verirren uns, kehren um und probieren einen anderen Weg. Alle Wege sehen gleich aus, liegen erhöht und führen wie Dämme den Feldern entlang.»

Über die Rückfahrt schreibt Penny Gassmann:

«Die Intercity-Bahnfahrt von Jamalpur nach Dakha wird mir lange im Gedächtnis bleiben. Schon diese Hektik am Bahnhof, die riesige Menschenmenge, der Kampf, nur um in den Zug einsteigen zu können. Unsere Betreuer rennen hin und her, suchen unsere reservierten Plätze, die zum Teil schon besetzt sind, weil die Bahngesellschaft sie doppelt verkauft hat. Sobald der Zug fährt, beginnt der scheinbar endlose Strom der Warenverkäufer an uns vorbeizuziehen. Es sind kleine Knaben, Jugendliche und Männer, aber nie Frauen. Alle tragen Körbe auf den Köpfen, und jeder bietet seine Dienste und Waren mit monoton sich wiederholenden Rufen an. ‹Tsching, tschong, poppel gong› klingt mir immer wieder ans Ohr, bis ich realisiere, dass dieser kleine Junge ‹Chewinggum, Bubblegum› verkaufen will. Bananen, Kämme, Schokolade, Gurken, Melonen, Liebesromane, Nüsse und Kichererbsen, Curry und Reis. Zum Trinken gibt es Wasser aus Plastikkanistern, in Kesseln gekühlte Coca-Cola-Flaschen und Tee. Auch Bettler sind dabei, und der Schuhputzer, der auf seinen Knien daherrutscht. Später verbreitet sich eine wunderbare Stimmung über die vorbeieilende Landschaft, da der Tag langsam zu Ende geht. Irgendwie werde ich an England erinnert – vielleicht sind es die flachen Felder mit Bäumen als Abgrenzung oder die kleinen Hütten mit Strohdächern und die verschiedenen Grünschattierungen. Es ist heiss und lärmig, wir nicken immer wieder ein, aber alle paar Minuten beginnt ein Kind zu schreien. In einem Bahnhof unterwegs schaue ich zum Fenster hinaus und sehe auf dem benachbarten Bahnsteig einen unvorstellbar überfüllten Zug, sogar oben auf dem Zugdach haben sich die Leute samt ihrem Gepäck niedergelassen. Dies ist mein letzter Eindruck, bevor die Dämmerung zur Dunkelheit wird.»

*

Ursprünglich war vorgesehen, auf der Reise die Self Employed Women's Association (SEWA) in Indien wie auch die «Grameensbank» in Bangladesh zu besuchen. Diese Organisationen verlangten aber plötzlich europäische Honorare für die «Beratung» der Austauschgruppe. Die Gespräche bei anderen grossen NGOs verlaufen auch nicht zur Zufriedenheit unserer Besuchergruppe. In den hierarchisch durchorganisierten Organisationen wird die demokratische Kultur des «voneinander Lernens» nicht gepflegt.

Trotzdem sind die Teilnehmerinnen in der Lage, das Gesehene und Gehörte mit ihrer Situation in Sri Lanka zu vergleichen und neue positive Anstösse zu gewinnen. Für Karuna aus Wilpotha bestätigen sich frühere negative Erfahrungen, dass nämlich NGOs die Bevölkerung hierarchisch bevormunden und nicht stärken, so wie sich selber ins Rampenlicht stellen. So kann die Bevölkerung nicht selbständig werden, und eine Entwicklung, wie Karuna sie versteht, findet nicht statt. Einmal mehr wird sie in ihrer Überzeugung bestärkt, dass der Weg, der in Wilpotha und anderen Dörfern eingeschlagen wurde, der einzig richtige ist. Im Hinblick auf den Ausbau des Kleinkreditwesens war die Reise für Willie und Karuna ergiebig. Sie konnten Informationen sammeln, die uns später beim Aufbau der so genannten «Daybank» helfen.

Dass wir mit Karuna eine aussergewöhnliche Frau und Mitstreiterin getroffen hatten, war uns schon früh klar geworden. Dass sie aber eines Tages von der Weltbank in das Komitee Sri Lankas berufen werden würde, hätten wir uns nie träumen lassen. Karuna hatte von früher Kindheit an ein starkes soziales Bewusstsein und wollte sich schon als junges Mädchen in einem sozialen Beruf betätigen. Da ihre Familie sehr arm war, konnte sie sich nicht ausbilden lassen und heiratete jung. Auch in der neuen Familie wollte sie ihren Teil leisten, doch lehnte sie den für Arme üblichen Weg ab, nämlich als Tagelöhnerin zu arbeiten. Karuna wollte nicht von der Gunst anderer abhängig sein und wurde Mitglied der Frauenorganisation «Wilpotha Women's Rural Development Society». Weil sie nicht nur die Verbesserung der eigenen Situation im Auge hatte, sondern auch die Lebenssituation der ärmeren Bevölkerungsschicht, engagierte sie sich mit ganzem Herzen und avancierte zur Leiterin der Organisation. Über mehrere Jahre lag die Hauptverantwortung bei Karuna, bis sie dies realisierte und die Verantwortung langsam auf andere Leute mit Führungsqualitäten verteilte. Jetzt ist sie überzeugt, dass auch andere Frauen die verschiedenen Gruppen führen können und sie ihre Energie in neue Projekte stecken kann.

*

Zwei Jahre nach der Austauschreise, 1994, fahre ich mit Willie Gamage wieder nach Wilpotha. Willie hat sich von Ired getrennt und seinen Traum verwirklicht, einer eigenen nichtstaatlichen Organisation vorzustehen und aus eigener Kraft etwas Neues aufzubauen. Die Reise gleicht einer Geisterfahrt in die Vergangenheit. Wir kommen in Wirankattuwa vorbei. Die Crevettentanks sind weg. Mit grossen Baumaschinen wird ein Becken, das sich über den ganzen Küstenabschnitt erstreckt, ausgehoben. Was ist passiert? Wir besuchen einen Lagunenfischer, der inzwischen durch seine Gedichte bekannt geworden ist. Er ist nun Bananenbauer und erzählt uns, dass alle Crevettentankbesitzer gemeinsam beschlossen hätten, diese an eine internationale Grossfirma zu verkaufen. Mir stockt der Atem. Die Tanks waren ja als Alternative zu eben diesen Firmen und für die Armen gedacht gewesen.

Willie gibt mir nachträglich Recht, weil ich darauf bestanden hatte, dass die Kredite an ein weiteres Dorf gehen müssen, sobald sie zurückbezahlt sind. Das nationale Büro des internationalen NGOs Ired, bei dem Willie angestellt war, wollte das nicht und liess die Investition im Dorf. Vielleicht hätte auch meine Idee nicht verhindert, dass es zum Verkauf kam. Auch die beste rechtliche Absicherung über eine Genossenschaft hätte den Verkauf nicht verhindert, wenn sich alle dafür ausgesprochen hätten. Nun sind die ärmsten unter den Fischern zu Geld gekommen und haben den Gewinn umgehend realisiert. Einige leben in der Stadt, andere, wie der Dichter, leben auf dem Land von einem anderen Zubrot. Die Frage bleibt offen, ob sie das kleine Vermögen, das sie gemacht haben, auch langfristig nicht verspekulieren. Zumindest haben sie gelernt, wie ein erfolgreiches kleines Geschäft aufgebaut wird.

Die Fahrt geht weiter nach Wilpotha. Die rund fünfzig Frauen um Karuna hatten sich inzwischen mit der Leitung der biologischen Farm zerstritten. Als Folge wurden sie 1993 aus der Farmorganisation von Ired ausgeschlossen. Sie erwarten uns auf dem Dorfplatz, und wir sehen schnell, dass sie weiterhin voller guter Ideen sind. Nur haben sie keine Infrastruktur mehr. Wir besprechen die Lage, und Willie ist einverstanden, mit seiner neuen Organisation «National Federation of Peoples Organisations» (NFPO) den Frauen beizustehen, sofern EcoSolidar mithilft. NFPO ist ein Zusammenschluss von 39 kleinen, unabhängigen Basisorganisationen in Sri Lanka. Willie betreut die Schaltzentrale und koordiniert den Wissensaustausch.

*

Trotz der Schönheit des Landes und der wirtschaftlichen Entwicklung steht Sri Lanka Mitte der 1990er Jahre drei schwer wiegenden Problemen gegenüber:

- Der Bürgerkrieg hat tiefe Wunden hinterlassen und 500 000 interne Flüchtlinge suchen sich ihren Platz zum Überleben.
- Vom wirtschaftlichen Aufschwung sind die Ärmsten wie fast überall ausgeschlossen. 39 Prozent der Bevölkerung leben unter der Armutsgrenze.
- Der Aufschwung für wenige hat bleibende ökologische Schäden zur Folge: Entwaldung, Wasserverschmutzung und Bodenerosion bedrängen die Bauernfamilien.

Diesen Problemen wollen wir kleine konkrete Projekte entgegenstellen. Eines davon ist eine Kleinstkreditbank, die Daybank. Mit Willie Gamage komme ich 1994 überein, dass er mit NFPO auf Kosten von EcoSolidar diese Idee nach den Vorbildern in Indien und Bangladesh für Sri Lanka weiterentwickelt. Weitere Beiträge leisten wir an das Frauenzentrum der Gruppe um Karuna sowie für den Ausbau der Infrastruktur der NFPO, die gerade einmal eine einzige Schreibmaschine besitzt.

Unsere erste Daybank gründet Willie Gamage 1995 mit den Marktfrauen von Piliyandala in Colombo. Sie orientiert sich am

Beispiel der Kleinstkreditbanken von Frauenselbsthilfeorganisationen in Indien, Bangladesh und anderen Ländern. Ausgangspunkt dieses Projekts ist, dass arme Leute im üblichen Bankensystem keinen Zugang zu Krediten haben, um sich eine eigene bessere Existenz oder einen Zusatzerwerb aufzubauen. Als einzige Möglichkeit bliebe ihnen der Gang zu «Kredithaien», die horrende Zinsen verlangen und in kürzester Zeit das Doppelte der ausgeliehenen Summe zurückhaben wollen.

Die Daybank in Piliyandala beruht auf dem Prinzip, dass Interessierte sich in einer Siebenergruppe zusammentun und mit weiteren Siebenergruppen eine Vereinigung bilden. Jede Gruppe haftet dabei für die Kredite jedes einzelnen Mitglieds und entsendet ein Mitglied, das für die Kredite der Gruppe garantiert, in den Verwaltungsrat der Daybank. Die Bank beschäftigt Personal, das Spareinlagen entgegennimmt und verwaltet, aber ebenso Kleinstkredite bis 250 Dollar, später bis 500 Dollar gewährt. Dafür erhält und gibt sie angepasste Zinsen. Das Startkapital stellt EcoSolidar zur Verfügung.

So einfach dieses Prinzip erscheint, jemand musste zuerst die Idee weiterentwickeln und Bereitwillige organisieren. Genau darin liegt Willies Stärke. Das Büro und der Tresor der Daybank von Piliyandala befinden sich im zweiten Stock des Marktgebäudes, einem Rundbau mit Innenhof. Die Händlerinnen, die mit ihren Gemüse- oder Kleiderständen von Tag zu Tag wirtschaften, können dank eines am Vortag aufgenommen Kredits grössere Mengen zu günstigeren Preisen einkaufen, und mit dem Erlös den Kredit mit Zins zurückzahlen. Was sie nicht unmittelbar zum Leben brauchen, hinterlegen sie auf der Daybank und äufnen so Mittel, die wiederum als Kredite vergeben werden können. Das System ist abhängig von der Zahlungsdisziplin der Frauen, und die ist sehr gross: 97 Prozent der Kredite werden zurückbezahlt. Ein zentraler Grund dafür ist die starke soziale Kontrolle durch die Gruppe. Auch Wilpotha schliesst sich diesem Bankprinzip an und gründet seine eigene Daybank.

Das Startgeld zur Gründung einer Daybank liegt bei 1000

Dollar, die EcoSolidar aufbringt, die Refinanzierung erfolgt danach selbsttragend. Bis 1997 existierten in Sri Lanka bereits neun solcher von EcoSolidar initiierten Banken, von denen insgesamt 1000 Familien profitierten. Es wurden 300 kurzfristige Kredite mit einer Gesamtsumme von 150 000 Dollar und 200 langfristige Kredite von insgesamt 35 000 Dollar gesprochen. Erreicht wurde auch, dass sich die Mitglieder einer Daybank beim Sozialministerium für eine staatliche Pensionskasse einschreiben können. Auch die Verantwortlichen der nationalen Slumprogramme zeigen sich an dieser Idee interessiert. Wir möchten weitere Daybanks initiieren und sind froh, wenn andere dieses Prinzip kopieren.

Diverse Kleinprojekte entstehen mit Hilfe der Daybank, eines davon ist das Kompostierungsprojekt für städtische Arbeitslose. Auf vielen Märkten liegt faulendes Grüngut herum, das man nur einzusammeln braucht, um daraus wieder Erde zu gewinnen. Einer Gruppe von Arbeitslosen bietet EcoSolidar die Möglichkeit, ins indische Madras zu reisen, wo sie eine neue Technik der Kompostierung erlernen. Die Märkte werden, ohne dass Kosten entstehen, gereinigt und die Gruppe kann später vom Verkauf der Komposterde leben. Sie erzeugt im Jahr 1997 aus 180 Tonnen Grünabfall 30 Tonnen Gartenerde. In einer Studie zeigt Willie Gamage auf, dass die Haushaltsabfälle von Colombo zu 70 Prozent verwertet werden könnten.

Ein weiteres von EcoSolidar finanziertes Projekt schafft Arbeitsplätze durch die Rezyklierung von Altpapier und die Herstellung von handgeschöpftem Papier. In den ersten vier Monaten werden sechs Tonnen Altpapier verarbeitet und 2500 Dollar erwirtschaftet. Davon können 20 Familien leben. Auf dem Land wird auf Initiative der NFPO und EcoSolidar in verschiedenen Regionen Wissen zu Biolandbau, Bodenbearbeitung und Agro-Forstwirtschaft weitergegeben. Hier lassen sich die Ergebnisse nicht so leicht quantifizieren, doch das Erlernte wird angewandt.

Auch im tamilischen Norden sind wir 1996 aktiv geworden und transferieren Wissen aus dem Süden in diese Region. Früher war dies wegen des Bürgerkriegs nicht möglich. Wir unterstützen die Organisation Seed, die im Flüchtlingslager von Vavuniya Frauen betreut, die ihren Mann im Krieg verloren haben. Eine Gruppe von Frauen erhält jeweils eine Hacke und Saatgut, damit sie sich und ihren Kindern zunächst mit Selbstversorgung die Existenz aufbauen können. Ebenso werden sie im biologischen Anbau geschult. Dieses erfolgreiche Projekt ermöglicht Seed, weitere Gelder für schliesslich über 1000 Frauen zu erhalten und deren Situation auf lange Sicht hinaus entscheidend zu verbessern. Willie führt auch regelmässig mit Unterstützung einer britischen Freiwilligenorganisation Projektmanagementkurse für kleine Basisinitiativen durch. Kleinste Projekte, denen EcoSolidar ein Startkapital zur Verfügung gestellt hat, können so effizient umgesetzt werden. Immer wieder gelingt es Willie, kleine, aber sehr wirksame Projektideen aufzuspüren und zu entwickeln. So bringt er zum Beispiel die Töpfer eines Dorfes mit der nahe gelegenen Joghurtfabrik in Verbindung. Die Joghurts werden nun in getöpferten Schalen verkauft, die Töpfer besorgen das Recycling. Dieses Projekt konnte mit nur 300 Dollar realisiert werden.

*

Diese vielleicht etwas bunte Zusammensetzung unserer Projekte entspricht vorbehaltlos den Zielen, die sich EcoSolidar von Beginn an gesetzt hat. Nach beinahe zehn Jahren Präsenz im Land wächst jedoch 1996 das Bewusstsein, dass wir unsere Projekte in Sri Lanka gerne in einem Ökozentrum zusammenführen und breiteren Kreisen der einheimischen Bevölkerung bekannt machen würden. Seit den späten 1980er Jahren hat die Zahl der NGOs und der in den Gemeinden verankerten Organisationen in Sri Lanka markant zugenommen. Obwohl der Gewinn an individuellen Erkenntnissen beträchtlich ist, findet innerhalb von Sri Lanka kaum ein Austausch dieser wertvollen Erfahrungen statt. Es gibt kein koordinierendes Gremium oder Netzwerk. Zwar haben sich viele NGOs in Sri Lanka vernetzt, aber nicht um ihre Projekte besser zu koordinieren und um inhaltlich stärker zusammenzuarbeiten. Die Vernetzung geschah nur im Hinblick auf die Mittelbeschaffung. Die Gönner versorgen nun die Vernetzungsorganisationen mit Geldern, und diese verteilen sie an die einzelnen Mitglieder zu Gunsten derer Projekte weiter. Daraus resultieren drei Probleme: Zum einen entsteht zwischen den Mitgliederorganisationen ein Wettbewerb um die begrenzten Mittel, zum anderen schlucken die Vernetzungsorganisationen eine beachtliche Summe für ihre administrativen Aufgaben, was zu Lasten der Projekte geht. Drittens kommen die Netzorganisationen als Geldverteiler in eine Machtposition, die sie den Mitgliederorganisationen entfremdet.

Die nationalen Elite-NGOs werden von Angehörigen der srilankischen Mittel- und Oberschicht und Intellektuellen geleitet, die über soziale, wirtschaftliche und politische Beziehungen verfügen. Es ist für sie ein Leichtes, einen grossen Teil der Mittel für NGOs und Gemeindeinitiativen für ihre Zwecke zu akquirieren. Gelder aus dem In- und Ausland werden dazu verwendet, parteipolitisch orientierte Modelle zu testen oder akademische Interessen im Rahmen von ausländischen Forschungsaufträgen zu verfolgen. Der Nutzen für die arme Bevölkerung der ländlichen und städtischen Gebiete ist dabei im besten Fall zweifelhaft.

Die Dominanz der Elite-NGOs bringt eine Menge von Problemen für neue, kleinere NGOs und Gemeindeinitiativen mit sich. Für diese ist es insbesondere schwierig, unabhängige Unterstützung durch Hilfsorganisationen oder internationale Gönner zu erhalten. Finanzielle Unterstützung erhält praktisch nur, wer sich den Zielen der Elite-NGOs unterwirft oder als «Umsetzer» für Projekte arbeitet, die von Dritten konzipiert wurden. So ist eine Abhängigkeitsbeziehung zwischen den lokalen Organisationen und Basisgruppen und den Elite-NGOs entstanden: eine Art interner «Kolonialismus». Dieser verhindert, dass Neuerungen, die auf örtlichen Kenntnissen basieren und die sich in der Praxis für die arme städtische und ländliche Bevölkerung bewährt haben, eine breite Anwendung finden und durch weitere kleine NGOs und Gemeindeinitiativen aufgenommen und weitergeführt werden.

Das von EcoSolidar und Willie Gamages Organisation NFPO geplante Ökozentrum will diesem Missstand entgegentreten und hat sich die Unterstützung von fünf lokalen NGOs und Gemeindeinitiativen gesichert. Deren Aktivitäten umfassen Projekte für selbständig erwerbende Frauen, Kreditsysteme für die städtischen Armen, gemeinschaftliches Forst-Management, erschwingliche Infrastrukturentwicklung in Regionen mit niedrigem Einkommen und Abfallbewirtschaftungsprojekte. Die Arbeit dieser fünf Organisationen ist sehr anerkannt; sie soll im Konferenz-Zentrum in einer permanenten Ausstellung präsentiert werden.

Wir planen, das Ökozentrum nach dem Muster der traditionellen srilankischen Familie zu gestalten. In der srilankischen Kultur sind die Familienbande sehr eng und bilden einen vitalen Bestandteil des täglichen Lebens. Ob die Angehörigen alt oder jung, verheiratet oder ledig sind, im gleichen Dorf wohnen oder nicht – von allen wird erwartet, dass sie gewisse Pflichten erfüllen. Zum Beispiel wird von wohlhabenden Angehörigen erwartet, dass sie ihre Mittel und Beziehungen jenen zur Verfügung stellen, die in einer schlechteren Lage sind; die Älteren sollen den Jüngeren mit Rat und Hilfe zur Seite stehen; die Gesunden sollen die Kranken und Alten unterstützen, und die Jungen sollen die Alten respektieren. Zentraler Punkt dieser Kultur ist die «Mahagedera», der Familienwohnsitz, der den Eltern gehört, aber allen Angehörigen offen steht.

Das geplante Zentrum beruht auf der Idee einer solchen Mahagedera, in der sich die Mitglieder gegenseitig wie Familienangehörige betrachten und ihre Pflichten entsprechend erfüllen. Die Mitglieder sollen sich nicht nur als Gäste, sondern als Teil des Zentrums fühlen und hier jederzeit Rat, Unterstützung und Unterkunft finden. Leider kann das Zentrum nicht verwirklicht werden. Ich finde in der Schweiz keinen roten Rappen für die Idee. Ökologie hat in den 1990er Jahren keine Priorität mehr. Und viele meinen wohl, dass die Leute in Sri Lanka sowieso schon im Paradies lebten, wie es in den Reiseprospekten suggeriert wird. Die Pläne unseres Architekten für die schönen tempelartigen Lehmbauten verschwinden in der Schublade. Das Ziel einer weiträumigen Vernetzung, um das erarbeitete Wissen weiterzutragen, verfolgen wir aber in bescheidenerem Rahmen mit unseren Projektmanagementkursen weiter.

*

Meine damals 19-jährige Tochter Seraina begleitet mich 1999 auf eigene Kosten nach Sri Lanka. Sie will die Projekterfolge, von denen sie schon so viel gehört hatte, einmal selber sehen. Gemeinsam fahren wir mit dem Taxi durch den chaotischen Verkehr von Colombo. Verkehrssignale sind nicht auszumachen, aber Kühe wandern umher, Hunde rennen quer über die Strasse, und Hühner vergnügen sich am Rand mit Essensresten. Zwischen Motorrädern und Lastwagen in halsbrecherischer Fahrt überqueren Fussgänger in abenteuerlichen Sprints die Strasse. Wir haben einen langen Flug hinter uns und sind so müde, dass wir uns diesem unabänderlichen Schicksal fügen. Auch später auf den Überlandreisen bleibt uns nichts anderes übrig, als den Strapazen so gelassen wie möglich zu begegnen. Wir werden rasend chauffiert, haben dann lange Pausen bei Projektpartnern. Während wir auf die Übersetzung vom Singhalesischen ins Englische warten, leiden wir unter der Hitze und der hohen Luftfeuchtigkeit. Nach dieser Reise wird mir klar, dass es nicht nur an meinem Alter liegt, wenn ich immer wieder eine Ruhepause brauche. Meine Tochter Seraina braucht sie ebenso.

Die neue Wilpotha-Frauengruppe um Karuna hat im Laufe der Jahre in den Kreisen der Entwicklungszusammenarbeit Berühmtheit erlangt. Viele grosse Hilfswerke «stürzen» sich geradezu auf die Gruppe, weil sie für erfolgreiche Projekte zu garantieren scheint. Das bekannteste Mitglied der Gruppe, Karuna, ist die einzige Vertreterin einer Basisorganisation, die in das Weltbankkomitee Sri Lankas berufen wurde. Auch wegen ihr kommt die Gruppe zu allen möglichen und unmöglichen Krediten für Entwicklungsvorhaben. Sogar im Strassenbau sind die Wilpotha-Frauen inzwischen tätig. An der Organisation beteiligen sich inzwischen 80 Frauen.

Bei unserem Besuch macht die renommierte Frauenorganisation allerdings einen etwas überforderten Eindruck. Eine geschenkte Anlage für Papierrecycling steht noch ungebraucht herum. Ein Gebäude dafür harrt der Verwirklichung. Die Fruchtsaftpressen und die Flaschenabfüllanlage stehen im Moment still, weil die Gruppe einen Grossauftrag für Palmblattstickerei – der so genannten Pol-Mathulu-Herstellung – erhalten hat. Damit gefährdet sie jedoch die erreichte Marktposition bei den Fruchtsäften. Zudem hat die Regierung der Gruppe eine Kleinfabrik für Babynahrung gebaut. Da die Produktion absolut hygienisch erfolgen sollte, muss sie in gekühlten Räumen stattfinden. Das Haus hat allerdings bis heute noch keinen elektrischen Anschluss erhalten. Der Erfolg ruft offenbar nach den berühmten «weissen Elefanten», den weit verbreiteten Entwicklungsmahnmalen. Ich werde in diesem Moment wieder einmal aufs Neue darin bestätigt, dass unsere Art der Entwicklungsförderung, die Kleinschritt um Kleinschritt aneinanderreiht, wohl höchst vernünftig und von Vorteil ist. Mit Karuna und Willie komme ich überein, dass wir der Wilpotha-Frauengruppe weiterhin beistehen, um die neuen Herausforderungen zu meistern. Wir schulen sie in Arbeitsplanung und Managementkenntnissen, damit sie vom «reichlichen Segen» auch wirklich Gebrauch machen können.

Mit Geld allein ist nichts getan. In Evaluationsberichten vieler Hilfswerke wird zwar meist vermerkt, dass die Hilfe angekommen ist. Was aber Jahre später geschieht, wird selten untersucht. In Lateinamerika gibt es dafür den schönen Begriff «Assistenzialismus». Gemeint ist damit, dass Helfer und Helferinnen primär sich selbst helfen, indem sie sich einen Arbeitsplatz sichern. Um diesen zu halten, genügt es, materielle Güter zu vergeben. Für den Umgang mit dem Material, das Anlernen, die Schulung und die Verwaltung braucht man sich nicht zu interessieren. Ebenso wird der kulturelle und psychologische Kontext ausgeblendet. Würde nur einer dieser «Assistenzialisten» einmal die stundenlange Fahrt zu einem konkreten Projekt unter die Räder nehmen, er oder sie sähe sofort, dass die Probleme so nicht zu lösen sind.

*

Angesichts der Entwicklung in Sri Lanka ist es an der Zeit, Zwischenbilanz zu ziehen. Der Vorstand von EcoSolidar beschliesst 2001, eine Evaluation durchzuführen, um herauszufinden, ob unser Geld erfolgreich verwendet wurde. Durchschnittlich haben wir über sieben Jahre jährlich 20 000 Dollar in Sri Lanka eingesetzt. Wir wollen kein Gefälligkeitsgutachten, um uns und die Spenderinnen zu blenden. Wir wollen aber auch keine Evalution, von der wir nicht wissen, auf welchen Werten und Kriterien sie beruht und aus welcher Weltsicht sie vorgenommen wird.

Wir wollen eine bessere Informationsbasis, um gemachte Erfahrungen in neuen Projekten besser umsetzen zu können. Wir beschliessen, gemeinsam mit Willie Gamages NFPO eine interne Evaluation durchzuführen und die Kriterien dafür in einer Gruppe zu erarbeiten. NFPO stellt einen Experten, der als Einheimischer das Land kennt und Vergleichsmöglichkeiten hat, EcoSolidar bestimmt Isabella Augustin und das Vorstandsmitglied Paul Rippstein als Vertretung der Geldgeberseite. Untersucht werden sollen alle Teilprojekte. Für die drei ergibt dies ein randvolles Arbeitsprogramm mit den folgenden Fragestellungen:

- Entspricht das Projekt der Politik und den Grundsätzen von EcoSolidar in Bezug auf ökologische Nachhaltigkeit und soziale Verträglichkeit?
- Wieweit ist es ein Projekt der Beteiligten? Gibt es Abhängigkeiten oder Ausschlüsse? Wie werden die Entscheidungen getroffen?
- Werden lokale Bedürfnisse und Prioritäten erfüllt? Werden andere Möglichkeiten der Entwicklung durch das Projekt behindert?
- Was bedeutet die Teilnahme der Frau im Projekt für ihre Stellung in der Familie und in der dörflichen Hierarchie? Wie wird die Frau be- oder entlastet?
- Wie effizient und nachhaltig ist das Projekt, wie sind die Wachstumsaussichten?
- Findet eine Vernetzung und Weitergabe von Wissen und Erfahrungen statt? Wenn ja, wie?

- Kann eine finanzielle Eigenwirtschaftlichkeit des Projektes erreicht werden?
- Ist das Projekt für eine Selbständigkeit mit genügend personellen Ressourcen gerüstet?
- Ist die Transparenz der Partnerorganisation und der Begünstigten in Bezug auf die Finanzen sowie die projektierte und die reale Wirklichkeit gegeben?

Isabella Augustin und Paul Rippstein reisen im Sommer 2002 nach Sri Lanka. Willies NFPO hat einen externen Gutachter beauftragt, der mit ihnen zusammenarbeiten soll. Zu dritt schauen sie auf acht Jahre Entwicklungszusammenarbeit. Sie steht auf dem Prüfstand.

Bei den Abfallrecyclingprojekten «Kompost und Papier» stellen sie fest, dass sie selbsttragend funktionieren. In einem Netzwerk von 30 Organisationen werden die Erkenntnisse und Fertigkeiten weitergegeben. Auch mit Schulen und Regierungsstellen wird gearbeitet. Der srilankische Gutachter regt an, dieses Wissen weiterzuverkaufen, was aber unseren Grundsätzen widerspricht. Auch wir haben unsere Erkenntnisse auf Austauschreisen kostenlos von andern erhalten, und die freie Kopierbarkeit ist für die Verbreitung wichtig. Wir geben auch die notwendigen Manuale gratis ab und setzen darauf, dass die Vernetzung über unsere Projektmanagementkurse die Übernahme von Innovationen begünstigt. Im Puttalam-Distrikt stellt das Evaluationsteam bei K. D. Pieris in Angunawila fest, dass die Schulung der Bauern Früchte trägt und sich der Einsatz einfacher Geräte als nützlich erweist. Ebenso zeigen Pieris Bemühungen, die dörfliche Entwicklung voranzubringen, Resultate. Auch in Wilpotha bei Karuna stellt die Evaluationsgruppe Fortschritte fest und kommt zu einer besseren Beurteilung als ich drei Jahre zuvor. Die vielen kleinen Projekte kommen voran und mit dem Gewinn können die Frauen jetzt sogar eine Vorschule für die Kinder finanzieren. Paul berichtet: «Im täglichen Leben der Frauen hat sich insofern etwas geändert, als dass die Männer ihre Tätigkeit nicht nur murrend akzeptieren, sondern sie aktiv unterstützen und auch manchmal den Haushalt oder die Kinder versorgen, wenn die

Frauen unterwegs sind. Die Leistungen der Kinder in der Schule sind besser im Vergleich mit Familien, die nicht mitmachen.»

Bei den Daybanks zeigt sich, dass es in der überwiegenden Mehrheit Frauen sind, die sich daran beteiligen. Die wenigen Männer sichern sich aber die höchsten Kredite. Im Interview zeigen sich die Frauen nicht nur froh über die günstigen Kredite, sondern auch über die Gemeinschaft und den Austausch untereinander. Es gibt allerdings auch Frauen, die keine teure Verkaufslizenz haben und denen die Polizei bei einer Razzia die Produkte beschlagnahmt. Sie können deshalb die Kredite nicht zurückbezahlen. Da sich der Verlust in Grenzen hält, kann ihn die Bank aus den erwirtschafteten Gewinnen ausgleichen. Die 13 eigenen Daybanks funktionieren selbsttragend. Jede Daybank hat 80 bis 100 Mitglieder. Weitere wurden von anderen Organisationen kopiert. Zwei Daybanks haben Konkurs gemacht. Für die Zukunft besteht der Wunsch, auch höhere Kredite beantragen zu können. Isas und Pauls Bericht zu diesem Thema umfasst mehr als 40 Seiten.

Zwei Jahre vor der Evaluation hatte Willie eine Föderation der Daybanks ins Leben gerufen. Wir waren uns einig, dass sich die vielen Kleinstkreditvereinigungen in einem Dachverband gegenseitig absichern sollten. Dies würde es auch vereinfachen, die Angestellten in ihrem professionellen Wissen und den unternehmerischen Fähigkeiten zu stärken und zu schulen. Aber nur sechs Daybanks schlossen sich in der Föderation zusammen. Das ist wenig bei insgesamt über zwanzig Instituten. In dieser mangelnden Bereitschaft kommt eine grundsätzliche Haltung der lokalen NGOs und Gemeindeinitiativen zum Ausdruck: ihre Selbstgenügsamkeit. Wenn die Begünstigten ein Problem für sich selbst gelöst haben, sind sie zufrieden. Dass auch andere von solchen Ideen profitieren könnten, interessiert sie nur insofern, als sie das System kopieren lassen. Einen aktiven Beitrag zum Wachstum der Bewegung wollen sie nicht leisten. Dabei würden sie mittelfristig vielfach profitieren. So könnte durch einen Zusammenschluss die Weiterbildung gefördert werden, was sich eine Daybank alleine kaum leisten kann. Denn eine Untersuchung zum weltweiten Kleinstkreditgeschäft hat gezeigt, dass vor allem dort die besten Resultate erzielt wurden, wo neben der Kreditvergabe auch die Weiterbildung der Mitglieder gefördert wurde. Wir beschliessen deshalb, den Ausbau der Föderation dadurch voranzutreiben, dass wir Serviceleistungen im Bereich Schulung und Weiterbildung anbieten.

*

Was mit Ired 1992 geschah, scheint sich 2003 mit der NFPO zu wiederholen: Willie Gamage hat mit seiner Organisation NFPO und den Projekten Erfolg. Das bleibt den Hilfswerken in der reichen Welt nicht lange verborgen. Eine britische Freiwilligenorganisation ermöglicht der NFPO die Schulung des Personals im Bereich Administration. Ein junger Ökonom führt in deren Zentrale in Colombo gegen bescheidenes Entgelt ausgefeilte Computertechniken ein und berät Willie in der Organisation der weit gesteckten Arbeit. Er erkennt, dass es die Möglichkeit einer grösseren Intervention gibt, und drängt bei seinen Vorgesetzten, dass die NFPO-Partnerorganisationen in ein Projekt der Organisationsentwicklung einbezogen werden. Seine Organisation ist daran interessiert, weitere Freiwillige zu platzieren, und in Verhandlungen mit der Europäischen Union (EU) erhält sie sehr schnell den Zuschlag für ein 1,5-Millionen-Projekt mit der NFPO über drei Jahre. Sechs ausgewählte Mitgliederorganisationen der NFPO erhalten je einen Studienabgänger mit Ökonomieabschluss und Organisationsberatungskenntnissen zugesprochen. Dieser oder diese soll die leitenden Funktionäre bei der Verbesserung der Verwaltungstätigkeit beraten.

Die Verwaltung soll transparent und demokratisch sein. Das sind die Vorgaben. Natürlich gibt es ein paar Zwischenfälle, weil lang gediente Funktionäre sich nicht so schnell in die Karten schauen lassen wollen. Auch demokratischere Verhältnisse sind nicht unbedingt gefragt, müssen doch die Betroffenen Macht abgeben, und das würde von Seiten der Berater Fingerspitzengefühl und Zeit erfordern. Wegen solcher Konflikte werden einige der Freiwilligen ausgewechselt.

Willie Gamage befürwortete diese neue Entwicklung der NFPO aus verständlichen Gründen. Das viele Geld und die damit – scheinbar – verbundene Anerkennung waren schwer auszuschlagen. Willie wird Kodirektor dieses EU-Projektes namens «Strength». Der andere Kodirektor ist Engländer mit Sitz in Colombo. Willie darf Ausgaben bis umgerechnet 700 Franken selber unterschreiben. Für höhere Beträge braucht er die Zweitunterschrift. In seinem Büro wimmelt es nun plötzlich von Personal und modernsten Notebooks. Auch ein neuer Allradwagen steht vor der Tür. Das sind Zeichen, die mich beunruhigen.

Ich befürchte, dass die Leute der NFPO unter den neuen Geldgebern dermassen beansprucht werden, dass ihnen kaum Zeit für unsere Projekte bleibt. Bis anhin musste die Organisation mit 30 000 Dollar klarkommen. Nun ist plötzlich der Wohlstand ausgebrochen. Da gibt sich das Geld leichter aus. Ich stelle meine Antennen auf Wachsamkeit.

Im Herbst 2004 kommt Willie in die Schweiz und referiert an unserer Tagung für Hilfswerkverantwortliche. Wir sitzen zusammen und reden über meine Bedenken. Es bestätigt sich, dass in der Zwischenzeit mit unseren gemeinsamen Projekten nicht viel Neues geschehen ist. Allerdings hat Willies NFPO nun auch von der Regierung Sri Lankas einen Auftrag über 1,2 Millionen Dollar für die nächsten Jahre erhalten. Aber Willie ist nicht mehr Direktor der NFPO, sondern nur noch deren unbezahlter Präsident. Was ist geschehen? Freiwillig war Willies Rücktritt als Kodirektor wohl nicht, denke ich. Da es mit der britischen Organisation leider nie zu einem Erfahrungsaustausch gekommen war, kenne ich die genauen Hintergründe nicht. Willie erzählt von Konflikten im Team und dass es nun einen besser geschulten Mann fürs Management brauche. Das erinnert mich an andere Projekte mit vergleichbarem Verlauf: Zuerst wird eine Erfolg versprechende NGO geködert und daraufhin die Person, die den Erfolg ermöglichte, durch weniger selbstbewusste Manager ersetzt.

Willie schweigt sich wohl aus Scham über Details aus und sagt, dass er nun mit bald 60 Jahren in Pension gehen will. Reserven hatte er keine bilden können, denn seinen Kindern hatte er ein Universitätsstudium bezahlt und sich ein Haus gebaut. Er denkt, dass er gelegentlich als Berater bei der Regierung ein Zubrot verdienen könne.

Willie war als Student Pressesprecher der Bewegung gewesen, die die damalige Präsidentin Bandaraneike 1971/72 stürzen wollte. Diese schlug die Revolte mit Hilfe der Inder nieder und steckte die Führung für lange Jahre ins Gefängnis. Willie entkam und versteckte sich bei einem Polizisten. Am neuen Wohnort betrieb er einen Kiosk unter anderem Namen. Jahre darauf entdeckte ihn ein junger Abgeordneter aus seinem Heimatbezirk, der der gleichen politischen Partei wie die Präsidentin angehörte. Er stand vor der Wiederwahl, und diese war gefährdet. Ebenso gefährdet war die Mehrheit der Partei im Parlament. Er engagierte Willie als Wahlkampfleiter und liess ihn durch die Präsidentin begnadigen. Der Abgeordnete wurde wieder gewählt. Später war dieser Abgeordnete Präsident der Menschenrechtskommission. Das ist im Bürgerkrieg ein gefährliches Amt. Willie musste fortan jeden Wahlkampf für ihn bestreiten. In die Politik wollte er wegen seiner Kinder nicht. Denn in Sri Lanka werden Politiker oft erschossen, aber seine Wahlkampfhelfer auch. Willie kannte die Gefahr und war widerwillig loyal, denn er hatte dem Mann zu verdanken, dass er wieder legal eine gute Arbeit leisten konnte.

Dieser Abgeordnete, Mahinda Rajapakse, wurde 2004 zum Premierminister ernannt und Ende 2005 zum Präsidenten gewählt. Er verbindet sich mit extrem nationalistischen Kreisen, was nichts Gutes für den Friedensprozess erwarten lässt. Das wird die Entwicklung Sri Lankas noch weiter behindern, obwohl das Land ohne Krieg und dank eines hohen Bildungsniveaus ein ausgezeichnetes Entwicklungspotenzial hätte.

Willies Beziehung zu diesem hohen Politiker verhalf der NFPO, deren Präsident er nach wie vor ist, sicherlich auch zu einem Regierungsauftrag, der die Ziele der Organisation noch mehr durcheinander brachte. Dabei geht es darum, die Familien einer Region wegen einer Flussbegradigung umzusiedeln. NFPO übernimmt den Auftrag in der Absicht, mit den Umgesiedelten gleichzeitig einen Entwicklungsprozess durchführen zu können. NFPO hilft 2005 auch nach der Tsunami-Katastrophe im Süden des Landes. Das ist gut so, denn ihre Mitarbeiter und Mitarbeiterinnen kennen den kulturellen Kontext. Sie implementieren nicht einfach nur materielle Güter wie viele konkurrierende Hilfswerke aus den Industrieländern, die denken, nur dies sei nötig, und nur sie seien dazu mit ihren eigenen teuren Beratern im Stande.

Für EcoSolidar stellt sich einmal mehr die Frage, ob für die Realisierung unserer Kleinprojekte die Zeit der Zusammenarbeit mit der NFPO nicht abgelaufen ist. Die Produktionsprojekte könnten selbständig weitermachen. Die Daybanks auch. Die Föderation ist allerdings kaum gewachsen. Wir prüfen deshalb gemeinsam eine Zusammenarbeit mit der einheimischen Sanasa-Genossenschafts-Bank, die ihrerseits viele Kleinkreditsysteme vereint. Die Abfallrecyclingprojekte müssen noch klarer von der NFPO abgekoppelt werden, bevor sie in die Selbständigkeit entlassen werden können. Die im Rahmen der NFPO vernetzten Basisorganisationen sollen im EU-Projekt verbleiben. Soweit die aktuelle Situation. Für die weitere Planung der Zukunft unserer Projekte in Sri Lanka werden wir uns im Vorstand von EcoSolidar aber auch mit der NFPO noch weiter den Kopf zerbrechen müssen. Es eilt nicht, aber wir müssen nun handeln.

Unsere kleinen Initiativen können irgendwann auch nach einer «Übernahme» durch ein grosses Hilfswerk weiterwachsen, und die Lernprozesse, die wir in Gang gesetzt haben, können auch in neuen Projekten fruchtbar werden. Ob danach mit dem grossen Geld allerdings mehr erreicht wird, wage ich zu bezweifeln.

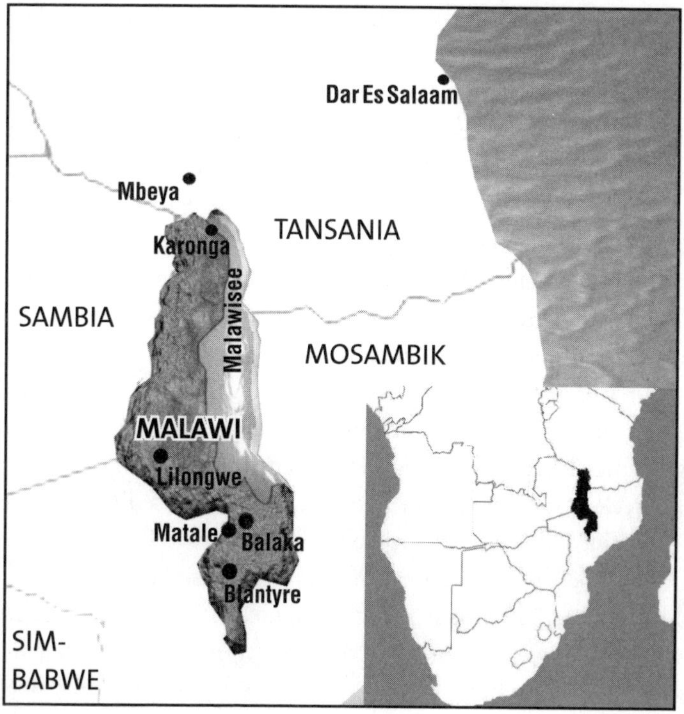

Malawi – Afrikareise zeigt veraltete «Entwicklungshilfe»

Betrachtung bei der Anfahrt mit der Eisenbahn und dem Bus – Situation in Malawi – Biologische Versuchs- und Demonstrationsfarm bei Lomadef mit Gründer Jailos Kanjanga – Ein Versuch mit 100 Dollar – Erlebnisse auf der Weiterreise – Erste Resultate – Jailos in der Schweiz – Englisches Hilfswerk «übernimmt» das Projekt mit dem fünffachen Budget – Diadochenkämpfe um die Löhne – Weiterarbeit im bescheidenen Rahmen – Im Hungerjahr keine Probleme bei Lomadef

Der Zug schleppt sich langsam durch einen lichten Wald. Schläfrig schaue ich aus dem Fenster. War da nicht ein Wildschwein? Plötzlich tauchen am Rand der Bahnlinie grasende Antilopen auf. Darauf bin ich nicht vorbereitet. Normalerweise würden die Tiere ja wegrennen, wenn sie den Lärm eines Zuges hören. Alle drei Tage fährt auf dieser Strecke ein Zug in den Süden. Ich versuche mir die Landkarte zu vergegenwärtigen. Führt die Strecke nach Mbeya nicht durch den Selous-Nationalpark in Tansania? Daran hatte ich nicht gedacht. Umso grösser die Überraschung, eine Herde Giraffen in ihrem langsamen, leicht schwebenden und würdevollen Gang durch den Wald traben zu sehen. Für einmal bin ich nicht im Zoo. Der Zug schlängelt sich durch eine paradiesische Wildnis mit geschützt lebenden Tieren, die keinen Anlass haben, in Angst und Schrecken vor uns davonzurennen. Sie grasen friedlich nebeneinander. Eine halbe Stunde sitze ich wie gebannt am Fenster. Dann taucht eine kleine Bahnstation auf, ein paar Reisende steigen aus. Hierhin möchte ich einmal zurückkehren. Der Zug ruckt wieder an. In der Nacht werden wir ein Malariagebiet durchqueren, in dem Wissenschafter Forschung betreiben. Alle Passagiere schmieren sich ausgiebig mit Insektenmilch ein. Mir gegenüber sitzt ein Paar aus Deutschland auf der Rückreise zu ihrem Einsatzort als Entwicklungshelfer. Sie arbeiten als Assistenten für einen schwarzen Bischof. Aus ihren Schilderungen wird deutlich, dass sie die Afrikaner für faul halten. Ich bin ziemlich irritiert. Ich fühle mich in die Diskussionen der 1960er Jahre mit Gegnern der damals so genannten Entwicklungshilfe zurückversetzt. Doch ich behalte die Contenance und frage freundlich nach dem Grund dieses schwer wiegenden Urteils. Irgendetwas muss da wohl schief laufen. Wie ich so nach und nach heraushöre, muss der Bischof ein freundlicher und paternalistischer Mann sein, der sich um seine Schäfchen kümmert, jedes Jahr einmal nach Rom reist und dort eine Wunschliste mit Gütern vorlegt, die nach seiner Ansicht die Entwicklung der Gegend beschleunigen könnten. Im vergangenen Jahr brachte der Bischof aus Rom einen Traktor mit. Er hätte den Bauern eine Menge Handarbeit ersparen können, aber das Geschenk war an die Bedingung geknüpft, dass sie die laufenden Kosten für Treibstoff und Unterhalt selbst aufbringen müssen. Diese Vorgabe hätten Europäer sicher akzeptiert, die dortigen Bauern hingegen sagten sich: «Wenn es möglich ist, einen Traktor kostenlos zu erhalten, wieso kann der Bischof uns nicht auch gratis Benzin besorgen?» Meine Reisebekanntschaft konnte in dieser Haltung nur Faulheit erkennen. Ich versuche ihnen meine Erfahrungen näher zu bringen. Für EcoSolidar ist es wichtig, dass die Projektpartner ihre Entwicklung selbst wollen und an die Hand nehmen. Nur so sind sie bereit, auch Verantwortung und Arbeit zu übernehmen. Sie bestimmen die einzelnen Schritte und das Tempo selbst, denn nur sie wissen, wozu sie mit ihrem Wissen und ihrem Willen auch fähig sind. Wollten wir einfach unsere Ideen durchsetzen, würden diese keinen Tritt fassen. Wir müssten dann teure Berater entsenden. Und sobald wir uns wieder zurückziehen, bräche alles zusammen. Tausendfach sind Hilfswerke in der Vergangenheit so vorgegangen und viele setzen diese Praxis heute noch fort. Entwicklung ist aber nicht von aussen aufsetzbar. Sie ist Sache der Betroffenen, sie müssen die einzelnen Entwicklungsschritte in ihren kulturellen Kontext einfügen, heisst es in den Grundsätzen von EcoSolidar zu Recht.

Die Lieferung eines Traktors in eine nicht entwickelte Gegend ist aus unserer Sicht falsch. Er ist eine Einladung, sich auszuruhen. Endlich können die Bauern die mühselige Bodenbearbeitung einer Maschine übertragen, und die schweren Transportlasten fallen auch weg. Wenn die Bauern nicht von sich aus weiterkommen wollen, so hat dieses «Geschenk» eine entmutigende Wirkung. Meine Gesprächspartner werden nachdenklich und bestätigen, dass die Afrikaner im Projekt des Bischofs kaum je nach ihrer Meinung oder nach ihrem Wissen gefragt werden.

Ein weiterer Reisender gesellt sich zu uns. Er stellt sich als Regierungsbeamter aus Tansania vor und sagt, dass er für die Entwicklung der Frauen im Süden des Landes zuständig sei. Ich lächle freundlich mit dem «ach so aufgeklärten» Grinsen des Europäers auf den Stockzähnen und frage ihn, ob er denn als Mann für diese Aufgabe der Richtige sei. Seine Antwort ist ein klares Ja. Er berichtet, die Regierung Tansanias habe ein Problem mit der Kleinkreditvergabe an Bäuerinnen. Die Frauen seien im landwirtschaftlichen Bereich aktiver als Männer, weil sie ihre Kinder ernähren müssen, deshalb würden sie kleine staatliche Kredite erhalten. Kaufe sich aber eine Frau damit eine Kuh, so könne bei einer Trennung der Mann diese für sich beanspruchen, und die Frau sei dann kaum mehr in der Lage, den Kredit zurückzuzahlen. Er suche nun dahingehend eine Lösung, dass die Frauen in solchen Fällen solidarisch für einander eintreten und das Geld gemeinsam aufbringen. Da wird das Pferd wieder einmal vom Schwanz her aufgezäumt, denke ich mir. Die Frauen müssen also ein zweites Mal ein Opfer bringen, weil die Regierung nicht im Stande ist, das eheliche Besitzrecht zu ändern.

Auf diese Weise nähere ich mich 1997 der afrikanischen Wirklichkeit an mit einem konkreten Ziel vor Augen: Malawi. Von Dar es Salaam in Tansania führt eine Eisenbahnlinie 1860 Kilometer in den Süden Tansanias und weiter in die Bergbaugebiete Sambias. In den 1960er und 1970er Jahren haben 16 000 Chinesen diese Linie durch malariaverseuchtes Gebiet gebaut. Viele kamen dabei um.

Gegen Morgen rollt der Zug durch Hügellandschaften mit unendlich vielen hoch gewachsenen Maisfeldern, die von Akazien beschattet werden. Diese Bäume holen aus grosser Tiefe Mineralstoffe und lagern sie an der Oberfläche ab. Gerade rechtzeitig, wenn der Mais mehr Sonne braucht, verliert die Akazie ihre Blätter. Diese Symbiose von Mais und Akazie ermöglicht den Reichtum dieser Gegend und verleiht ihr ein traumhaftes Aussehen.

In Mbeya steige ich auf den Bus nach Malawi um. Eine kleine Gruppe von jungen Rucksacktouristen verhandelt mit dem Chauffeur den Preis und nimmt mich, den Alten, sofort in ihrer Mitte auf. Sie sind unterwegs von Lamu (Kenia) über Sansibar nach Malawi, dann wollen sie über Zimbabwe nach Südafrika. Das ist die neue Tramperroute. Sie sind echt hart in der Preisverhandlung. Ich schäme mich für das Resultat, denn ich kenne die ärmlichen Lebensbedingungen der Einheimischen. Und ich bin mir sicher, dass diese jungen Leute ohne zu zögern einen Dollar für ein Bier hinlegen würden. Malawi interessiert mich, weil ich an einer internationalen Konferenz für biologischen Landbau Jailos Kanjanga begegnet bin. Er war der einzige wirkliche Bauer an der Konferenz. Jailos Kanjanga, damals schon über 60 Jahre alt, vertrat 40 Bauernfamilien, die sich ohne Hilfe von aussen eine biologische Versuchs- und Demonstrationsfarm erbaut haben. Inzwischen werden sie von lokalen Interessenten überflutet und wollen ein Kur- und ein Übernachtungshaus bauen.

Weniger Erfolg hat Jailos bei den Hilfswerken. Dies, weil er von ihnen nur kleine Beträge verlangt, die er gezielt einsetzen möchte. Die Hilfswerke bevorzugen jedoch grössere Projekte. Sie rechnen aus europäischer Spendersicht. Ein Ländersachbearbeiter muss mindestens eine Million umsetzen, damit sich die administrativen Kosten lohnen. Verteilt sich der Umsatz auf 20 Projekte à 50 000 Franken, gibt dies schon ordentlich zu tun. Sind es indessen dutzende von Projekten mit kleinen Unterstützungsbeiträgen, wächst die Arbeit für ihn ins Unüberschaubare. Aus diesem Grund wird das Potenzial von kleinen Gruppen nicht ausgeschöpft. Dass sie deshalb nicht so viel Geld brauchen, weil ihr Selbsthilfeanteil gross ist, wird unter diesen Umständen gar nicht wahrgenommen. Aber gerade solche Gruppen sind äusserst motiviert, ihre Entwicklung voranzu-

treiben, und erreichen oftmals gute Resultate. Diese Verschmähten sind froh um eine kleine Organisation wie EcoSolidar. Umgekehrt erhalten wir erfolgreiche Projektpartner, die unseren Erfolg ermöglichen.

Von den Gefahren der Entwicklungszusammenarbeit in Afrika habe ich oft gehört. Davor habe ich grossen Respekt. Zwei Drittel der schweizerischen Spendengelder gehen nach Afrika, und es ist schwierig, zu guten Projekten zu gelangen. Es ist bekannt, dass Hilfswerke oder Regierungsorganisationen am Ende des Jahres sich mit Suchtrupps Projekte gegenseitig abjagen, um ihre Budget loszuwerden. Man nennt dies Mittelabflusszwang. Es gilt zu vermeiden, dass im nächsten Jahr die Mittel an die Ausgaben des Vorjahres angepasst und so gekürzt werden. Bekannt ist auch das Phänomen, dass Projekte von einem Hilfswerk über Jahre aufgebaut und abschliessend bis zur Selbständigkeit gebracht werden, dann aber plötzlich ein anderes Hilfswerk auftaucht und den Leuten weitere Unterstützung anbietet. Dies, weil sich mit erfolgreichen Leuten gut zusammenarbeiten lässt und Erfolge bei Spendenkampagnen gut ankommen. Selbständigkeit wird so nie erreicht.

Mir selbst wurde von afrikanischen NGO-Verantwortlichen angeboten, dass sie EcoSolidar ein schönes Projekt vorlegen würden, wenn ich das für eine Spendenkampagne brauche. Auch das kann es nicht sein. Wo bleibt da jene Bevölkerung, die wirklich Hilfe braucht! Wir brauchen kein Blendwerk. Deshalb mein Respekt vor der Aufgabe, in Afrika tätig zu werden. Ich liess zehn Jahre verstreichen, ehe ich aktiv wurde.

*

Malawi hatte 1996 die 30 Jahre Diktatur von Kamuzu Banda hinter sich. Banda überwarf sich mit allen andern schwarzafrikanischen Ländern und begab sich in die Abhängigkeit des weissen Apartheidregimes in Südafrika. Nachdem sich dort der ANC mit Nelson Mandela durchsetzte, waren keine Verbündeten mehr vorhanden. Das Regime geriet ins Wanken, und es war ein von den katholischen

Bischöfen veröffentlichter Hirtenbrief, der im letzten Moment eine friedliche Wende brachte. Es fanden Neuwahlen statt, und ein Muslim kam auf demokratischem Weg an die Macht. Die meisten Hilfswerke hatten dieses Land in all den Jahren der Diktatur gemieden, so dass nur noch religiöse Organisationen tätig waren. Diese Konstellation motivierte mich. Ich war überzeugt, dass in dieser Phase kaum Hilfswerke neue Länderprogramme in Malawi beginnen würden und eine fatale Konkurrenz wie in andern Ländern nicht zu befürchten wäre.

In der Nähe von Karonga im Norden Malawis fällt mir auf, wie klein gewachsen die Bewohner sind und wie klein auch der Mais in den Feldern steht. Das Städtchen wirkt ärmer als jedes Provinzdorf in Tansania. Dabei strömt von den Wasserfällen der Berge Wasser in Mengen hinunter in den Malawisee. Ich frage einen Bauern nach dem Grund des kläglichen Maiswuchses. Er meint, es habe halt lange nicht mehr geregnet. Sein Feld liegt keine drei Kilometer vom nächsten Wasserfall entfernt. Allzu initiativ scheinen die Bauern unter der Diktatur kaum gewesen zu sein. Dieser Eindruck verdichtet sich auf der Busfahrt über holprige Pisten durch eine üppige Vegetation mit dichten Wäldern. Auf meiner langen Erkundungsreise durch das Land gibt es ausser Bananen kaum etwas zu kaufen. Bevor ich mich mit einem Entwicklungsprojekt beschäftige, möchte ich ein Land mit all seinen Facetten kennen lernen. Es ist ein Prinzip von EcoSolidar, dass wir in unseren Schwerpunktländer auch andere Beziehungen pflegen und uns nicht nur auf unsere Projektpartner konzentrieren. Wir wollen auch Kultur und Brauchtum kennen und die politische und wirtschaftliche Lage einschätzen können. Das machen zwar auch andere Hilfswerke so, doch reisen deren Mitarbeiter in der Regel nicht per Klapperbus durchs Land. Sie müssen pro Tag mindestens ein Projekt besuchen und brauchen erst noch einen grossen Teil ihrer Zeit, um Berichte zu schreiben. Ich leiste mir hingegen den Luxus der Zeit – eine sinnvolle Investition, wie unser Erfolg zeigt.

*

Jailos Kanjanga wartet an der Abzweigung von der Hauptstrasse Lilongwe-Blantyre nach dem kleinen Dorf Matale, das 10 Kilometer weiter eine Streusiedlung bildet. Jailos war nach der Sekundarschule Kondukteur bei der Beira-Bahn, die von Blantyre nach Mozambique führt. Später betätigte er sich als Autoverkäufer, was ihm nur bedingt gelang. Er kehrte dann in sein Heimatdorf zurück, heiratete und wurde Bauer. In einem Kurs für nachhaltige Landwirtschaft begann er sich für den biologischen Landbau zu interessieren und bildete sich als Autodidakt weiter. Jailos freut sich unbändig über unser Treffen. Mit seinen 68 Jahren ist er ein ehrwürdiger, weisshäuptiger Mann. Er tänzelt und strahlt und wärmt meine Seele nach den Strapazen.

Wir gehen gemeinsam einkaufen, damit das Dorf wegen meines Besuchs keine Aufwendungen hat. Das ist hier Sitte, denn Bargeld haben die Bauernfamilien kaum. Auf dem Weg nach Matale kommen wir am einzigen mehrstöckigen Steinbau vorbei. Es ist die übergrosse «Zambesikirche», die hier ein mächtiges Zentrum hat. Matale steht unter vielen Bäumen, aber nicht im Wald. Büsche und Waldabschnitte unterteilen das Dorf. Die Bevölkerung lebt in einfachen Holzhäusern. Einzig die Schule und der Gesundheitsposten wurden aus verputzten Lehmziegeln gebaut. Elektrischen Strom gibt es nicht und Wasser wird vom Flüsschen oder von einem Brunnen geholt.

Die Leute leben vor allem vom Tauschhandel. Lediglich einmal pro Woche findet ein Bauernmarkt statt. Da wechseln ein paar wenige Kwatschas, wie die einheimische Währung heisst, die Hand. Der Markt ist farbig, aber die Stände sind dürftig eingerichtet. Das meiste wird auf dem Boden dargeboten, auch Fleisch. Kleider aus Sammlungen in Europa liegen hier haufenweise zu billigsten Preisen. Diese gut gemeinte Hilfe verhindert jedoch im Land den Aufbau einer eigenen Textilindustrie, die ein Anfang für eine Industrialisierung sein könnte. Autos kommen selten in diese Gegend, bereits Fahrräder sind hier ein Statussymbol.

Beherbergt werde ich von einer Organisation namens Lomadef, die Abkürzung für Lipangwe Organic Manure Demonstration Farm. Die Farm steht neben den Rundhütten des Anwesens von Jailos und zieht sich über einen weiten Hügel mit hoch stehendem Mais, Papayabäumen, verschiedenen Bohnen und anderem Gemüse. Zwischen die Felder wurden spezielle Büsche gepflanzt, die Schädlinge abhalten. Gegen die Erosion werden mit einer einfachen Holzwerkzeuggabel, dem so genannten A-Frame, die Beete ausgerichtet. Kompost wird mit den Grünabfällen und dem Dung von Nutztieren hergestellt. Daneben sammelt Lomadef Samen von alten einheimischen Pflanzen, die sehr resistent sind und nicht jedes Jahr teuer eingekauft werden müssen. Ich bin beeindruckt von diesem kleinen Programm, das sich hier 40 Familien aufgebaut haben. Im Umland nahe der Grenze zu Mozambique wird allerdings zu viel abgeholzt. Die Malawier machen die ehemaligen Bürgerkriegsflüchtlinge aus dem Nachbarland für diesen Raubbau verantwortlich. Diese würden sich mit dem Holzverkauf über Wasser halten. Verbraucht wird das Holz allerdings von den Einheimischen. Auch Jailos' Familie kocht noch auf dem Feuer über drei Ziegelsteinen. Ein kleiner Lehmofen könnte da abhelfen und würde weniger Holz verbrauchen.

Die meisten Menschen in dieser Gegen haben nur ein Dach über dem Kopf und müssen sich mit einer Hacke in der Hand ihr Leben verdienen. Doch wollen sie ihren Lebensstandard verbessern, um in diesem Land mit Malaria, Tuberkulose, Lepra und Aids auch gegen Notsituationen wie Hunger und Krankheit resistenter zu werden. Sie haben kaum Werkzeuge, keine Elektrizität und schlechte Transportmöglichkeiten. Trotzdem singen sie, pflegen ihre Rituale und helfen einander. Sie haben sich grosse Würde bewahrt, sind gastfreundlich und sorgen gegenseitig für sozialen Ausgleich. Dies ist schwierig, insbesondere da viele verstorbene Eltern ihre Kinder der Dorfgemeinschaft hinterlassen, weil ihr Clan weggezogen oder ausgestorben ist.

Der Wunsch nach einer Entwicklung, die das Überleben sichert und den Jungen eine hoffnungsvolle Zukunft verspricht, ist für die Bewohner von Matale in der Region Ntcheu von existenzieller Bedeutung. Sie unternehmen alles, was in ihrer eigenen Kraft steht, um weiterzukommen. Und das ist viel. Allein für den Empfang, den man mir im Dorf bereitet, haben sich die Strapazen der vergangenen Woche gelohnt. Die Frauen von Lomadef in ihren farbenfrohen Gewändern singen und tanzen. Sie drehen sich im Kreis und schlagen die Hände über dem Kopf zusammen. Es ist ein wahres Fest! Auf dem gemeinsamen Platz unter den Bäumen sind die Früchte ihrer Arbeit ausgestellt, Kürbisse, Auberginen, Bananen, Mais und Erdnüsse und vieles mehr. Einige wacklige Stühle stehen im Halbrund und dahinter stehen die Vorstandsmitglieder von Lomadef in ihren abgetragenen Sonntagsanzügen. Allmählich setzen wir uns, wobei die Rangordnung sofort klar wird. Der Gast ist König, die Notabeln sitzen im Halbkreis, und die Frauen und Kinder nehmen auf dem Boden Platz. Regina Radtke, Mitglied der europäischen Agrécolgruppe, die biologischen Landbau weltweit fördert, ist auch dabei und setzt sich demonstrativ zu den Frauen auf den Boden. Aus ihrer Zeit beim deutschen Hilfswerk Misereor hat sie vielfältige Kontakte im Land, die sie mir vermittelt.

Nach dem fulminanten Festauftakt wandern wir gemeinsam durch das Streudorf und besuchen die Schule. Die Kinder sehen uns von weitem und stürmen mit Geschrei auf uns zu. Sie lernen mit ihrem Lehrer und mit Jailos den biologischen Anbau im Schülergarten. Dafür danken sie mir, obwohl ich bisher noch gar nichts dazu beigetragen habe. Beim weiteren Rundgang kommen wir zu Aussengruppen, die von Lomadef lernen, Gemüsegärten anzulegen. Hier helfen auch einige Männer mit. Zum Schutz vor streunenden Tieren sind die Gärten mit Schilfwänden umgeben.

Lomadef unterrichtet 13 Gruppen. Ziel ist, die Produktion so zu steigern, dass die Leute sich besser ernähren und allfällige Überschüsse auf dem Markt verkaufen können. Bei vielen Hütten und Gehöften, an denen wir vorbeikommen, erzählt Jailos, wer da gewohnt hat und dass er oder sie gestorben ist. An welcher Krankheit die Leute jeweils sterben, weiss hier niemand so recht.

Bei den Frauen von Ligowe, einem Nachbardorf, hat sich eine Gruppe gebildet, die erstmals Erdnüsse biologisch anbaut. Die Gruppe versammelt sich unter einem Schatten spendenden Baum. Da ich die einheimische Sprache Chichewa nicht verstehe, schlage ich vor, dass die Frauen ihr Dorf in den Sand zeichnen und mir jene, die ein wenig Englisch sprechen, anhand der Skizze über ihre Situation erzählen. So erfahre ich, dass der Chief, wie hier der Häuptling genannt wird, eine entscheidende Rolle spielt und hinter den Ideen der Gruppe steht. Er ist mit einzelnen Mitgliedern der Gruppe auch verwandt. Interessanterweise vergessen die Frauen, die Kirche einzuzeichnen. Sie spielt hier offenbar keine grosse Rolle. Zu meiner Überraschung äussert die Gruppe den Wunsch, ein Frauenzentrum zu bauen, um darin einen Kinderhort, eine Nähschule und einen Gesundheitsposten einzurichten. Ich nehme den Wunsch vorläufig zur Kenntnis, erkläre aber, dass EcoSolidar vor allem einen Beitrag zum «voneinander lernen» leisten will, damit sie sich später in besserer Situation ihre Wünsche selber erfüllen können. Denkbar sei ein Infrastrukturbeitrag an Lomadef, wie dieser verwendet werde, müsse aber intern ausgehandelt werden.

Diese Frauengruppe geht mir nicht aus dem Kopf. Die Frauen zeigen zwar Initiative, aber der Leistungsausweis ist noch gering. Sie haben bisher erst ein Jahr lang Erdnüsse angepflanzt, und nun soll ich dies sofort mit einer grosszügigen Geldzusage belohnen. Da streikt meine tief in mir verborgene zwinglianische Moralvorstellung. Es wäre ein falsches Signal. Und doch möchte ich ihnen eine Chance geben. Aber wie?

In den nächsten Tagen einige ich mich mit Lomadef über unsere Unterstützung für den Beginn der Zusammenarbeit. Der Wunsch einiger Frauen, Landarbeiter anzustellen, damit sie nicht mehr so viel jäten müssen, führt zu einer heftigen Diskussion. Welches sind wirklich wichtige Bedürfnisse? Welches bloss vermeintliche? Unser Modell müsse für andere nachahmbar sein, argumentiere ich, doch wenn der arbeitsintensivere biologische Landbau nur dank westlichen Hilfswerken, die Landarbeiter finanzieren, möglich ist, dann ist die Ausstrahlung weg. Wir streiten freundschaftlich über das Für und Wider. Ich schlage ihnen vor, erst dann Helfer anzustellen, wenn sie sie selber aus dem Erlös ihrer Produkte bezahlen können. Das ist meiner Meinung nach ein grundlegender Unterschied mit wegweisenden Konsequenzen. Bei einem guten Ernteerlös wird sich schnell zeigen, welche Bedürfnisse man sich leisten kann und welche dann wirklich wichtig sind.

Lomadef als ganze Organisation beschliesst daraufhin, dem Hauptziel treu zu bleiben, nämlich den biologischen Landbau auch für andere attraktiv zu machen. Die Mitglieder wollen ein Kurszentrum mit Übernachtungsmöglichkeit bauen. Sie selber würden die Ziegel brennen und die Häuser bauen, aber für die Dachunterbalken und die Türen sowie die sanitären Anlagen fehlt ihnen das Geld. Ausserdem möchten sie andere Gruppen mit einbeziehen und ihnen als Einstand Hacken verteilen. Diese kosten zwar wenig, aber die Leute haben kaum Geld. Dieser Ansatz scheint mir möglich. Mit wenig Kosten und viel Eigenleistung wird sich Lomadef ein eigenes Zentrum bauen können, und es entsteht kein EcoSolidar-Monument. Zudem einigen wir uns über eine Austauschreise nach Sambia in ein Zentrum für angepasste Technik. Dort sollen die Lomadef-Mitglieder sehen, wie mit einfachen Geräten die Arbeit einfacher wird oder einen Mehrerlös bringt. Im Hinterkopf habe ich zudem den Wunsch, dass sie die einfach zu bauenden Lehmöfen sehen, die bedeutend weniger Holz benötigen. Jailos schreibt mir daraufhin einen zweiseitigen, formellen Antrag in Handschrift, denn eine Schreibmaschine gibt es in Matale nicht.

Ich habe angeregt, dass Lomadef auch einige Frauen von Ligowe mit auf diese Reise nimmt, womit sowohl Männer wie Frauen der Organisation einverstanden sind. Ich selbst habe mir für die Frauen aus Ligowe ein «Experiment» ausgedacht. Er soll zeigen, ob sie über längere Zeit auch durchhalten. Die Gruppe erhält einen Betrag von 100 Dollar und darf ihn nach Belieben ausgeben. Einzige Bedingung ist, dass sie in zwei Jahren darüber berichten, zu welchen Diskussionen dies geführt hat und wofür sie das Geld ausgegeben haben. Das mag boshaft erscheinen, aber das Resultat nach zwei Jahren wird mir recht geben.

*

Mit Jailos fahre ich in den folgenden Tagen nach Balaka, einem Provinzstädtchen nicht weit von Matale entfernt. Er möchte mit mir das Kloster besuchen, in dem ein bekannter Kräuterexperte wirkt. Die Strasse sieht aus wie ein Trümmerfeld. Knietiefe Löcher lassen uns nur langsam vorankommen. Kinder füllen die Löcher auf und erhalten von den Fahrern zur Ermunterung eine Kwatscha. In Balaka zeigt mir Jailos zuerst die Kirche. Ein italienischer Pater hat durch eifriges Spendensammeln in seinem Heimatland die zweitgrösste Kirche Afrikas bauen lassen. Der imposante Rundbau ist innen mit einem geschnitzten Kreuzweg im traditionellen Stil der Region geschmückt. Hinter dem Altar zeigt ein Wandbild unten links den Pater, darüber in der Mitte den Papst und zuoberst rechts das Himmelreich. Dazwischen scheint es nichts und niemanden zu geben. Das Kloster liegt in einem grossen Areal mit verschiedenen sozialen Einrichtungen. Die Anlage wirkt von aussen wie ein militärisches Fort. Das Areal ist von einer zwei Meter hohen Mauer umgeben. Sie soll Diebe abhalten, denn der Lebensstandard hier ist europäisch.

Nachdem wir die Eingangskontrolle passiert haben, erwarten uns im Kloster entspannte Gesichter. Die Mönche sind äusserst neugierig, humorvoll und liebenswürdig. Auch an einer Zusammenarbeit mit Jailos zeigen sie sich interessiert. So zwiespältig mein erster Eindruck war, nach den italienischen Spaghetti schätze ich die Patres sehr. Einer von ihnen hat bei der Vertreibung der Diktatur als Herausgeber der Zeitschrift «Die Lampe» eine wichtige Rolle gespielt und ist stark in Demokratie- und Entwicklungsfragen engagiert. Zudem möchte er aus dem Blatt des Neem-Baumes Seife herstellen, weiss aber nicht wie. Ich verspreche ihm, im Internet nach einer Anleitung zu suchen. Nach meiner Rückkehr sende ich ihm eine Abhandlung eines Universitätsinstitutes von Madras in Indien, so dass er mit der Forschergruppe direkt in Kontakt treten kann.

Am nächsten Tag reisen Jailos und ich nach Blantyre weiter im Süden. Geschichten über Geschichten werden mir erzählt. In der Stadt fahren wir an einem dreistöckigen langen Bürobau vorbei, dem Zentrum der Vereinigung verschiedener evangelischer Kirchen. Auch dieser Bau hat seine Geschichte. Die finanzielle Unterstützung des kanadischen Hilfswerks war eigentlich nur für einen einstöckigen Bau gedacht. Die Kirchenoberen wollten aber einen dreistöckigen. Die Fassaden wurden hochgezogen, das Geld reichte für den Rohbau, zu mehr nicht. Die Kanadier wollten ihr Gesicht jedoch vor ihrem Spendenpublikum wahren, bezahlten den Rest, um sich gleich nach der Fertigstellung zu verabschieden. Wie in allen kirchlichen Organisationen, ob katholisch oder reformiert, springen in solchen Fällen meist Kirchengruppen aus anderen Länderorganisationen ein. Das war auch so in Blantyre.

Jailos führt mich auch zur Organisation der weissen Farmer. Deren Chef hat die Bedeutung des Geschäfts mit biologischen Agrarprodukten längst erkannt. Von der Deutschen Technischen Entwicklungszusammenarbeit wurde er an eine Verkaufsmesse nach Frankfurt eingeladen und bereitet jetzt die Produktion der weissen Grossfarmer vor. Er mag Jailos, oder – dies meine skeptische Vermutung – er braucht ihn als Aushängeschild gegenüber potenziellen Kunden, und lädt ihn zusammen mit Lomdadef ein, bei der Vertriebsorganisation Mitglied zu werden. Aufgrund meiner Beobachtungen auf dieser Reise gewinne ich den Eindruck, dass die Qualität, in der einzelne internationale Hilfswerke in Afrika operieren, in keiner Weise unseren Ansprüchen genügt.

*

Nach zweieinhalb Jahren kehre ich 1999 nach Malawi zurück. Lomadef unterrichtet mittlerweile bereits 30 Gruppen regelmässig in biologischem Landbau. Nur noch 20 Prozent der Bauernfamilien kaufen Kunstdünger hinzu. Wiederum werde ich von Jailos Kanjanga überschwänglich begrüsst. Das Gästehaus ist fertig gebaut, mit dem Workshop-Haus wird gerade begonnen. Die Frauen von

Ligowe haben sich zum Empfang in Reih und Glied aufgestellt. Alle haben sich eine selbst geschneiderte grau-gelbe Gruppen-Uniform angezogen. Stolz berichten sie, was sie mit den 100 Dollar gemacht haben. Sie haben sich den Betrag aufgeteilt, damit jede der zwölf Frauen ein kleines Nebengeschäft eröffnen konnte.

Eine der Frauen kaufte einen halben Liter Speiseöl, verkaufte ihn auf dem Markt, benutzte den Gewinn, um eine grössere Menge einzukaufen und immer so fort. So hat sie heute einen ansehnlichen Marktstand. Eine andere baute mit ihrem Anteil eine eigene Bäckerei in ähnlicher Weise auf. Sie bringt das Brot zum Degustieren gleich mit. Alle zwölf Frauen konnten einen Zusatzverdienst erwirtschaften, der sie von der Landwirtschaft etwas unabhängiger macht. Eine Frau war an Aids gestorben. Nun kümmert sich die Gruppe um die Kinder. Hier wird mit einer wirtschaftlichen Grundlage eine soziale Tätigkeit ermöglicht. Die Gruppe hat mich nun überzeugt. Im nächsten Jahr wird EcoSolidar beim Bau des Mütterzentrums jene Arbeiten finanzieren, die nicht von den Frauen selbst ausgeführt werden können. Die Frauengruppe hat sich inzwischen in Lomadef integriert und erhält so auch Unterricht in biologischem Anbau.

Mit Jailos komme ich überein, dass Lomadef mit unserer Hilfe einen Fonds anlegt, aus dem allen Mitgliedern dic Anschaffung von Nutztieren ermöglicht werden soll. Die Bezüger entscheiden selbst, ob ihr Kredit nach der Rückzahlung weitergegeben werden soll, oder ob sie lieber die Kälber und Zicklein an andere Haushalte weitergeben. Ziel ist in beiden Fällen, dass die Kredite so lange zirkulieren, bis alle davon profitieren konnten. Neben dem direkten Nutzen sind die Tiere für die Gemeinschaft auch des Dungs wegen wichtig, da sich der Kompost durch seine Beimischung verbessern lässt.

*

Ich treffe Jailos ein Jahr später an der internationalen Biokonferenz in Basel wieder. Er reist gerne und oft. Die Veranstalter von internationalen Konferenzen auf allen Kontinenten laden ihn gerne ein, da er selbst Bauer ist und Englisch spricht. Auch Willie Gamage aus Sri Lanka und Lidia Antty aus dem Amazonasgebiet in Bolivien sind in die Schweiz gekommen. Von ihr wird später noch die Rede sein. Jailos kommt mit einem Koffer mit Sojabohnen und anderen landwirtschaftlichen Produkten am Flughafen Zürich-Kloten an. Er wird an einem Verkaufsstand auf dem Biomarkt von Zofingen Gelegenheit haben, direkte Kontakte mit möglichen Kunden zu knüpfen. Willie und Lidia begleiten ihn. Wie Jailos liebäugeln sie mit der Idee, ihre Produkte in die reichen Länder zu exportieren. Dagegen habe ich nichts einzuwenden, aber die Verankerung auf dem jeweiligen inländischen Markt muss das Hauptziel bleiben. In den reichen Ländern sind die Konsumenten und Konsumentinnen verwöhnt. Bei uns in der Schweiz ist einmal Quinoa Mode, dann sind es ayurvedische Produkte oder Büffelkäse. Der Markt wirft sicher Erträge ab, aber die Moden wechseln und mit ihnen die Preise. Angesichts dieser Wechselhaftigkeit muss die Zeit, in der die Exporte Gewinn abwerfen, genutzt werden, um damit den Heimatmarkt besser zu erschliessen.

Jailos erfährt im direkten Kontakt mit der Kundschaft und anderen Anbietern, was es braucht, um mit einem Produkt Interesse zu finden. Er stellt Preisvergleiche an und sieht, wie wichtig die Verpackung eines Produktes in der Schweiz ist. Mit seinen ungeschälten Bohnen in dünnen Plastikbeuteln erregt er nur die Aufmerksamkeit von Afrikakennern. Trotzdem kann er seine Waren verkaufen und sich ein Taschengeld verdienen.

Auch Willie freut sich darüber, der das stark nach Bohnen duftende Hotelzimmer mit Jailos teilt. An der Konferenz trifft Jailos auf alte Bekannte. An einer Plakatwand stellt er sein eigenes Projekt vor, und wie auf einem Markt gesellen sich Interessierte dazu. So findet er Leute, die ihn später in Malawi besuchen, und es entstehen Verbindungen zu andern Projekten im Land.

Ich freue mich, den dreien die Schweiz zu zeigen. Gemeinsam fahren wir ins Engadin, besuchen dort den Muottas Muragl und spazieren zum Morteratsch-Gletscher. EcoSolidar-Vorstandsmitglied Christoph Rüegg begleitet uns. Entspannte Tage mit vielen Gesprächen über den Entwicklungsweg der Schweiz und über die Bedeutung unserer Landwirtschaft verbringen wir in einer Gegend, die zu Fragen Anlass gibt. Es ist den Besuchern ein Rätsel, wie in dieser mausarmen Bergregion, aus der früher viele Junge auswandern mussten, eine florierende Wirtschaft entstehen konnte. Später in Astano im Tessiner Malcantone beherberge ich meine Gäste in meinem Haus und bekoche sie.

Die Täler des Malcantone breiten sich zwischen steinigen Gipfeln und tiefen Gewässern aus, indem sie dem Lauf der Magliasina folgen, die in den Luganersee mündet. Der Reichtum des Malcantone zeigt sich in seinen Kunst- und Kulturschätzen. Aber wo aus Minen Gold und Eisen gefördert wurde, führte die Bevölkerung vor hundert Jahren ein ärmliches Leben und ernährte sich hauptsächlich von Kastanien. Die Kinder sandte man als Kaminfegergesellen, als Spazzacaminos, nach Norditalien. Die Gemeinden ermunterten die Auswanderung nach Latein- oder Nordamerika mit Zuschüssen oder mit der Bezahlung der Hinfahrt.

Heute wohnen nur wenige Leute ganzjährig in den Dörfern. Deshalb versucht man mit sanftem Tourismus die schöne Gegend zu beleben. Das Beispiel ist auch für unsere Besucher interessant, denn viele hegen in der Dritten Welt Fantasien, mit Tourismus schnelles Geld machen zu können. Das Dorf Astano ist mit seinen verwinkelten Gassen, die auch unter den Häusern durchführen, ein romantisches Örtchen mit Geschichte.

Wir sind zum Ausruhen hergekommen und doch treibt uns die Neugier auf die Kräuterfelder Peter Lendis, des Kräuterbaupioniers, der heute auch als Importeur und Unternehmer Coop beliefert und einen reichen Erfahrungsschatz in Ländern der Dritten Welt gesammelt hat. Auch heute unterstützt er dort viele bäuerliche Gemeinschaften, denen er die Produkte abnimmt. Wir riechen an den zahlreichen saftigen Kräutern. Peter zeigt uns seinen Betrieb. Seine schonenden Trocknungsanlagen interessieren uns ebenso wie die Qualitätskontrolle bei der Verarbeitung. Das ist Anschauungsunterricht zu den Produktionsanforderungen für einen verwöhnten Markt.

Am Abend besprechen wir bei Gigot und feinem Merlot die Exportchancen für einzelne Produkte aus den drei Ländern. Es zeigt sich, dass Binnenländer wie Bolivien oder Malawi benachteiligt sind. Sie müssen durch ein anderes Land zuerst ans Meer liefern. Da entstehen Kosten für Zoll und korrupte Beamte. Die Länder mit eigenem Hafen können billiger liefern. Eine Chance haben Binnenländer nur, wenn sie verarbeitete Produkte liefern oder sehr arbeitsintensive wie die Kamille. Peter anerkennt die inländische Bio-Zertifikation der jeweiligen Länder. Jailos kommt zum Schluss, dass seine Organisation für den Export in die Schweiz noch nicht weit genug ist. Lomadef wird sich aber einem Konsortium in Malawi anschliessen, das den Export von biologischen Produkten organisiert.

*

Nach Jailos' Rückkehr nach Malawi erhalte ich einen irritierenden Brief. Ich werde von einem angeblich neu gewählten Präsidenten von Lomadef aufgefordert, in Zukunft mit einem neuen Direktor an eine andere Postfachadresse zu korrespondieren. Ich denke, das kann nicht sein, Jailos hätte mir von einem bevorstehenden Wechsel in der Leitung sicher berichtet. Also kontaktiere ich Jailos über die alte Postfachadresse. Nach einem längeren Briefwechsel kann ich mir ein ungefähres Bild machen, was geschehen ist.

Lomadef hatte von der Landesfiliale eines grossen englischen Hilfswerks einen Betrag von 38 000 Dollar erhalten. Das war natürlich verlockender als die 7000 Dollar von EcoSolidar. Lomadef musste für diesen Betrag kaum mehr als zuvor leisten, aber das Hilfswerk bestand auf der Anschaffung eines Computers. Da kein elektrischer Strom in Matale vorhanden ist, wurde ein Dieselmotor gekauft, und weil niemand den Computer bedienen konnte, ein englischer Freiwilliger eingesetzt. Die Verantwortlichen von Lomadef erhielten nun höhere Löhne, die den lokalen Verhältnisse absolut nicht mehr angepasst waren. Auch wollte das englische Hilfswerk einen jüngeren, aus ihrer Sicht effizienteren Leiter für das Projekt. Nicht zuletzt auch wegen der unverhältnismässigen Löhne brachen Diadochenkämpfe aus.

Der Freiwillige aus England hatte sich mit einer Fraktion gegen Jailos verschworen und strebte dessen Abwahl an. Der Brief des «neuen Präsidenten» an EcoSolidar sollte sich allerdings als voreilig erweisen. Denn Jailos wehrte sich und gewann die von beiden Seiten unschön geführte Auseinandersetzung. Sie endete damit, dass der Engländer aus dem Land ausgewiesen wurde, woraufhin das Hilfswerk mit allem Material abzog.

Auch EcoSolidar gehört zu den Geprellten. Es fehlt zwar kein Geld, aber das Vertrauen in Lomadef ist geschwunden. Deshalb stoppen wir die Zusammenarbeit. Da die Gefahr besteht, dass die Organisation sich auflöst und die Gärten und das Schulungszentrum privatisiert werden, entschliessen wir uns ein halbes Jahr später zu einem pragmatischen Vorgehen. Wir fordern Strukturen, die einen Machtmissbrauch erschweren. Diese Struktur soll staatlich anerkannt und überprüfbar sein. So sichern wir den vielen Bauernfamilien den Fortgang der Entwicklungsaktivitäten. Lomadef und Jailos gehen darauf ein, so dass wir ein Jahr später wieder zusammenarbeiten.

Beim Besuch in Matale im Jahr 2002, bei dem mich Isabella Augustin begleitet, zeigt sich, dass wir mit unserem Sprung über den eigenen Schatten richtig handelten. Im südlichen Afrika herrscht Hunger. Die malawische Regierung hat kurz zuvor ihre Nahrungsmittelreserven an Kenia verkauft, obwohl die Katastrophe vorhergesehen wurde. Sie setzte auf das Kalkül, dass die Industrieländer die Bevölkerung Malawis nicht verhungern lassen würden. Nur, selbst wenn Hilfe von Aussen kommt, kommt sie für die Hungernden meistens sehr spät und erst nach langem Leiden.

Die Bauernfamilien, die von Lomadef angeleitet biologisch in Mischkulturen und mit einheimischem Saatgut arbeiten, bleiben von der Hungerkatastrophe verschont. Das ist ein ermutigender Erfolg. Ich filme mit meiner Videokamera die fulminante Theatervorstellung der Lomadef-Leute, die den Zuschauern die Vorzüge des Biolandbaus zeigt. Die Organisation arbeitet inzwischen mit 70 Gruppen, darunter vielen Frauengruppen. Auch 2005 ist der Hunger wieder ein Problem. Jailos wirbt auf Flugblättern, dass Lomadef alles unternimmt, damit aus Bettlern wieder Bauern werden.

In der aktuellen Diskussion über mehr Geld für Afrika zeigt das Beispiel Lomadef, dass es nicht mit mehr Geld getan ist. Es braucht ein sorgfältig angepasstes Handeln im Kleinen und Einfühlung in die Situation der Betroffenen. Die grossen Hilfsorganisationen müssen ihren Mitarbeitern mehr Zeit für ihre Kontakte im Land geben. Sie müssen auf die Anliegen der lokalen Bevölkerung hören, statt einfach aus der Ferne mit der grossen Kelle anzurichten. Sie sollen Kleinprojekte unterstützen und nicht sich eigene Denkmäler setzen. Afrika braucht das eigene Zeitmass für den Wandel. Die hohen Politiker in der reichen Welt sollten sich vielleicht einmal mit ihren Entwicklungsfachleuten absprechen, die mehr davon verstehen. Unsere Märkte für afrikanische Produkte zu öffnen, würde in den Exportländern ein Wachstum auslösen, das einem Vielfachen der unmittelbaren Exporterlöse entsprechen würde. Keine Fluchtgelder anzunehmen, wäre für die interne Entwicklung ebenso wichtig. Weiter müssten – und dies betrifft die Schweiz auch – die Waffenexporte unterbunden werden. Dies brächte schon viel.

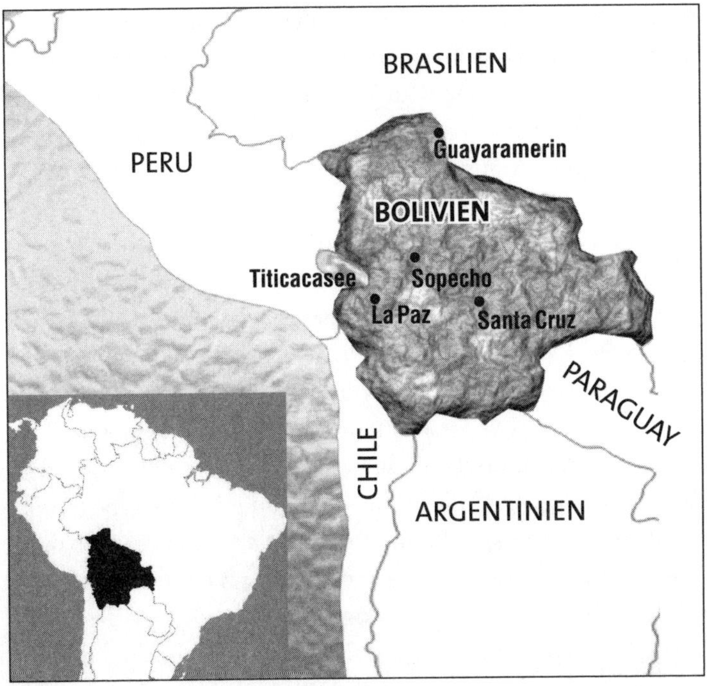

Bolivien – Strassenkinderprojekt gewinnt an Einfluss

Einweihung des Begleiteten Wohnens in Chicani – Weitere Geldgeber für die Projekte mit den arbeitenden Strassenkindern – Das Leben von Anna, die die Matura geschafft hat – Weiterbildung für das Personal aller NGOs, die mit Kindern arbeiten – Eindruck vom Begleiteten Wohnen – Randständigkeit und Behinderung – Schwierige internationale Kontakte – Anselma im Programm für behinderte Kinder – Die systemische Arbeit von EcoSolidar Bolivia – Evaluation – Mousse au chocolat und neue Entwicklungen im Projekt – Ilses Beitrag zur Konferenz über partnerschaftliche Arbeit für Hilfswerkverantwortliche in der Schweiz – Politische Schwierigkeiten

Harlekine und Zauberkünstler, verkleidete Kinder und Erwachsene mit bunt bemalten Gesichtern tummeln sich auf dem Dorfplatz von Chicani. Alle lachen. Eine Musik scheppert auf zerbeulten Instrumenten. Aber das tut der Stimmung keinen Abbruch. Wir feiern das Einweihungsfest des Austauschzentrums und des Begleiteten Wohnens in Chicani. Und das ganze Dorf feiert mit. Es ist wohl das erste alkoholfreie Fest in Bolivien überhaupt, so vermute ich wenigstens. Denn in den Anden strömen sonst die Chicha, ein Maisbier, oder der Singani, eine Art Grappa, in gewaltigen Strömen. Trotzdem sind alle vom Dorf mit von der Partie. Die Harlekine animieren die Kinder zu Spielen, und die Musik des Dorfvereins bringt die Beine zum Tanzen. Die Strassenkinder spielen ein Theater zu ihrer Situation auf der Strasse und zur Geschichte des Baus in Chicani. In unserem neuen Auditorium werden die besten Arbeiten des Kunst-Workshops ausgestellt und Reden für die 300 Gäste gehalten. Ich weise in meiner Ansprache darauf hin, dass das erste Ziel jeder Entwicklung die Beseitigung der absoluten Armut durch die Befriedigung der Grundbedürfnisse wie Nahrung, Gesundheit, Bildung und Arbeit ist. Die direkte materielle Hilfe ändere die Situation aber nur im Moment. Eine dauernde Veränderung könne nur über die Befähigung zum selbständigen Handeln erlangt werden. Entwicklung sei ein Prozess der Befreiung. Bildung und Bewusstwerdung seien wesentliche Voraussetzungen zu dieser Befreiung. Entwicklung heisse aber auch Entfaltung. Entfaltung von persönlichen wie gesellschaftlichen Utopien, aber auch Entfaltung einer friedlichen Kommunikation und Koexistenz mit der übrigen Welt.

Ilse Miranda und ich sind ziemlich erleichtert an diesem sonnigen Novembertag im Jahr 1997. Endlich sind wir an unserem Ziel angelangt, den Strassenkindern ein bleibendes Dach über dem Kopf zu geben. Damit beginnt eine Erfolgsgeschichte für beide Seiten, auch wenn das Dorf nicht immer so kooperativ war wie heute. So wie sich in der Schweiz die Bevölkerung eines Dorfes häufig gegen die Anwesenheit einer sozialen Randgruppe wehrt, so ist das auch in Chicani. Zunächst waren alle sehr kritisch. Sie sahen in den

Strassenkindern ausschliesslich Kriminelle und fürchteten sich vor Diebstählen. Unter dem Vorwand, dass sie wegen unseres Projektes Unannehmlichkeiten haben könnten, begannen die Dorfbewohner Forderungen zu stellen. Sie verlangten eine neue Wasserversorgung. Das geht natürlich nicht. Wir sind selbst knapp bei Kasse. Überdies wäre es ein falsches Signal. Es kämen immer weitere Forderungen auf uns zu, ein Fass ohne Boden.

Als Einstand bieten wir an, dass sich die Bevölkerung an unseren Schulungsaktivitäten beteiligen kann. So machen wir zusammen mit der für die Stadtreinigung zuständigen Clima S. A. einen Abfallentsorgungskurs oder beteiligen uns am Ausbau der Dorfschule, die auch einige unserer Kinder besuchen. Das fördert das Zusammenleben und die Integration unseres Projektes in das Dorf. Trotzdem versuchen Dorfgewaltige immer wieder mit kleinen Schikanen wie Stromsperren, uns zur Zahlung einer Kiste Bier zu veranlassen. Doch Ilse lässt sich nicht unter Druck setzen. Sie bezahlte schon beim Bau der Häuser keinen Cent an Korruptionsgeldern, was uns viele Verzögerungen bei den Bewilligungen einbrachte. Es war aber höchste Zeit, dass jemand einmal damit begann, das korrupte System zu durchbrechen. Irgendwann gaben die Gemeinderäte dann ihr Spiel auf.

Bei politischen Unruhen allerdings kennen sie kein Pardon. Dorfbewohner, die bei uns im Hausdienst arbeiten, werden gezwungen, an Strassenblockaden teilzunehmen. Da die Strasse im Tal endet, schliessen sich die Dorfbewohner mit diesen Strassenblockaden nur selbst ein, es gibt niemanden, den sie an der Durchfahrt hindern könnten. Sie selbst können die Strasse aber nicht benützen, um ihre landwirtschaftlichen Erzeugnissen in die Stadt zu liefern. Das aber ist der Zweck der Blockade, und die Leute sagen: «Wir wissen, was Hunger ist, aber jene in der Stadt werden das nun lernen.» So rigoros sind die indianischstämmigen Leute zu sich selbst. Sie erachten das eigene Leiden als Opfer für eine bessere Zukunft.

*

Nach der Einweihung des Hauses steigen wegen des erweiterten Betreuungsangebots die Projektkosten. Aus diesem Grund suchen wir andere Hilfswerke, die sich am Strassenkinderprojekt beteiligen. So würde sich auch das Risiko für EcoSolidar Bolivia mindern, falls widrige Umstände den Spendenfluss beeinträchtigen sollten. Da es eher ungeschickt wäre, wenn zwei Organisationen in der Schweiz für das gleiche Projekt Geld sammeln, wenden wir uns an ausländische Institutionen. Als Erstes arbeiten wir mit dem deutschen katholischen Hilfswerk Misereor zusammen, das in Bolivien viele Projekte unterstützt. Misereor wird während sechs Jahren Strassenkinder, die einer Arbeit nachgehen, in ihrer Selbstorganisierung unterstützen. Die Zusammenarbeit gestaltet sich vorerst etwas zäh. Misereor findet unsere Kosten zu hoch und streicht das Budget um die Hälfte. Es besteht nur wenig Verständnis für uns wichtige Kostenpunkte wie Supervision und Einsatz von ausgebildeten Psychologinnen oder Pädagogen, die halt höhere Löhne beanspruchen. Ilse will sich trotzdem probeweise mit diesen neuen Geldgebern einlassen. Es wird ein hartes gegenseitiges Lernen voneinander werden.

Der Projektverantwortliche von Misereor meint, dass er in seinem Leben noch nie eine so kämpferische Projektpartnerin angetroffen habe. Er stöhnt über die Ausführlichkeit ihrer Berichte und wünscht sich, dass die gesetzten Ziele etwas schneller realisiert werden. Zentraler Konflikt ist dabei, dass Ilse die Jugendlichen zur Selbstorganisation anleitet, aber nicht die Organisation der arbeitenden Strassenkinder selber auf die Beine stellt. Sie will so erreichen, dass keine ferngesteuerte Organisation entsteht, die dann manipuliert werden könnte. Sie will, dass die Kinder und Jugendlichen aus ihrer Marginalisierung heraustreten, indem sie sich selbst organisieren und ihre Wertvorstellungen entwickeln und bekannt machen können. Ihre Bestimmung über sich selbst sowie die Schaffung von neuen Rechtsräumen auf der Basis der Stärkung der eigenen Organisation sind dabei zentrale Punkte. Es wird auch ihre Beteiligung an der Ausführung von Entscheidungen in der Gesellschaft angestrebt. Dies soll unter anderem über die Festigung der

Gruppenidentität geschehen und bedingt, dass sie lernen, in der Gruppe demokratisch zu handeln.

Misereor macht zwar weiter mit, aber der Projektverantwortliche, der in Bolivien 66 Projekte betreut, findet in den sechs Jahren zwei Stunden Zeit, um das EcoSolidar-Bolivia-Team im Stadtlokal in La Paz zu treffen. So können nur gut gemeinte Ratschläge besprochen werden. Das macht die Mängel einer übergrossen Organisation sichtbar, die einem einzigen Mitarbeiter ein solches Arbeitspensum zumutet. Das lässt ihm kaum Zeit zu einer seriösen Projektbegleitung. Eine von Ilse gewünschte vertiefte Diskussion findet zweimal am Sitz der Organisation in Deutschland statt, zu der sie anreist. In dieser Zeit möchte sich auch die Päpstliche Mission für Kinder (PMK) am EcoSolidar-Projekt beteiligen. Aus Zürich müssten die Gelder nach Aachen geleitet werden, wo sie dann, von der PMK aufgestockt, weitergesandt würden. Das sähe dann – mit unserem Hauptbeitrag als Grundlage – in der Spendenstatistik der PMK sehr gut aus. Allerdings fehlt noch ein Schreiben des Bischofs von La Paz, das Empfehlungsschreiben der bolivianischen Bischofskonferenz genügt offenbar nicht. Der Bischof von La Paz ist aber ein konservativer Mann und will nur kirchliche Organisationen empfehlen. So verschwindet das Interesse der PMK so schnell, wie es aufgetaucht ist.

Aus Deutschland meldet sich auch die Stiftung eines Industriellen, die über unsere Homepage auf EcoSolidar gestossen ist. Zuerst möchte sie die erste Etappe des Ökozentrums in Sri Lanka finanzieren. Der Vorstand der Stiftung allerdings schränkt noch vor dem Entscheid den eigenen Wirkungsbereich ein und entscheidet sich, in Bolivien Workshops zu unterstützen, die bei allen Programmen mit auf der Strasse lebenden oder arbeitenden Kindern sowie beim Begleiteten Wohnen durchgeführt werden. In Kursen zu Kunst und Kreativität sollen alle Beteiligten für unterschiedliche Kommunikationsformen sensibilisiert werden. Der verbale Ausdruck und die Logik sind in unserer Gesellschaft zentral. Kommunikation aber findet durch Gesten, Bilder, Diagramme, Farben, Licht, Fotos, Musik und Gerüche statt. Das Projekt möchte deshalb die Phantasie der Kinder anregen und ihren nonverbalen Ausdruck verbessern. In weiteren Workshops zur Denkschulung und Sinneswahrnehmung sollen die Kinder in der Selbstwahrnehmung gefördert werden, was ihnen bei einer sinnvollen Lebensplanung behilflich sein kann. Aber auch das Erlernen von Spielen ist für jene Kinder geplant, die ihrer Kindheit beraubt worden sind und nicht die Gelegenheit hatten, in Gruppen Regeln anwenden zu lernen. Für all diese Aktivitäten beginnen wir mit andern Organisationen in der Region La Paz zusammenzuarbeiten. Sowohl die Kunstschule als auch die Universität beteiligen sich daran. Beide Seiten lernen so die Realität des andern kennen. Die deutsche Stiftung ermöglicht die ersten Programme. Der Schreck folgt aber auf dem Fusse. Im Jahr darauf erscheinen wir nicht mehr im Budget der Stiftung, obwohl wir das so abgemacht hatten. Da wir bereits die Arbeitsverträge für die Mitarbeiter und Mitarbeiterinnen unterschrieben haben, lässt sich nichts mehr machen. Also beissen wir in Zürich in den süss-sauren Apfel und finanzieren die Löhne so gut es geht, obwohl wir noch an der Rückzahlung der Darlehen für den Bau sind. Später kommt die Stiftung wieder auf uns zurück und ermöglicht einen Sportplatz und einen Beitrag an einen Bus.

Das sind für Ilse Miranda die ersten, noch glimpflichen Erfahrungen auf dem internationalen Parkett.

*

Anna, ein junge Frau, die auf der Strasse lebte, reagiert skeptisch auf meine Interviewanfrage. Es geht mir um ein psychoanalytisches Erstgespräch, mit dem ich mir ein möglichst genaues Bild von der Situation des Lebens auf der Strasse verschaffen möchte. Anna kommt zu früh und tritt bestimmt auf. Sie hat sich hübsch gemacht und trägt für einmal keine Kappe. Sie erzählt, dass sie, seit sie acht Jahre alt ist, auf der Strasse lebt. Sie kennt die Strasse. Sie hat bei Familien geholfen, sie hat gestohlen, sie hat Drogen genommen, und zur Zeit arbeitet sie als Schuhputzerin. Dazu verkleidet sie sich so, dass niemand sie als Mädchen erkennen kann. Ihre Ausdrucksweise ist einmalig. Sie verwendet eine Gassensprache, bei der alle Dinge einen neuen Namen bekommen.

Sie erzählt frei und in schneller Folge, dass sie drei Jahre in Cochabamba gelebt habe und da bei einem Mann namens Papi Reinaldo wohnte. Mit drei weiteren Mädchen zusammen wurde sie von ihm unterstützt. Tagsüber schlugen sie sich auf dem Markt mit Klauen und mit Dienstleistungen durch, abends schickte sie der «Papi» in die Abendschule. Nach La Paz kam sie, weil Papi Reinaldo hier eine Cousine hatte, der Anna im Haushalt helfen konnte. Sie besuchte in La Paz eine höhere Schule und schaffte schliesslich sogar die Matura. Zur Zeit des ersten Interviews überlegt sie sich, ob sie wirklich an die Universität will. Sie schämt sich ihrer Kleider und ihrer Herkunft. Sie denkt, dass sie deshalb an der Uni nicht akzeptiert werden würde.

Anna fand in ihrem Leben immer wieder Menschen, die ihr weiterhalfen. Sie konnte aber deren Erwartungen auf die Dauer nicht erfüllen und stürzte dann wieder ab. Das Leben auf der Strasse hat gesundheitliche Spuren hinterlassen. So hat sie Probleme mit ihren Lungen, Knochen und Nieren. Das kommt vom Schlafen unter freiem Himmel, von der Kälte. In dieser ersten Stunde streift Anna viele Themen nur kurz. So auch ihre Eltern. Sehr absolut sagt sie, dass für sie ihre Eltern tot seien. Sie seien Alkoholiker und hätten sie töten wollen. Der Stiefvater habe sie auch «küssen» wollen. Als sie dies ihrer Mutter erzählte, wollte die Mutter nichts davon wissen. Die Mutter habe ihren Freund gewollt, nicht aber die Tochter. Das sei der Grund gewesen, der sie auf die Strasse getrieben habe. Bei Papi Reinaldo kam Anna auch mit der Religion in Kontakt. Heute sagt sie: «Gott existiert, aber er hilft nicht.»

Ein paar Tage später kommt Anna in die zweite Interviewstunde. Sie verspätet sich um mehr als eine Stunde. Ich vermute, dass bei ihr Angst aufgekommen ist, geht es in unserem Gespräch doch auch um schmerzliche Erinnerungen. Auch scheint sie mir gegenüber ambivalent zu sein, denn sie ist von der Begegnung mit Männern traumatisiert. Aufgewühlt erzählt sie von ihrem Stiefvater, der ihr androhte, er wolle sie töten. Sie flüchtete zu ihren Nachbarn. Als weitere Begebenheit beschreibt sie dramatisch, wie ihr Stiefvater sie betrunken aufforderte, sich auf seine Knie zu setzen. Ihre kleinen Geschwister begannen zu schreien. Sie musste ihm mit den Händen «gegen den Bauch trommeln». Am nächsten Morgen vertraute sie sich der Mutter an, die aber nichts davon wissen wollte. Von da an lebte Anna auf der Strasse.

Ich frage bei diesem Thema nicht weiter nach. Die Missbrauchsproblematik muss in Gruppen aufgearbeitet werden, die fachfraulich begleitet werden. Besonders erschütterte mich, als mir Anna erzählte, ihre grösste Angst sei, beim Schuhputzen auf der Strasse ihrer Mutter zu begegnen. Dies sei einmal passiert. Die Mutter habe sie angesehen und gesagt: «Du bist nicht mehr meine Tochter.»

Dem ersten Bruch in Annas Leben folgten weitere. Mit neun Jahren hatte sie ihren ersten Freund, der fünfzehn war. Sie war ihm zwei Jahre lang Frau, und er war ihr Mann in sehr traditioneller Rollenverteilung. Sie beschreibt den Umgang mit ihrem Freund Franz als sehr zärtlich. Franz verliess sie aber, als sie elf war, und es folgten ungefähr zwanzig weitere Männer bis zu ihrem fünfzehnten Lebensjahr. Sie sagt, sie hätte Vergnügen gehabt. Nach einer Abtreibung mit vierzehn wurde sie allerdings im sexuellen Umgang zurückhaltender. Mit fünfzehn erlebte sie dann eine Vergewaltigung. Daraufhin wollte sie von Männern gar nichts mehr wissen.

Als ich Anna nach einem halben Jahr wieder sehe, frage ich sie nach ihrer frühesten Kindheit, denn ich vermute, dass es wenigstens damals etwas Geborgenheit gegeben haben muss, sonst hätte sie bei dieser Lebensgeschichte kaum den Willen aufbringen können, die Matura zu machen. Anna erzählt mir darauf von ihren frühesten Erinnerungen aus Cochabamba. Sie lebte mit ihrem um vier Jahre älteren Bruder zusammen, der etwa neunjährig war. Die Mutter arbeitete als Coca-Händlerin und kam nur einmal in der Woche nach Hause. Die Besitzerin des Hauses, in dem sie wohnten, gab ihnen täglich eine Mahlzeit. Ansonsten lebten sie von Maisextrakt, das sie bei einer Chicheria, einer Maisbierfabrik, fanden. Ihr Bruder lehrte sie lesen. Die Beziehung zu ihm muss sehr innig gewesen sein.

Als die Mutter sich dann wieder mit Annas Vater zusammentat, nahm sie Anna mit. Der Bruder musste bei der Chicheria bleiben. Er lebt heute auch auf der Strasse. Anna sucht ihn noch immer per Inserat. Sie erinnert sich gerne an ihn und an gemeinsames Früchtestehlen und an ein Geschenk, das er ihr einmal machte. Er war ihr Beschützer. Der Bruder wurde aber von Annas Vater nicht anerkannt. Nachdem sie bei der Mutter eingezogen war, erlebte sie wechselnde Stiefväter. Als Anna auf ihre Vereinsamung zu sprechen kommt, bricht sie in Tränen aus.

Es scheint, dass es nicht viel Erfreuliches aus Annas Leben zu erzählen gibt. Und doch hatte sie immer wieder die Kraft, andern Mädchen auf der Gasse zu helfen. So stand sie auch Manuela nach der Vergewaltigung bei. Sie liess sich auch am «Nationalen Kongress der Mädchen der Strasse» in die Leiterinnen-Gruppe der Organisation wählen. Dort ist sie äusserst aktiv, fällt aber auch dann und wann aus. Für die Mädchen der Strasse ist sie eine, die es geschafft hat. Sie geniesst auch hohes Ansehen wegen ihrer Lebenserfahrung.

Sie heiratet 1998 einen Schuhmacher und studiert an der Universität Sozialarbeit. Daneben arbeitet sie bei einer anderen Institution für Strassenkinder teilzeitlich in der Verwaltung. Anna steht den Mädchen mit Rat und Tat zur Seite. Wer weiss, dachte ich damals, vielleicht wird sie auch einmal bei uns arbeiten. Tatsächlich aber wurde Anna ganz Schuhmachersfrau, und die Uni rückte in weite Ferne.

*

Die meisten Erzieherinnen und Erzieher der privaten und staatlichen Kinderorganisationen sind sehr schlecht bezahlt. So werden vor allem Leute beschäftigt, die zwar ein gutes Herz haben, aber wenig Kenntnisse. EcoSolidar Bolivia hat deshalb begonnen, dem Betreuungspersonal von anfänglich neunzehn Institutionen Kurse anzubieten, die ihnen helfen, persönlichkeitsbildende Ziele umzusetzen und sich auch beruflich längerfristig besser zu qualifizieren. Unser Weiterbildungsprogramm besuchten auch vier Polizisten. Nachdem es zu verschiedenen Skandalen und Übergriffen auf Strassenkinder gekommen war, wurde die Polizei reorganisiert und versuchte danach einen Neuanfang. Im Gegenzug zum Weiterbildungsprogramm erhält EcoSolidar Bolivia von den anderen Institutionen Zugang zu deren medizinischen Einrichtungen oder zu juristischen Dienstleistungen.

Die Erzieher und Erzieherinnen treffen sich regelmässig in einer Tagungsgruppe und erhalten daneben auch individuelle Betreuung. Sie tragen ihr neues Wissen in ihre Institutionen zurück und schulen weitere Personen. Das Personal der meisten Institutionen leidet weitgehend an denselben Schwierigkeiten wie die Kinder. So sind Pflichterfüllung und Pünktlichkeit für viele Fremdwörter. In ihrem erzieherischen Leitbild gibt es meist nur die Dualität von Gut und Böse im Extrem, und sie glauben eher an die Notwenigkeit der Restriktion als an die Möglichkeiten der Erziehung. Durch Selbstreflexion, Gruppendynamik und Autoevaluation lernen sie Selbstkritik und bauen Widerstände gegen eine Förderung der Fähigkeiten der Kinder ab.

Gemeinsam mit Hans Peter Vieli vom Vorstand besuche ich 1999 das Strassenkinderprojekt wieder. Wir nehmen an Workshops in Chicani teil und setzen uns mit den ersten Erfahrungen in der Personalschulung auseinander. Gisela Morales, unsere Mitarbeiterin im Team, schildert uns ihren Tagesablauf, den ich auf ein Tape aufgenommen habe und hier schriftlich wiedergebe:

«Jeden Morgen stehe ich um 7 Uhr auf und gönne mir ein kurzes Frühstück. Heute ist ein besonderer Tag. Heute kommt eine der drei Gruppen aus befreundeten Institutionen mit dreissig Mitarbeitern und Mitarbeiterinnen zu meinem Weiterbildungskurs. Dieses Mal werden wir unser Kommunikationsverhalten reflektieren.

Um 9 Uhr treffen die Leute in Chicani ein. Die Strassenkinder vom Begleiteten Wohnen sind bereits am Rüsten für das Mittagessen. Sie können sich so etwas Geld verdienen. Angeleitet werden sie von einem

Koch eines sehr guten Hotels in La Paz, der Spass daran hat, sie in der Küche anzulernen.

Zunächst gilt es beim aktuellen Treffen eine Situation zu schaffen, in der die Teilnehmenden sich besser kennen lernen und Vertrauen zueinander fassen. Deshalb fordere ich jede Person auf, zwei Worte, die ausdrücken, in welcher Form sie gerne kommuniziert, auf einen Zettel zu schreiben und sich diesen an die Brust zu heften. Mit etwas Musik und Tanz beginnen die Leute, sich zueinander hinzubewegen und kleine Gruppen zu bilden. Daraufhin begeben sich die Gruppen in ihre Räume und entwerfen eine Botschaft, die sie später dem Plenum vermitteln wollen. Einzige Bedingung dabei ist, dass nicht gesprochen werden darf. Von Pantomime über Gesang bis zu Zeichnungen ist alles erlaubt. Die Frage ist, wie wir es erreichen, uns so auszudrücken, dass unsere wirklichen Gedanken und Gefühle in einer Botschaft drin sind. Das wird sich im Plenum zeigen. Erzielt eine Botschaft ihre Wirkung? Gibt es einen Zusammenhang zwischen dem Inhalt unserer Botschaft und der Form, in der sie präsentiert wird? Die Gruppen sind sehr kreativ. Bei der Präsentation wird auch viel gelacht, und die Stimmung ist entspannt.

Nach einem ausgezeichneten dreigängigen Mittagessen, das von den Kindern serviert wird, treffen wir uns wieder im Freien unter einem schützenden Schilfdach. Wir wollen das Thema Kommunikation vertiefen. Die Teilnehmenden erhalten eine Liste mit Verhaltensmöglichkeiten gegenüber Kindern. Häufig drücken wir durch unser Verhalten statt Respekt Macht aus, und die Kinder leiden darunter. Ich habe eine Liste von Begriffen aufgestellt, die wie folgt aussieht: anordnen, befehlen, Ratschläge erteilen, Lösungen anbieten, unter Druck setzen, erpressen, diskutieren, moralisieren, endlos diskutieren, urteilen, kritisieren, lächerlich machen, ausfragen, analysieren, diagnostizieren, satirisch antworten, sich entfernen. Die Teilnehmer und Teilnehmerinnen wählen die fünf Möglichkeiten aus, die sie selbst häufig anwenden. Die Diskussion der Resultate verläuft heftig. Vertreterinnen von geschlossenen Heimen neigen dazu, repressive Formen der Kommunikation zu rechtfertigen. Aus der Diskussion wird aber bald klar, dass der erzieherische Wert für die Kinder so nur von kurzer Dauer ist.

In einer letzten Übung in Kleingruppen geht es darum, dass sich alle darüber klar werden, wie mit so genannten Du-Botschaften Schuld zugeschoben oder jemand abqualifiziert wird. Aus einer Reihe von Du-Botschaften wie: ‹Du bist zu laut›, oder: ‹Du hörst mir nicht zu›, werden Ich-Botschaften wie: ‹Ich fühle mich bei dieser Lautstärke nicht mehr wohl› oder: ‹Ich erreiche dich offenbar nicht, wenn ich zu dir spreche.› Jede Gruppe präsentiert mit gezeichneten Plakaten an der Wand ihre Ergebnisse der Umwandlung von Du- in Ich-Botschaften. Auf diese Art und Weise erfahren sie, wie eine konstruktive Kommunikation entstehen kann. Zum Schluss übergebe ich allen noch einen Fragenkatalog zur persönlichen Reflexion über Kommunikation und ihre Auswirkungen.

Dann ist der Moment für die Beobachterin gekommen, die während der ganzen Veranstaltung ruhig dagesessen und sich Notizen gemacht hat. Sie hält – bildlich gesprochen – den Gruppen und den Einzelnen den Spiegel vor, in dem sie ihr Kommunikationsverhalten während dieses Tages sehen können. Die Teilnehmer und Teilnehmerinnen sind zufrieden und fahren gemeinsam mit einem Bus wieder nach La Paz zurück. Viele werden – von mir unterstützt – in ihrer eigenen Institution diesen Kursteil für ihre eigenen Leute nochmals durchführen. So werden die gemeinsamen Erkenntnisse weiterverbreitet.

Auch ich bin mit dem Tag zufrieden, erleichtert und auch ziemlich geschafft. Am Abend mag ich nicht mehr viel unternehmen. Ich gehe noch zu Freunden, wir werden Gitarre spielen, ein paar Lieder singen und Wein trinken. Ich glaube, es war ein intensiver Tag für alle.»

Hans Peter Vieli und ich nehmen auch an der allabendlichen Sitzung des Begleiteten Wohnens teil. Da ist eine lebhafte Schar von Kindern, Kleinkindern und jungen Eltern beisammen. Hans Peter stellt fest, dass vor allem die Jungs viel älter aussehen, als sie sind. Sie sind im Gesicht gezeichnet von den gesundheitlichen Strapazen der Strasse. Mit meiner Videokamera filme ich die Sitzung, an der Tagesverlauf und Schwierigkeiten des Zusammenlebens besprochen werden sowie die Planung für den nächsten Tag. Ein halbes Jahr zuvor hatte bereits André Affentranger vom Vorstand gefilmt. Zusammen wollen wir eine Dokumentation schaffen.

Danach setzt sich Clemente zu uns. Er lebt seit sieben Jahren auf der Strasse. «Jetzt bin ich zwanzig», beginnt er zu erzählen. «Ich hatte von der Strasse genug und suchte einen Platz zum Leben. Ich war auch in Heimen, aber die waren geschlossen, und deshalb haute ich immer wieder ab. Die Polizei fing mich jeweils wieder ein, und ich flüchtete wieder. Ein Freund erzählte mir dann von den Treffen mit Ramiro, ich ging hin und hörte so vom Begleiteten Wohnen. Hier verändern wir uns. Ich bin nun seit einem Jahr und drei Monaten hier, und es geht mir gut. Wir arbeiten am Morgen, dann putzen wir das Haus und kochen abwechselnd. Wir verdienen durch die Arbeit etwas Geld, um auszugehen. Wir gehen ins Zentrum, in die Parks oder ins Kino. Am meisten geniesse ich es aber hier in Chicani, ich bin aktiv und pflege meine Fertigkeiten und vergesse die Strasse. Auf dem Land zu leben, hilft mir.» Im Jahr 2005 wird Clemente als Bäcker arbeiten und den Beruf ausüben, den er in Chicani gelernt hat.

Im Begleiteten Wohnen in Chicani leben zu Beginn 11 Personen, gegen Ende des Jahres 1999 sind es 17 Jugendliche mit 5 Babies. Die Gruppe ist weitgehend homogen. Abgänge zurück auf die Strasse gibt es vereinzelt. Die Betreffenden werden aber nach einer gewissen Abstandzeit wieder aufgenommen. Austritte, um ein selbständiges Leben draussen zu führen, werden erst für später erwartet. Die Gruppe organisiert ihr Leben selbst. Einige gehen in die Dorfschule, andere bilden sich berufspraktisch weiter. Koch, Kellner oder Bauberufe sind möglich. Täglich wird während drei bis vier Stunden im Haus gearbeitet, um etwas Taschengeld für die Kleider und Vergnügen zu verdienen. Die Jugendlichen sollen nicht zu Sozialhilfeempfängern werden. Zu tun gibt es genug, einerseits bei der Verpflegung der Tagungsgäste, andererseits auf dem Gelände, wo noch immer gebaut, ausgebessert und die Umgebung gestaltet wird.

EcoSolidar Bolivia betreut die Gruppe in ihrer Entwicklung, hilft den Einzelnen bei ihren Nöten und berät sie beim persönlichen Fortkommen. Da die Büros von EcoSolidar ebenfalls in Chicani untergebracht sind, haben die Jugendlichen auch Kontakt mit anderen Mitarbeitern und Mitarbeiterinnen der Organisation.

Vor unserer Abreise steht Hans Peter und mir noch etwas Besonderes bevor: die Madrigale des aus Studenten der Universität und Strassenkindern bestehenden Chors. Die Jugendlichen treten vor Aufregung von einem Bein aufs andere und strahlen. Im Gesang finden hier Welten zueinander.

*

Die bolivianische Öffentlichkeit will Randständige kaum wahrnehmen. Sie ist sich ihrer sozialen Verpflichtung wenig bewusst, und in der gegenwärtigen Wirtschaftskrise hat sich die Situation eher verschlechtert. Insbesondere verschliessen Öffentlichkeit und Behörden die Augen vor der Not der Behinderten. In der Arbeit mit den Strassenkindern erleben wir immer wieder, wie fliessend die Grenzen zur Behinderung sind. Behinderte leben auch am Rand der Gesellschaft, und Strassenkinder leben häufig mit einer Behinderung. Ungefähr 4 Prozent der bolivianischen Bevölkerung sind Behinderte. Sie stehen ohne spezielle Hilfe im Leben.

Wegen der schlechten Wirtschaftslage bemüht sich der Staat nicht einmal, bestehende Gesetze umzusetzen. Eine Geburtshilfe, die zur Prävention beitragen könnte, ist nur schwach ausgebaut. Schulen nehmen Behinderung nicht wahr. Familien in Armut verstecken häufig ihre Behinderten und sorgen selbst für sie, wie bei uns in der Schweiz vor sechzig Jahren. Bei mental Behinderten kommt es auch häufig zum Familienausschluss. Die Behinderten kämpfen ums nackte Überleben. Die Sozialhilfe scheint in Bolivien für die Mehrheit ein unerreichbares Ziel, das sich nur reiche Nationen leisten können.

Im Jahr 2000 blickt EcoSolidar Bolivia auf sieben Jahre Erfahrungen in der systemischen Projektarbeit mit Strassenkinder-Gruppen und Mitarbeitern sozialer Einrichtungen zurück. Es ist gelungen, ein Modell interinstitutioneller Zusammenarbeit mit sich sonst konkurrenzierenden Organisationen zu entwickeln und Wissen für die tägliche Arbeit zur Verfügung zu stellen. Rund 30 Organisationen bringen so Kenntnisse und Verantwortungsgefühl in Sektoren der Gesellschaft zurück, die sonst wenig von sozialen Problemen wissen wollen. Mit den Mitarbeitern dieser Organisationen werden Themen aufgearbeitet wie Rechte und Pflichten der Kinder und Jugendlichen, Ernährung, Gesundheit, Sexualität, Aids, Drogen, Rückgewinnung des Spiels, Musik oder Kunst und Kreativität.

Vieles, was die Strassenkinder und andere Randständige brauchen, gilt erst recht für Behinderte. Deshalb will Ilse mit EcoSolidar Bolivia auch diese in ihre Arbeit einbeziehen und die eigene Erfahrung einsetzen. Als Erstes besucht Ilse Miranda in der Schweiz verschiedene Behindertenorganisationen und befragt sie nach ihrer Geschichte und heutigen Ausrichtung. Danach wird in Zusammenarbeit mit der Universität von La Paz eine Bestandesaufnahme der Organisationen, Aktivitäten und Bedürfnisse der Behinderten im Land durchgeführt.

Auf Grund aller Erkenntnisse wird von Ilse und EcoSolidar Zürich ein neues Projekt formuliert, für das wir von Zürich aus Unterstützung organisieren. Eine Pilotgruppe mit behinderten Kindern aus Heimen startet 2001. Wie bei den andern Projekten orientiert sich Ilse Miranda am Psychologen Lev Vigotsky, dessen Bedeutung in Lateinamerika mit der Jean Piagets in der Schweiz vergleichbar ist. Vigotsky sieht als Grundbedürfnisse aller Menschen das Bedürfnis nach Identität und damit verbunden das Schutz-, Kommunikations-, Motivations- und Freiheitsbedürfnis.

Geplant ist eine mittelfristige Ausstrahlung auf die 21 Vereine, die sich in Bolivien für körperlich und geistig Behinderte engagieren. Ebenso sollen die staatlichen Behindertenheime überzeugt werden, dass sich eine konsequente Förderung und Integration der Behinderten in die Gesellschaft lohnt. Langfristig ist aber die Zielsetzung, dass sich die gesellschaftlichen Verhältnisse so ändern, dass Randständigkeit in Bolivien als Verantwortung wahrgenommen wird und der Staat die Schaffung von Strukturen der Behinderten unterstützt.

*

Mit Ilse Miranda besuche ich in St. Petersburg eine Konferenz über die weltweite Strassenkinderproblematik. Eine neue europäische Organisation hat dazu eingeladen. Wir gehen mit dem Ziel hin, weitere Partner-Hilfswerke für EcoSolidar Bolivia zu finden. Die Konferenz ist dürftig organisiert, und die russischen Gastgeber negieren überraschenderweise das Problem der Strassenkinder im eigenen Land. Sie behaupten, alle Strassenkinder seien in Heimen untergebracht. Dass diese Nummern statt Namen tragen, löst bei uns unangenehme Assoziationen aus. Der Treffpunkt, den wir besuchen dürfen, erweist sich als Quartiertreffpunkt in einem armen Quartier. Die Kinder mögen zwar in einem kritischen Zustand sein, leben aber in ihren Familien und nicht auf der Strasse.

Tatsächlich aber begegnen wir in St. Petersburg Strassenkindern und sprechen sie mit Hilfe einer Übersetzerin an. Ilse, die über die Ignoranz der russischen Organisatoren empört ist, entschliesst sich kurzerhand, einige davon an die Konferenz mitzunehmen. Sie verlangt das Wort, und gibt es dann den Kindern und Jugendlichen weiter. Die Veranstalter sind düpiert, aber das Publikum applaudiert. Bei der Verabschiedung einer vorbereiteten Schlussresolution wird die Wortwahl aus dem Plenum heraus hart kritisiert. Eine Frau aus Peru sagt, sie habe den Eindruck, die Veranstalter aus Brüssel und Russland hätten keine Ahnung von einem fördernden, aufbauenden und motivierenden Umgang mit Kindern. Im Weiteren äussert sie die Vermutung, die Veranstaltung sei nur deshalb zu Stande gekommen, weil die Europäische Union Geld für die Strassenkinder in Russland gesprochen habe. So passiere es eben, dass sich plötzlich Leute zusammenfänden und ein neues Netzwerk gründen, die von der Sache gar nichts verstehen. Die Veranstaltergruppe sei ihrer Meinung nach keine demokratisch bestimmte Repräsentantin europäischer und russischer Organisationen. Der Applaus ist gross. Für

Ilse und mich ist die Reise nach St. Petersburg insofern ein Erfolg, weil wir per Handzettel Konferenzgäste ins Hotel einladen und ihnen in einem Saal unser Projekt präsentieren. Es entstehen neue Kontakte. Ein grosses englisches Kinderhilfswerk interessiert sich für eine Zusammenarbeit.

Ilse Miranda schickt einen Projektantrag nach England. Es stellt sich heraus, dass die Organisation nicht beschlussfähig ist, weil der Direktor gekündigt hat. Also müssen wir warten. Unter dem neuen Direktor muss das Projekt umgeschrieben werden, weil es den Vorstellungen des Hilfswerkes nicht entspreche. Ilse kommt dieser Aufforderung nach. Wir warten neun Monate auf eine Stellungnahme. Dann kommt der Bescheid: nochmals umschreiben. Ein Besuch Ilses in England und eine mündliche Klärung wird abgelehnt. Also schreibt Ilse das Projekt wieder um. Nach geraumer Zeit wird uns mitgeteilt, dass die Organisation nicht entscheidungsfähig sei. Der neue Direktor habe gekündigt. Aber auch die Projektverantwortliche wechselt, und die setze neue Ziele. EcoSolidar ist endgültig draussen. Leider bleibt diese negative Erfahrung kein Einzelfall. Aus Den Haag hat uns der Direktor einer Dachorganisation kirchlicher Hilfswerke geschrieben, sie seien sehr interessiert, sich an der Arbeit mit Behinderten in Bolivien zu beteiligen. Wir reisen extra nach Den Haag, um die Verantwortliche für Bolivien zu treffen. Sie widmet uns eine Stunde an einem Tischchen im Gang des Bürogebäudes. Die Besprechung ist durchwegs emotionslos. Kein Funke von Begeisterung für ihre Aufgabe oder unsere Arbeit ist zu bemerken. Als ich die Besprechung kurz verlasse, wirft sie Ilse Miranda die Projektbeschreibung auf den Tisch und verlangt, alles neu zu formulieren. Ich denke, dass sie in meiner Anwesenheit nicht so krass abschätzig reagiert hätte. Nun wiederholt sich das Spiel wie mit der englischen Organisation. Die Skizze wird mehrmals umgeschrieben, verschiedene Leute mischen sich ein. Schlussendlich erhält Ilse nach zwei Jahren und viel Arbeit eine Absage. Die Dachorganisation wolle nicht mehr in Bolivien arbeiten, weil dort das Pro-Kopf-Einkommen inzwischen über 1000 Dollar liege. Ilse

Miranda hat es langsam satt, von Leuten gedemütigt zu werden, die – selber ohne Erfahrung im Land und mit den Betroffenen – bürokratische Entscheidungen treffen. Sie hat auch genug von Hilfswerksmitarbeitern, die nach dem Prinzip «Wer zahlt, befiehlt» jede Erfolg versprechende Zusammenarbeit, die auch ihnen selbst zu neuen Erkenntnissen verhelfen würde, verunmöglichen. Sie drängt mich, in Europa das Thema «echte Partnerschaft» zum Gegenstand einer öffentlichen Diskussion zu machen. Dafür fehlten mir die Zeit und Einflussmöglichkeiten, wehre ich vorerst ab. Und eine so kleine Organisation wie EcoSolidar habe wenig Chance, sich Gehör zu verschaffen, gebe ich zu bedenken. Ilse Mirandas Wunsch wird erst 2004 in Erfüllung gehen.

*

Anselma (14) ist körperlich und geistig behindert. Ihre Mutter ist bei der Geburt gestorben, ihr Vater hat sie als Zweijährige aus dem Fenster geworfen. Er sitzt nun im Gefängnis, und sie wohnt in einer staatlichen Institution. Dort hat sie ein Dach über dem Kopf und genug zu essen und wird leidlich geschult. Was fehlt, ist die Förderung ihrer Persönlichkeit. Aus der Schweiz wissen wir, dass es möglich ist, Behinderte so weit zu fördern, dass sie ein ihren Fähigkeiten angepasstes Leben führen können. Bei meinem Besuch sitzt eine bunte Schar Kinder im Kreis und wartet auf den Beginn des Workshops. Wir haben sie mit unserem Bus abgeholt und nach Chicani gefahren. An diesem Tag soll Musik gemacht werden. Die Kinder und Jugendlichen sind zwischen 10 und 16 Jahre alt. Es wurde bewusst eine Gruppe von Jugendlichen mit verschiedenen Behinderungen zusammengestellt, damit sie sich gegenseitig unterstützen können.

Anselma drückt ihre Gefühle spontan und intensiv aus. Sie ist an diesem Tag sehr traurig, weil sie lieber bei ihrer Tante auf dem Land wohnen möchte. Mit einer Gitarre, Panflöten und Trommeln legen die Kinder los und produzieren eine Musik, die zwar alles andere als harmonisch tönt, die Kinder aber emotional in einer gemeinsamen Aktivität verbindet. Einige sind blind, andere körperlich oder geistig behindert, und doch können sie sich gegenseitig behilflich sein und sich an der gemeinsamen Tätigkeit freuen.

Weitere Kurse finden bei «Futurekids» statt, einer Institution, die Kindern das Arbeiten am Computer näher bringt. Es gibt Computerprogramme, die speziell Behinderte ansprechen und ihnen gestalterische Ausdrucksmöglichkeiten bieten. Andere schulen die Feinmotorik. Auch sportlich können sich die Kinder bei Futurekids betätigen, beispielsweise beim Volleyball oder im Schwimmbad, und das therapeutische Reiten verhilft den Gehörlosen zu einer Stabilisierung des Gleichgewichtes. Beim Sport geht es aber nicht allein um die spezifisch therapeutische Wirkung, sondern auch um ein allgemeines Recht auf Sport für alle. In den persönlichkeitsbildenden Kursen lernen die Kinder und Jugendlichen, Raum und Zeit besser zu strukturieren.

Die Behinderten selber, Familienangehörige von Behinderten sowie Mitarbeiter und Mitarbeiterinnen aus dem Behindertenbereich können nun ebenfalls Weiterbildungskurse von EcoSolidar besuchen. Es entstehen neue soziale Kontakte. So kümmern sich blinde Erwachsene sehr aktiv um die Belange der Kinder. Sie sind hoch motiviert und besuchen Workshops zur Persönlichkeitsbildung und Lebensbewältigung, die gleich aufgebaut sind wie jene für die behinderten Kinder und Jugendlichen.

*

Die systemische Arbeit von EcoSolidar Bolivia ist ab 2002 sehr umfassend geworden. Die Problematik der Randständigkeit wird von allen Seiten und mit vielen Betroffenengruppen angegangen. Es wird mit 80 Kindern, die auf der Strasse leben, gearbeitet, und mit 140 Kindern, die organisiert auf der Strasse arbeiten. In einer Pilotgruppe werden 15 behinderte Kinder gefördert, und im Begleiteten Wohnen gewöhnen sich 17 junge Menschen mit ihren 5 Kleinkindern an ein selbständiges Leben in der Gesellschaft. Aus 58 Kinderinstitutionen erhalten 120 erwachsene Bezugspersonen eine Weiterbildung. Mit allen wird im Bereich der Persönlichkeitsbildung gearbeitet und nützliches Wissen für ein selbstverantwortliches Leben vermittelt.

Das kann und will EcoSolidar Bolivia mit ihren rund 18 Angestellten nicht alleine bewältigen. Deshalb wird mit 55 Fachorganisation zusammengearbeitet, die Erfahrungen und Kompetenzen einbringen und Kenntnisse bezüglich Randständigen in ihre Organisationen zurückbringen. Auch wollen wir das Thema in das Bewusstsein der breiten Bevölkerung tragen. Mit der Kunstschule finden Workshops statt, die zu gemeinsamen Ausstellungen in der Stadt führen. Auf verschiedenen Plätzen in La Paz vermitteln wir auf spielerische Weise regelmässig Informationen. Auch engagiert sich EcoSolidar Bolivia für die Rechte der Kinder, wofür eine staatliche Ombudsstelle zuständig ist.

Zuweilen weckt Ilse Miranda deren Mitarbeiter auch etwas unsanft aus ihrer Lethargie, damit sie ihre Verantwortung wahrnehmen. Ilse ist auch Mitglied einer fünfköpfigen Kommission für Strassenkinder geworden, die von der First Lady des Landes geleitet wird. Sie nutzt diese Plattform, um mögliche Repressionsmassnahmen der Behörden gegen Strassenkinder und andere Randständige zu bekämpfen.

Angesicht der Grösse von EcoSolidar Bolivia und des Einflusses, den die Organisation im Land inzwischen ausübt, findet es der Vorstand in Zürich an der Zeit, eine Evaluation in Auftrag zu geben. Zusammen mit Ilse einigen wir uns auf den spanischen Pädagogen und Psychoanalytiker Isidro Fernandez aus Valencia, der das Gutachten ausführen soll. Während einem Monat wird er im September 2002 unsere Projekte in Bolivien beobachten und dokumentieren. Die Fragen, die wir Isidro Fernandez mitgeben, sind:

- Hat sich die Lebensqualität der Kinder verändert, und auf welche Art? Welche der Interventionsteile haben dabei den stärksten Einfluss ausgeübt?
- Werden Abhängigkeitsstrukturen abgebaut und die Selbstverantwortung gestärkt?

- Werden die Mädchen im fraulichen Bewusstsein gestärkt; werden Knaben in diesen Prozess einbezogen?
- Wie schätzen die Kinder ihre Befindlichkeit vor zwei Jahren und heute ein?
- Wie schätzen die Betreuer und Betreuerinnen, getrennt nach Programmteilen, die Befindlichkeit der Kinder vor zwei Jahren und heute ein?
- Führt die interne Weiterbildung bei EcoSolidar-Teammitgliedern und die externe Weiterbildung für Erzieher und Erzieherinnen zu mehr Offenheit, Problembewusstsein und Selbstkenntnis?
- Findet eine Weitergabe von Wissen und Erfahrung intern und extern effizient statt?
- Wie geschieht die Betreuung, und wie ist das Verhältnis der Betreuenden zu den Kindern und umgekehrt? Werden Erfahrungen auf diesem Gebiet dokumentiert und weitergegeben?
- Wie viele Kinder und Jugendliche durchliefen EcoSolidar-Projekte, und was tun sie heute?
- Wo steht EcoSolidar Bolivia im Vergleich zu andern Institutionen?
- Ist das Projekt auf die politischen, lokalen und nationalen Bedürfnisse und Prioritäten abgestützt, und werden eventuell zusätzliche Bedürfnisse gedeckt?

Isidro Fernandez beschreibt und beurteilt die ganze Organisation. Er ist von der Qualität der Arbeit überzeugt, gibt uns aber auch Hinweise auf Verbesserungen in der Kleinkinderbetreuung, die sofort umgesetzt werden. Seine Einschätzung, dass sich Einzeltherapien auf die Entwicklung der Kinder günstiger auswirken würden als die Arbeit in Gruppen, teilen wir. Trotzdem wollen wir weiterhin darauf verzichten, da unser Modell ja auch anderen Organisationen als Vorbild dienen soll, die sich Einzeltherapien überhaupt nicht leisten könnten.

Die Evaluation als Ganzes bestärkt uns, den eingeschlagenen Weg weiterzugehen. Für Ilse und mich ist es eine gute Erfahrung, dass unsere Einschätzungen bestätigt werden. Nach jahrelangen Verhandlungen schliessen EcoSolidar Bolivia und EcoSolidar in Zürich einen Dreijahresvertrag ab, um die Kontinuität und die gegenseitige Transparenz zu sichern. Die finanzielle Situation in Zürich hat sich gebessert, wir müssen nicht mehr nur auf gut Glück planen.

*

Ich stehe wieder einmal in der Küche bei Ilse, um Gäste zu verwöhnen. Dieses Mal möchten Ilse Miranda und ihre Schwestern eine Mousse au chocolat zum Dessert. Schokolade findet sich in La Paz, Vollrahm auch – wenn man lange danach sucht. Ich plane eine Kalorienbombe: Auf 800 Gramm Schokolade kommen 20 Eier, 4 Löffel Puderzucker und natürlich Schnaps. Das werde ich am Abend mit einer gehörigen Portion Schlagrahm servieren.

Vor dem Dessert ist aber zuerst einmal Gesprächstag. Das Team hat mich gebeten, mit Lupe und Carlo zu sprechen. Das Paar lebte früher auf der Strasse, heute sind sie im Begleiteten Wohnen. Zusammen haben sie ein Kind. Carlo hat Lupe bei Konflikten mehrmals schon geschlagen. Lupe ist auch nicht ohne Fehl, sie kann in Konfliktsituationen mit einer passiv-überheblichen Haltung extrem provozieren. Ich freue mich auf das Gespräch, denn ich kenne die beiden als zugängliche Menschen und mag sie sehr. Lupe arbeitet in der Bäckerei in Chicani und geht abends in die Schule, um die Matura zu machen. In dieser Zeit schaut Carlo dem Kind.

Ich sage den beiden, sie sollten in Konfliktsituationen auch einmal ein Teammitglied um Hilfe bitten und ihre Schwierigkeiten vor einem Dritten zur Sprache bringen. Das sei doch keine Schande. Wir alle müssten irgendwo lernen, wie wir besser miteinander umgehen könnten. Da sei auch ich keine Ausnahme. Lupe und Carlo gehen auf meinen Vorschlag ein, beide schildern Situationen, in denen sie sich den Beizug von Dritten vorstellen könnten und wo nicht. Sie grenzen sich voneinander und von mir ab und suchen gleichzeitig nach Übereinstimmung. Ein gutes Gespräch.

Etwas später treffe ich Maribel, eine Jugendliche aus dem Begleiteten Wohnen. Sie hat die Abendmatura geschafft und möchte mit mir ihre Zukunftspläne besprechen. Sie will an der Universität den Lehrgang für Krankenpflege belegen. Sie hat Angst vor der bevorstehenden Ablösung von der Gruppe. Sie sagt, in Bolivien stelle keine Familie ihr Kind vor die Tür, nur bei EcoSolidar Bolivia sei es so, dass man eines Tages Platz machen müsse für andere. Sie sagt, am liebsten möchte sie von mir adoptiert werden. Ich lehne ihr Adoptionsgesuch lächelnd ab und sage ihr, dass EcoSolidar Bolivia auch weiterhin für sie da sein werde und die Nachbetreuung zu unseren Pflichten gehöre.

Das Leben verläuft nicht bei allen aus dem Begleiteten Wohnen so gradlinig wie bei Lupe, Carlo und Maribel. Etwa ein Drittel der Kinder und Jugendlichen geht wieder auf die Strasse, kommt unter Umständen später wieder zurück oder geht in eine andere Institution. Ein weiteres Drittel findet den Weg zurück zu einem entfernten Familienmitglied und richtet sein Leben dort ein. Das letzte Drittel schafft den Ausstieg aus dem Begleiteten Wohnen. Diese Jugendlichen werden noch eine Weile unterstützt, denn bei den meisten gibt es hin und wieder unstabile Phasen. Insgesamt finden sich unsere Jugendlichen danach im Leben ganz gut zurecht. Von Lupe und Carlo werde ich ein halbes Jahr nach meinem Besuch ein Hochzeitsfoto erhalten, das sie beim Fest in Chicani zeigt, wo sie ausserhalb unserer Anlage wohnen und ein selbständiges Leben führen werden.

Gegen Abend kehre ich in die Wohnung zurück und freue mich darauf, von der Mousse als Vorkoster schon etwas zu naschen. Aber oh weh! Im Tiefkühlabteil findet sich keine Schüssel mehr. Sie steht leer in der Spüle. Das kann nicht sein, denke ich. Ilse hat die Mousse wohl in ein anders Gefäss getan. Aber dem ist nicht so. Es ist, wie ich befürchtet habe. Die lustigen Schwestern haben die zwanzig Portionen zu dritt «weggeputzt». Mir bleibt der kümmerliche Rest in der Schüssel. Mit dem Finger hole ich heraus, was herauszuholen ist.

*

Im Jahr 2004 kauft EcoSolidar Bolivia in La Paz ein Stadthaus für Büros und eine Anlaufsstelle für die Kinder. Die früheren Mietverhältnisse in der Stadt waren unerfreulich. Die Nachbarschaft zeigte immer wieder Aversionen gegen die Randständigen. So wechselte der Standort alle zwei Jahre. Nun haben wir etwas im Zentrum gefunden, und niemand wird uns von hier noch einmal vertreiben.

Die Organisation in Bolivien soll nicht ausgebaut, aber vertieft werden. Im Zentrum steht dabei die Zusammenarbeit mit andern Randgruppen. Eine neue Gruppe «Drittes Lebensalter» schliesst sich uns an sowie eine Gruppe von «Negritos», Nachfahren von Schwarzen, die früher für die Spanier an den Hochöfen standen. In transversalen Workshops werden 2005 alle Beteiligtengruppen gemischt, damit Integration nicht nur gefordert, sondern auch erfahren und gelebt wird. In Chicani wird das Konferenzhaus ausgebaut. Die sanitären Einrichtungen genügten dem Ansturm der vielen Workshop-Gäste nicht mehr. Auch die zentrale Küche muss verlegt und erweitert werden. In der Parkanlage werden neu behindertengerechte Wege angelegt.

Ich sitze im Garten, der mit vielen Blumen wunderschön bepflanzt ist, staune und freue mich über die gepflegte, freundliche Atmosphäre. Unser EcoSolidar-Resort! So nenne ich Chicani etwas ironisch, wenn auch nicht ohne Stolz. Es ist zwar kein Luxus vorhanden, aber es ist eine schöne Bleibe zum Sorgetragen für die Kinder und Jugendlichen.

*

Wenn ich in den Strassen von La Paz üblicherweise eine von unseren Kindern und Jugendlichen gut geschützte Person bin und mich überall bewegen kann, so muss ich mich im Juni 2005 erstmals in einem reicheren Quartier der Stadt «verstecken». Ich bin für einmal einfach ein «Gringo», ein Weisser. In Bolivien findet ein Volksaufstand statt. Die Unzufriedenheit mit der Regierung droht in einen Bürgerkrieg auszuarten. In La Paz gibt es kein Brot und kein Benzin.

Die Transporte funktionieren nicht mehr, und das Stadtzentrum wird von tausenden Demonstranten blockiert. Die Minenarbeiter zünden Dynamitstangen. Überall im Zentrum finden Kämpfe und Übergriffe statt. Tränengas hängt in der Luft. Alle Zugänge zur Stadt sind von Protestierenden versperrt.

Bolivien droht auseinander zu brechen. Die östlichen Provinzen verlangen weitgehende Autonomie, das heisst, sie wollen, dass die Erträge aus der Erdgas- und Erdölförderung in ihren Provinzen bleiben. Dagegen hat sich die vorwiegend indianische Bevölkerung des Hochlandes erhoben. Früher, als die Entwicklungsgebiete im Osten lagen, floss ein Teil der Einkünfte aus den Minen im Hochland in diese Provinzen. Die Bevölkerung des Hochlands fühlt sich durch die Geschichte in ihrem Kampf gegen den Separatismus besonders legitimiert. Sie will in einer zukünftigen verfassungsgebenden Versammlung zur Erneuerung des Landes mehr Macht für die indianischstämmige Bevölkerung erreichen, was von den Ostprovinzen bekämpft wird. Die Leute sind überzeugt, dass die USA als Drahtzieher hinter den Autonomieforderungen stehen. Die Gringos, wird argumentiert, destabilisieren das Land, um sich leichter über Erdgas und Erdöl hermachen zu können.

In den Botschaften werden bereits Evakuierungspläne entworfen. Die Situation ist dramatisch und chaotisch. Der oberste Gewerkschaftsboss liebäugelt mit einem linken Militärputsch und biedert sich bei der Armee an. Die Protestierenden schaden sich tragischerweise vor allem selbst. Die Ansätze von Entwicklung in zahllosen Kleinunternehmen im Hochland werden durch Blockaden stark in Mitleidenschaft gezogen. Sie können über Wochen nicht produzieren, müssen aber trotzdem Löhne bezahlen. Mit «Opfer bringen für eine bessere Zukunft» begründen die Leiter der Nachbarschaftsgruppen, die den totalen Streik beschlossen haben, dieses Vorgehen. Vielleicht können sie es nur durchsetzen, weil sie sich nie demokratischen Wahlen stellen mussten. Das Parlament tagt unaufhörlich, entscheidet aber bewusst nichts, was die Volksmassen immer mehr in Aufruhr bringt.

Bei allem Verständnis für die Anliegen der Armen, aber besorgt über die Methoden des schlecht geführten Aufstandes, der auch gute Entwicklungsschritte zunichte macht und Gefahr läuft, blutig unterzugehen, beschliesse ich, Bolivien bei Nacht und Nebel zu verlassen. Ich will nicht für Wochen im Süden der Stadt eingeschlossen sein.

Unser Fahrer und seine indianische Familie bringen mich an einem Sonntagmorgen um halb vier Uhr durch die Linien, die, wie ich richtig vermutet habe, für einmal nicht besetzt sind. Am Vorabend hat das Fussballländerspiel gegen Chile stattgefunden. Das hat die Leidenschaften für eine Weile aufgebraucht, und das Bier ist auch nicht ohne Wirkung geblieben. Ich kann also wieder frei nach Hause zurückreisen.

Eine Woche später tritt die Regierung zurück und eine parteilose Gruppe von Fachleuten übernimmt die Verantwortung bis zu Neuwahlen. So kann der Volkszorn vorerst gebremst werden. Ilse Miranda teilt mir mit, dass sie angefragt worden sei, ob sie Vizeministerin für Kinder und Jugendliche werden wolle. Sie habe abgelehnt, sagt sie mir am Telefon. Es sei zwar eine Ehre, aber das Mandat sei auf vier Monate befristet, und in dieser Zeit könne kaum etwas verändert werden. Und wenn, dann werde die Nachfolgeregierung alles wieder rückgängig machen. Hinzu käme, dass sie selbst ja sowieso immer alles lieber heute als morgen erledigen möchte und daher die Leute zur Arbeit dränge. Als Ministerin würde sie sich dadurch noch mehr Feinde schaffen.

Es gehe auch der Witz um, berichtet Ilse, dass man früher das Parlamentsgebäude wegen allfälligen Tränengas-Attacken gemieden habe. Heute empfehle sich dies ebenso, wenn man nicht ein Ministeramt angehängt bekommen wolle. Humor hin oder her, ich hätte Ilse als Ministerin tatkräftig unterstützt. Dass sie es sich leisten kann, eine solche Berufung abzulehnen, kommt EcoSolidar in mehrfacher Hinsicht zugute. Ilse hilft später dem neuen Amtsinhaber bei der Planung, nimmt so doch Einfluss, kann sich aber weiter auf die Leitung von EcoSolidar Bolivia konzentrieren.

In dieser Zeit erreicht uns aus Bolivien das schönste Kompliment, das ich mir denken kann. Ein Mädchen von der Strasse sagt an einem Workshop über die Teammitglieder von EcoSolidar Bolivia: «Sie behandeln uns, als wären wir gleichwertig.»

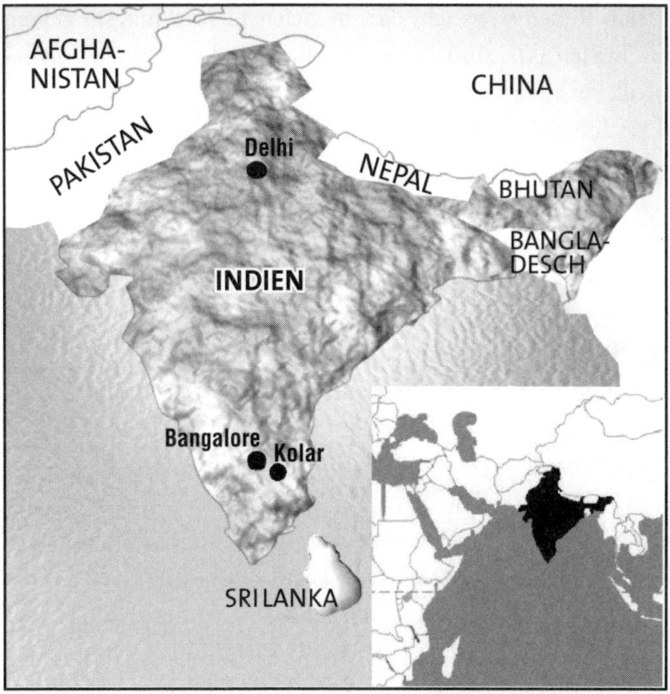

Frauen – die Aktiven in der Entwicklungszusammenarbeit

Drei Beispiele:

Indien: Sieds bekämpft die Mitgiftgewalt – Der Tod von Kalai Selvi – Ich erhalte ein «Update» zur Frauenproblematik – Das Frauenhaus – Sieds wird vom Hauptgeldgeber verlassen

Bolivien: Biologischer Gemüsebau im Amazonas-Einzugsgebiet von OCMA – Eine Austauschreise zum Lernen – Der Öko-Nutzwald – Lidia Annty, die Leiterin von OCMA, verkauft auf dem Markt in Zofingen Yuccamehl – Wechsel zum Heilkräuterprojekt – Alte Mythen – Resultate

Senegal: Fischersfrauen benötigen Zusatzeinkommen – Tradition und Umweltproblematik – Neue Räucheröfen brauchen weniger Mangrovenholz – Nutzholzanbau – Betrachtungen

Nach vielen Reisen weiss ich, dass in vielen Entwicklungsprojekten vor allem Frauen aktiv sind. Sie müssen ihre Kinder ernähren und haben deshalb ein vitales Interesse an der Verbesserung ihrer Lebenssituation. Dies führt aber vielfach zu unerträglichen Doppelbelastungen, und die Rechte der Frauen entsprechen meist nicht den Pflichten, die sie erfüllen. Deshalb unterstützen wir auch bewusstseinsbildende Projekte, welche nach Möglichkeit die Männer einbeziehen.

*

Indien 1999. Seraina, meine Tochter, wälzt sich auf dem harten Lager in einem alten Kolonialhotel in Bangalore in Südindien. Eine neue Partnerorganisation, die Society For Informal Education and Development Studies (Sieds), hat uns hier einquartiert. Tags zuvor bin ich mit Seraina aus Sri Lanka hier eingetroffen. Der Vorabend unter den alten Bäumen im Parkrestaurant war angenehm kühl, auf allen Tischen standen Kerzen. Den Lärm der geschäftigen Grossstadt hörten wir nur von fern. Eine gediegene Atmosphäre, bis auf die Betten. Eine dünne Matratze bedeckt hartes Holz: echt indisch. Nicht nur Seraina hat Mühe, auch ich schlafe nicht sehr lange. Den Morgen lassen die Partner uns noch zum Ausruhen und zum Flanieren auf der Geschäftsstrasse der aufstrebenden Computer-Metropole, wo in kleinen Läden und grösseren Warenhäusern die feinen seidenen Stoffe der Region in guter Qualität feilgeboten werden. Am Nachmittag aber geht es standesgemäss im dreiachsigen Motorradtaxi quer durch den immensen Verkehr der Stadt.

Wir treten in ein grosses Haus ein, wo Angestellte kreuz und quer durcheinander wuseln. Madhu Bushan empfängt uns. Sie ist die derzeitige Verantwortliche für die Frauenprojekte. An einem grossen runden Tisch erwarten uns bereits zwölf Mitarbeiter und Mitarbeiterinnen, die uns herzlich empfangen und geradewegs in ein Gespräch verwickeln. Sie wollen uns genauso kennen lernen, wie wir sie. Wir reden über Friedenspolitik und Schweizer Filme zum Thema Migration sowie über die Situation der Frauen in der Schweiz und in Indien.

Sieds ist ein Kollektiv von Leuten, die eine Welt in Frieden anstreben. Sie haben sich Anfang der 1970er Jahre zusammengetan und gemäss den Interessen der Mitglieder ganz unterschiedliche Projekte entwickelt. Heute gibt es unter dem gemeinsamen Dach ein Architekturbüro, das Häuser für den Mittelstand baut und den Gewinn in Häuser für die Armen investiert. Im gleichen Gebäude befindet sich die Organisation des Bangalore-Filmfestivals, die eher intellektuelle ausländische Studiofilme ihren Mitgliedern zugänglich macht, sowie ein Künstlerdorf, das von kreativen Mitgliedern von Sieds geleitet wird und auch so genannt «Unberührbare» (die unterste Kaste im indischen Sozialsystem) aufnimmt. Ebenfalls zu Sieds gehört eine Friedensgruppe, die Muslime und Hindus miteinander versöhnen will, sowie verschiedene Frauenprojekte, die in vielen Unterabteilungen auch Themen bearbeiten, die wir von der Schweiz aus unterstützen. In Europa, so scheint mir, wäre diese Themenvielfalt in einer Organisation undenkbar, sie hätte sich unweigerlich mehrmals gespalten.

Madhu erzählt von der Arbeit mit den Frauen in Bangalore, die unter dem Namen «Vimochana», also Befreiung, geführt wird. Dazu gehört ein Frauenbuchladen, ein Kampagnenbüro gegen Mitgiftmorde und eine Beratungsstelle. Das zentrale Thema ist die Mitgiftgewalt gegen junge Frauen. In Indien ist es zwar seit den 1960er Jahren verboten, eine Mitgift zu verlangen, aber der alte

Brauch hält sich immer noch quer durch die Gesellschaft. Familien müssen den Töchtern einen ansehnlichen Geldbetrag in die Ehe mitgeben, der dann vom Ehemann verwaltet wird. Die junge Frau zieht nach der Heirat häufig in das Haus der Eltern ihres Mannes. Konnte die Mitgift nicht vorausbezahlt werden oder will der Mann von der Frau plötzlich mehr Geld, so wird die junge Frau unter Druck gesetzt und zunächst einmal schlecht behandelt. Zeigt diese Art der Erpressung bei den Eltern der Braut keine Wirkung, nehmen sich die jungen Frauen oft das Leben oder werden sogar von ihrer neuen Familien umgebracht. Häufig ereignen sich so genannte «Haushaltsunfälle» mit Gasflaschen, die zum Verbrennungstod führen. Vimochana untersuchte 1997 die Fälle von 750 jung verheirateten Frauen, die im Familienumfeld gewaltsam gestorben waren, und stellte fest, dass es im Vorfeld meistens Mitgift-Forderungen und Drohungen gegeben hatte.

Sieds hat eine Kampagne mit dem Titel «Verteidigungsbewegung: Recht auf Leben für Frauen» begonnen. Sie wollen damit junge Ehefrauen erreichen und sie ermutigen, über Probleme frühzeitig mit Verwandten zu sprechen oder die Sieds-Hotline zu benutzen. Sieds wendet sich auch an die Ehemänner und versucht ihnen ihre Verantwortung vor Augen zu führen. Die Kampagne will das öffentliche Bewusstsein aufrütteln und Gewalt in der Ehe auch zum Wahlthema machen. Die Polizei wird aufgefordert, Gewaltfälle in der Ehe gezielt zu untersuchen und nicht mehr wie bis anhin als Privatsache der Familien zu betrachten. Als Kommunikationsmittel werden Flugblätter und Strassentheater auf Märkten und in Einkaufszentren eingesetzt. Ebenso werden Unterschriften gesammelt für eine Petition an das Oberste Gericht, in der verlangt wird, dass zweifelhafte Fälle untersucht werden.

Helena Zweifel vom EcoSolidar-Vorstand war vor einiger Zeit in Bangalore. Sie hatte mir geschrieben: «Während meines Indienaufenthaltes Anfang der 1980er Jahre traf ich Mitgiftopfer, duldsame Frauen, gedemütigt, ihrer Selbstachtung beraubt und der Brutalität der Schwiegerfamilie ausgeliefert. Ich begegnete aber auch starken, engagierten Frauen, die sich unerschrocken gegen die Gewalt an Frauen wehren. In diesen Begegnungen lernte ich, die Frauen, ihren Mut und ihre Kraft zu schätzen, erfuhr, dass Duldsamkeit und Hartnäckigkeit Stärke und Schwäche zugleich sind. Heute hat sich die Situation weiter verschärft, und unermüdlich kämpfen Frauengruppen gegen die wachsende Gewalt an Frauen.»

Die Leidensgeschichte von Kalai Selvi, einer jungen Frau aus dem Mittelstand, steht beispielhaft für den Notstand vieler Frauen. Erzählt wurde sie den Frauen von Sieds von Kalai Selvis Mutter. Sie geht so: Der junge Mohan, Sohn eines Bauunternehmers, hatte die Tochter eines Landbesitzers aus Tamil Nadu geheiratet. Nach der Hochzeit sagte ihm sein Onkel: «Je mehr du sie schlägst, desto mehr Geld wirst du erhalten.» Die Hochzeit hatte die Eltern der Braut mehr als 10 000 Franken gekostet, als Brautgeld hatte Mohan, der 40 Gold-Sovereigns gefordert hatte, 28 Gold-Sovereigns bekommen. Drei Monate lang war Kalai Selvi glücklich, dann begann Mohan immer mehr Druck auf sie auszuüben und zwang sie schliesslich, in einer Hütte zu hausen. Kalai Selvi musste mehrmals zu ihren Eltern reisen und um Geld bitten. Diese gaben, was sie konnten. Es war nicht viel, und Mohan, der Müssiggänger, der das Geld mit Freunden verjubelte, war verärgert. Er begann seine Frau mit Zigaretten zu brandmarken. Die Brandwunden am ganzen Körper versuchte die junge Frau zu verbergen. Wenn sie ins elterliche Haus in Tamil Nadu floh, wurde sie von der Schwiegermutter jeweils zurückbefohlen, und Kalai Selvi unterwarf sich, um nicht gegen den «guten Ton» zu verstossen. Ihre Eltern standen vor der Wahl, eine «schlechte» Tochter bei sich aufzunehmen oder zu versuchen, mit Geld ihr Schicksal bei Mohan zu erleichtern. Sie entschieden sich wie die meisten Eltern für Letzteres.

Nach einer Weile – Mohan hatte der jungen Frau noch schwerere Verletzungen zugefügt – schickte die Schwiegermutter sie zur Familie zurück. Mohan begann eine zweite Frau zu suchen, obwohl er keine Einwilligung von Kalai Selvi hatte. Sie wollte sie auch nicht geben, denn die Ehre ihrer Familie stand auf dem Spiel. Mohan fand keine Frau, da sich die Familien zuerst bei Kalai Selvis Eltern erkundigten. So kam es, dass Mohans Vater die Familie besuchte und für eine Rückkehr Kalai Selvis in die eheliche Gemeinschaft mit seinem Sohn warb. Kalai Selvi gab nach. Am Tag ihrer Rückkehr ermordete Mohan sie auf grauenvolle Weise und versuchte den Mord als Selbstmord erscheinen zu lassen. Er legte die Leiche in die Badewanne und täuschte mit einem elektrischen Kabel einen Stromunfall vor. Was Mohan übersehen hatte, war, dass die Steckdose keinen Strom führte. Kalai Selvis Eltern fanden es heraus, Mohan und seine Eltern kamen ins Gefängnis.

Ich habe schon viel gesehen und erlebt, aber solche Geschichten machen mich noch immer sprachlos. Sieds hat viele solcher Verbrechen dokumentiert, um die Öffentlichkeit aufzurütteln und jungen Frauen und ihre Eltern aufzuklären. Es sind Dokumente voller Grauen und Zynismus und können kaum verwendet werden, um Geld für Projekte zu finden, da die wenigsten Leute solche Schilderungen aushalten. Aber die Arbeit von Sieds lässt sich auch von einer positiven Seite zeigen: Es ist die Hilfe, die sie Betroffenen anbieten kann. Sieds plant ein Frauenhaus, und wir kommen überein, dass EcoSolidar sie dabei unterstützen wird.

Am letzten Tag in Bangalore besuche ich mit Seraina einen indischen Tempel. Wir haben auf dem Stadtplan den grössten ausgesucht, ohne zu wissen, welchem Gott er geweiht ist. Mit dem Dreiradtaxi kurven wir durch die grosse Stadt und atmen die wechselnden Gerüche von starken Gewürzen und Abgasen ein. Auf einem Hügel steht ein neuer Gebäudekomplex, der eben fertig geworden zu sein scheint. Alles ist neu und nicht entfernt so verschnörkelt indisch wie die kleinen Tempel am Strassenrand mit ihren farbigen, plastisch hervortretenden Figuren.

Wir steigen die Treppe hinauf und betreten einen Einbahnweg, der uns kreuz und quer durch den Tempel führt. Zurück können wir nicht, abkürzen auch nicht. «Die müssen das bei einem Supermarkt abgeschaut haben», meint Seraina. An unserem Weg stehen Verkaufsstände mit Gemüse und Früchten, dazwischen Stände mit Büchern, Broschüren und Traktaten, und in einer Ecke bieten Mönche philosophische Gespräche an. Es ist der Hare-Krishna-Tempel, der von Indern wie von Ausländern besucht wird. Für die boomende Computer-Stadt haben sich die geschäftstüchtigen Mönche eine Art von Religionsmarketing ausgedacht, das offensichtlich ankommt. Mit den kleinen Shiva-, Kali- oder Ganesh-Tempeln hat das nichts mehr zu tun. Das neue Indien hat mit der ganzen Vielfalt an Problemen zur reichen Welt aufgeschlossen.

*

Bei meinem Besuch zweieinhalb Jahre später erhalte ich von Frauen, die bei Sieds freiwillig mitarbeiten, ein ausführliches «Update» zur Gesamtproblematik der Frauen in Indien. Sie erzählen in ihrer jeweiligen Sprache, die mir übersetzt wird. Ich gewinne zunehmend den Eindruck, dass – von der Mitgiftproblematik abgesehen – die angesprochenen Themen insgesamt die gleichen sind wie in der Schweiz. Die Unterschiede sind graduell, das Grundanliegen dasselbe: Es geht um die Besserstellung der Frau.

Am Nachmittag zeigen mir die Frauen ihren Wachposten in einem grossen Spital für Verbrennungsopfer. Zwei Sozialarbeiterinnen befragen dort neu eingelieferte Verbrennungsopfer, um herauszufinden, ob es in der Familie zuvor zu heftigem Streit gekommen ist. Wenn dem so ist, untersucht Sieds den Fall. Diese zwei Sozialarbeiterinnen tun mir Leid. In einem Saal der Station liegen mit abgedeckten Wunden die Verbrennungsopfer, von denen die meisten noch am gleichen Tag sterben werden. Die anderen schwer Verwundeten werden, sobald sie genügend Überlebenschancen haben, in kleineren Räumen untergebracht.

Nach dem Besuch bei Sieds dränge ich darauf, dass die Sozialarbeiterinnen eine Gelegenheit bekommen, ihre Erlebnisse zu verarbeiten. Ich selbst fühle mich nach dem Besuch der Klinik elend. Am Abend bin ich eingeladen, an der Friedensdemonstration gegen den Krieg in Afghanistan teilzunehmen. Auf einer Treppe vor dem Stadthaus sehe ich, wie sich «Frauen in Schwarz» mit Transparenten im Kreis bewegen. Die indische Regierung sucht 2002 eine bessere Beziehung zu den USA, und deshalb wird das Geschehen von der Polizei misstrauisch überwacht. Ein Polizist nähert sich mir und fragt höflich, ob ich der Organisator sei. Das würde gerade ins Bild der Regierung passen, dass nur ein ausländischer Drahtzieher so etwas veranlassen könnte, geht mir durch den Kopf. Die Frauen von Sieds aber mischen sich ein und geben ihm in der lokalen Sprache Auskunft.

Am nächsten Tag steht Kolar auf dem Programm. Kolar liegt 60 Kilometer ausserhalb von Bangalore auf dem Land. Sieds hat dort mit dem Bau eines Konferenzzentrums begonnen, in dem auch das von EcoSolidar mitfinanzierte Frauenhaus eingerichtet werden soll.

In Bangalore selbst betreibt Sieds einen Lebensmittelladen und eine Motorradwerkstätte von Frauen für Frauen. Arbeitsgelegenheiten sind in einer Gesellschaft wichtig, die allein stehende Frauen als «Freiwild» betrachtet. Diese Betriebe scheinen aber unter einer Zielvermischung zu leiden. Ziel wäre die Schaffung von Arbeitsplätzen für Frauen. Nun will aber Sieds auch noch den bäuerlichen Produzenten höhere Preise bezahlen und den armen Kundinnen besonders günstig verkaufen, obwohl die Mitarbeiterinnen im Vergleich zu andern Geschäften die höchsten Löhne und Sozialleistungen erhalten. Sieds fragt mich, ob EcoSolidar das Defizit übernehmen würde. Meine Antwort ist Nein. Will das Projekt längerfristig Bestand halten, muss es wirtschaftlich eigenständig arbeiten können.

Zum Thema der Mitgiftgewalt hat Sieds in der Zwischenzeit ein Tribunal veranstaltet, das in ganz Indien Beachtung fand. Vor diesem Tribunal, bestehend aus angesehenen Richtern, erzählten betroffene Frauen ihre Lebensgeschichten. Sieds' Arbeit zeigt langsam Erfolg. Mit Beharrlichkeit hat das Sieds-Kollektiv den Staat dazu gezwungen, diese Form der Gewalt (und damit verbunden: die Diskriminierung der Frau) zu anerkennen und darauf zu reagieren. Als erste konkrete Massnahme wurden bei der Polizei Frauen eingestellt, fortschrittliche Anti-Mitgift- und Prostitutionsgesetze verabschiedet und auf Frauenrechte spezialisierte Gerichte geschaffen. Dies sind zwar erste wichtige Schritte, doch muss auch festgehalten werden, dass die Gewalt gegen Frauen in der indischen Gesellschaft weiterhin ein Tabu darstellt. Es wird darüber kaum gesprochen, und wenn, nur sehr oberflächlich. Das Bewusstsein der Menschen hinkt oft den Gesetzen hinterher, auch in der Schweiz musste über Generationen der Gleichstellungsgedanke wachsen. Sieds ist jedoch auf gutem Weg, mit praktischer Arbeit und öffentlichem Druck die Situation der Frauen weiter zu verbessern.

*

Im Jahr 2003 wohnen in Kolar bereits die ersten jungen Frauen im Frauenhaus. Sie haben neue Fähigkeiten erworben. Sie stellen Handarbeiten her, bauen Gemüse an und haben einen Verkauf aufgezogen. Der Anbau dient auch der Selbstversorgung der jungen Frauen.

Eine der Frauen ist erst 18 Jahre alt und musste das Elternhaus verlassen, weil ihr Onkel sich immer wieder an ihr vergangen hatte. Aus Liebe, wie er behauptete. Bald wusste das ganze Dorf davon. Der Onkel wurde weggewiesen, doch für die Frau war es unmöglich, im Dorf zu bleiben. Einige der Frauen sind vor ihren Ehemännern geflüchtet. Das Schwierige an ihrer Situation ist, dass sie zu jung sind, um sich als allein stehende Frau in der Gesellschaft zu behaupten. Sieds muss deshalb notgedrungen mit der Familie des Mannes verhandeln. Die Rückkehr wird davon abhängig gemacht, dass die Frau nicht mehr geschlagen wird und Sieds dies von Zeit zu Zeit überprüfen kann. Diese Lösung befriedigt mich nicht. Zu Madhu gewandt meine ich, dass Sieds eigentlich für einen Amazonenstaat kämpfen müsste.

In dieser Zeit wird Sieds vom deutschen Hilfswerk, das die Organisation seit 30 Jahren unterstützt und in den letzten Jahren für rund 80 Prozent der Mittel für die Frauenprojekte aufgekommen ist, einer Evaluation unterzogen. Der Projektverantwortliche in Deutschland wurde pensioniert, und die Nachfolger wollen die

Arbeit neu ausrichten. Das Hilfswerk verspricht, Sieds nach «modernsten» Kriterien zu überprüfen. Das bedeutet, dass Sieds selbst keine Evaluatorin stellen und bei der Festlegung der Prüfkriterien nicht mitarbeiten kann. Die Frauen von Sieds werden lediglich befragt.

Nach der Evaluation ist die Lage angespannt. Die Evaluatoren möchten, dass die Frauen nur noch Sozialarbeit leisten und keine politischen Aufklärungskampagnen mehr durchführen. Für Sieds gehören beiden Seiten der Arbeit jedoch zusammen. Sieds will sich nicht bevormunden lassen. So kommt nach 30 Jahren Zusammenarbeit völlig unerwartet das Ende. Eine verlangte Anhörung wird nicht gewährt, lediglich ein Aufschub um ein Jahr und ein kleiner Betrag für die fehlende Pensionskasse der Mitarbeitenden wird gespendet. Das deutsche Hilfswerk lässt Sieds fallen.

Madhu Bushan wird dieses Beispiel an der von Ilse Miranda initiierten Hilfswerktagung zum Thema «Echte Partnerschaft», die 2004 in der Schweiz stattfindet, vorstellen. Ich schliesse für Eco-Solidar mit Madhu einen Dreijahresvertrag ab bezüglich unserer Beiträge und ihren Leistungen sowie eine gegenseitige Vereinbarung zur Transparenz auch in der Rechnungslegung. EcoSolidar versucht auch, für Sieds neue Finanzierungsquellen zu finden.

*

Bolivien, Amazonasgebiet 1993. Eine alte tschechische Turboprop-Maschine mit russischen Bordinstrumenten bringt die Post und ein paar Passagiere – darunter auch mich – von Santa Cruz über Trinidad nach Guayaramerin im bolivianischen Einzugsgebiet des Amazonas. In Guayaramerin sind 1993 lediglich das schweizerische Hilfswerk Caritas und eine amerikanische Sekte in der Entwicklungszusammenarbeit tätig. Die meisten internationalen Hilfswerke, und das sind sehr viele, operieren lieber in der Nähe von grossen Städten mit befestigten Flugplätzen. Die Reise nach Guayaramerin ist ihnen zu lange und zu teuer.

Unser Flugzeug, eine Let, hat starke Motoren, das spürt man am Vibrieren und am Lärm. Sie scheint sicher zu sein. Kurz nach dem Start verdeckt der Kapitän dem Kopiloten mit einem schwarzen Karton die Sicht. Also ist der Flug mit einer Schulung im Blindflug verbunden. Unter uns ist der Fluss Mamoré zu sehen, der nach Trinidad so stark mäandriert, dass Schiffe für die Reise nach dem 400 Kilometer Luftlinie entfernten Ort vierzehn Tage brauchen. Zunächst schlängelt sich der Fluss durch die Pampa und dann durch den Regenwald.

In Guayaramerin landen wir sicher auf der Kiespiste. Bei Regen wäre das nicht möglich gewesen. Ich steige aus und warte auf dem Rollfeld. Ob man mich vergessen hat? Es ist auch kein Taxi zu sehen. Wie ich später herausfinde, fahren die Leute erst los, wenn sie den Flugzeuglärm hören, denn die Maschinen landen üblicherweise mit Verspätung. Lidia Antty, die Leiterin der amazonischen Frauenorganisation OCMA (Organización Comunal de la Mujer Amazónica) und ihr Mann Erlan holen mich mit ihren Motorrädern ab. Nun kenne ich ja die Gefahren eines Motorrades auf Kiesstrassen, setze mich aber trotzdem bei Erlan hinten drauf. Mit meinem Gepäck balanciere ich nach Möglichkeit.

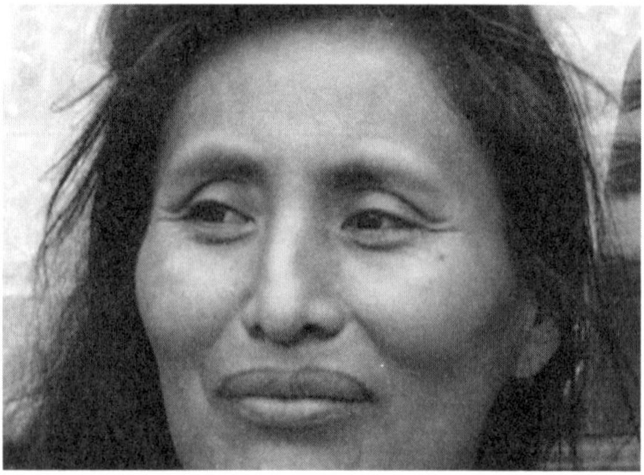

Lidia ist eine strenge, aber auch fröhliche Frau aus dem Hochland, die sich wie viele Hochlandindios hier im Tiefland angesiedelt hat. Ureinwohner gibt es kaum noch. Schon vor über hundert Jahren sind während des Kautschukbooms tausende von Familien aus allen Landesteilen in die Provinz Beni gezogen. Lidia ist Gründerin und Präsidentin von OCMA, deren Ziel es ist, die Siedlerfrauen mit neuem Wissen für ein besseres Leben auszustatten.

OCMA ist es gelungen, einen Gemüseanbau ohne chemische Hilfsmittel einzuführen. Stolz zeigt Lidia mir die in den kleinen Dörfern zwischen Guayaramerin und Riberalta angelegten Gärten. Das Gemüse wächst leidlich, ist aber eher klein. Ein Problem sind die hungrigen Tiere, aber auch Diebe, welche die Gärten plündern. Die Umzäunung ist teuer, und das Wachpersonal, das in der Nähe wohnt, ist nicht immer zuverlässig.

OCMA steht am Anfang. Lidia und ihre Leute betreiben hier einen Landbau, den sie biologisch nennen, ohne zu wissen, dass in Bolivien andere Gruppen längst mit moderneren und wirksameren Methoden biologisch produzieren. Gemüseanbau ist allerdings auch nicht sehr verbreitet in der Provinz. Gemüse wird vom 800 Kilometer entfernten Hochland importiert. Eigentlich sollte es gerade umgekehrt sein. Aber in der Provinz Beni sind vor allem Grossgrundbesitzer aktiv, die Vieh halten und Fleisch mit Flugzeugen ins Hochland exportieren. Deshalb ist das Wissen um eine bessere Eigenversorgung in der Bevölkerung sehr gering. Lidia steht zwar einer Frauenorganisation vor, findet aber, dass auch die Männer mitarbeiten sollen. Ihr Mann Erlan sowie ein paar weitere Männer und Frauen sind ihre Angestellten. Ihr Führungsanspruch ist unbestritten. In früherer Zeit war sie für eine indianische Organisation tätig, die auch einen bewaffneten Zweig im Untergrund hatte. Heute ist sie gemässigter, aber immer noch sehr engagiert. Sie wohnt mit ihrer Familie in einem alten Holzhaus am Fluss, das für die Familie nur einen gemeinsamen Raum hat. Ihr Büro hinter einer Bretterwand besteht aus einem zwei Meter breiten Schreibtisch mit Telefon und einem Tischchen mit einigen Stühlen. Hier sitze ich mit lachenden Leuten, die gerne Witze reissen und mich am liebsten in den Regenwald zur Jagd mitnähmen, was ich jedoch dankend ablehne.

Wir vereinbaren gemeinsam, dass OCMA einer Delegation von zwölf Personen eine Austauschreise ermöglicht. Das Ziel ist, Kenntnisse in biologischem Landbau zu erwerben. Als Erstes werden sie in Sapecho mit den Mitgliedern der Kakao-Kooperative El Ceibo zusammenarbeiten und dort die Kompostierung sowie die Anlage von Mischkulturen studieren. Darauf werden sie in der Nähe von Santa Cruz ein Mennonitendorf besuchen. Die Mennoniten sind geschickte Farmer, die noch immer mit sehr einfacher Technologie arbeiten. Wie im 19. Jahrhundert fertigen sie ihre Arbeitsgeräte aus Holz selbst an, und diese können einfach kopiert werden.

Nach dieser Austauschreise wird EcoSolidar OCMA ein paar Schafe und einige Hühner finanzieren. Die Tiere sind auch nötig, um später den Kompost mit Dung anreichern zu können. Schweinejauche wird aus kulturellen Gründen abgelehnt. Die Küken und Zicklein sollen laufend an andere Dorforganisationen verteilt werden.

Nach meiner Abreise werden die ersten Kontakte mit El Ceibo und den Mennoniten geknüpft, die über die Anfragen erfreut sind. OCMA kauft statt der budgetierten Busbillete einen Pick-up. Obwohl er nur noch ein Blechskelett ist, transportiert er zwölf Mitreisende sicher über die mehr als tausend Kilometer Distanz. Bei El Ceibo, das auch den in der Schweiz berühmten biologischen Kakao herstellt, arbeiten die Gäste aus den OCMA-Dörfern mit den Bäuerinnen der Kooperative zusammen. Besonders von der Organisationsdisziplin sind die OCMA-Leute angetan. Bei ihnen, so sagen sie, seien viele halt immer wieder mit Malaria im Bett, und andere wollten gar nicht so viel arbeiten.

Bei den Mennoniten lernen sie, wie man aus Holz einen Pflug bauen kann oder mit Geschick auch ein Wasserrad. Im Jahr darauf machen die Leute von El Ceibo aus Sapecho und die Mennoniten einen Gegenbesuch. Sie führen Kompostier- und andere Kurse durch, die Mennoniten helfen bei der Herstellung eines Holzpfluges. EcoSolidar spendet einen Büffel als Zugtier. So kommt die Arbeit voran.

*

Bei meinem nächsten Besuch 1996 florieren die Gärten. Ich bin die 800 Kilometer von La Paz mit dem Auto und dem Bus gereist. Während der rund sechs Monate Trockenzeit ist dies möglich. Bei Rosario del Yata zeigen mir Lidia und Erlan ein Stück Land, das sie sich von der Gemeinde zuweisen lassen könnten. Es ist in diesem Gebiet üblich, dass ein Stück Regenwald durch Brandrodung nutzbar gemacht, ein paar Jahre lang bebaut, und wenn der Boden ausgelaugt ist, das nächste Stück Regenwald niedergebrannt wird. Das Land, das Lidia und Erlan im Sinn haben, ist eine solche aufgegebene Rodung im Wald. Ihre Idee ist es, den Leuten zu zeigen, dass es im nachwachsenden Sekundärwald möglich ist, Reis, Yucca und Kernelsnüsse anzubauen und Zitrusbäume, Mahagoni, Zedern, Mandelbäume und Urucú zur Farbgewinnung zu pflanzen.

Die Bepflanzung des Sekundärwaldes geschieht unter dem Gesichtspunkt, dass für die Familien kurz-, mittel- und langfristig Ernten anfallen. Im ersten Jahr können Reis, Yucca und Früchte gegessen und verkauft werden. In den nächsten Jahren reifen dann die Nüsse und Farbenspender. Den Kindern zugedacht sind die Mahagoni-Bäume, die nach dreissig Jahren erstmals zu Holz verarbeitet werden können. OCMA will auch ein Gästehaus und ein Kurslokal bauen. Diese Ideen leuchten mir ein. Um in der Schweiz eine Vorstellung vom Projekt zu vermitteln, rede ich von der Schaffung eines Öko-Nutzwaldes.

Inzwischen ist der Öko-Nutzwald sichtbar gewachsen. Die Holzhäuser für die Gäste stehen – von OCMA selbst gebaut – auf einem Areal von 18 Hektaren, als ich 1999 mit Hans Peter Vieli vom Vorstand Guayaramerin besuche. Eine eigene Pflanzschule beliefert das Zentrum und Bauernfamilien, die bei OCMA mitmachen, mit Setzlingen. Die kleine Organisation bekommt immer mehr Anerkennung für diese nützlichen Projekte, die alle nachahmen können. Für den endgültigen Beweis, dass das Waldsystem zu einem besseren Leben verhilft, müssen die Bäume allerdings noch eine Weile wachsen. Lidia zeigt nicht ohne Stolz die grosse Leistung ihrer Organisation, die für wenig Geld so viel aufgebaut hat.

Am Abend erzählt Lidia von ihrer Reise nach Israel. Sie wurde von der israelischen Botschaft eingeladen, einen landwirtschaftlichen Kurs zu besuchen. Lidia kann überall und jederzeit überzeugende Reden halten. Auf dem Mund sitzt sie nicht, und ihr geschichtliches und soziales Wissen ist gross. Also hat sie auch im landwirtschaftlichen Kurs in Israel ihre Meinung zur Ausgrenzung der Araber geäussert und sich mit jenen solidarisiert, die wie sie selbst am unteren Ende der sozialen Leiter den Boden bebauen. Sie vermutet, dass sie deswegen nie mehr nach Israel eingeladen werden wird. Noch immer wütend ist Lidia darüber, wie sie auf der Hinreise in London im Transit behandelt worden ist. Sie kam frühmorgens an und musste bis abends auf den Weiterflug warten. Da sie von Bolivien über Miami geflogen war, hatte sie Dollars bei sich. Damit wollte sie sich etwas zu essen kaufen. Die Verkäuferin nahm keine Dollars an und verwies sie an den Wechselschalter. Dies brachte Lidia so auf, dass sie sich in eine Ecke setzte und den ganzen Tag hungerte. Wieder einmal zeigte sich dieses typische Merkmal der indigenen Kampfkultur, in der das Leiden zum Kampf gehört.

An der OCMA-Versammlung erfahren wir, dass ein spanisches Hilfswerk an einer Zusammenarbeit interessiert ist. Bereits stehen ein Traktor und ein neuer Pick-up vor der Tür der alten Hütte. Die Spanier wollen, dass OCMA den Bauernfamilien die Produktion von Yucca, Zucker und Palmherzen im grossen Stil beibringt, damit die Familien zu Bargeld kommen. Dass OCMA auf biologischem Anbau besteht, stört sie nicht. Gewitzt durch die Erfahrungen mit grosszügigen Geldgebern in Sri Lanka, stelle ich meine Antennen auf Wachsamkeit.

Doch Lidia spricht sich beherzt dafür aus, auf das Angebot der Spanier einzugehen. Sie selbst findet Geld nicht so wichtig, umso wichtiger findet sie Ideen. Und sie hat sich eine in den Kopf gesetzt. Sie möchte mit EcoSolidar Neuland betreten und die alte indianische Heilkultur mit Pflanzen wieder aufleben lassen. Die armen Leute der Gegend haben sowieso kein Geld für die westliche Medizin, und diese erforscht bekanntlich kaum Krankheiten in Gegenden, in denen die Leute die Medikamente nicht bezahlen können. Lidia ist überzeugt, dass die alte andine Kultur der Inkas und Aymaras einen reichen Schatz an Wissen birgt, und hofft, dass es möglich ist, die noch vorhandenen mündlichen Überlieferungen von Heilern und Heilerinnen zu sammeln und zu systematisieren. Sie zeigt uns handgezeichnete Pflanzenbücher, mit denen ein Beginn gemacht werden könnte.

Lidia will aber sicher sein, dass die Pflanzen keinen Schaden anrichten und möchte sie analysieren lassen, um Vergiftungen bei Überdosierung zu vermeiden. In Lateinamerika gibt es verschiedene Projekte, die einen ähnlichen Ansatz verfolgen. Wir vereinbaren deshalb für das folgende Jahr einen Austausch mit solchen Gruppen an einem Symposium in Kuba. Grundsätzlich bin ich mit der Projektänderung einverstanden, weil nun eine andere Organisation den Landbau vorantreibt. Mich überzeugt auch Lidias starkes Engagement für die alten Werte, und die Aussicht, mit wenig Geld gute Resultate erzielen zu können, ist das Risiko wert.

*

Im Jahr 2000 ist Lidia Antty auch an die internationale Biokonferenz in Basel eingeladen und referiert über ihre Erfahrungen. Am Stand auf dem Biomarkt in Zofingen preist sie neben Willie Gamage und Jailos Kanjanga ihre Produkte an. Ich hatte ihr noch eindringlich davon abgeraten, mit einem Sack weissen Pulvers aus Bolivien durch den Zoll in Kloten gehen zu wollen. Lidia hat sich nicht abschrecken lassen.

Es ist auch nichts passiert. Sie verkauft ihr weisses Yuccamehl an unserem Stand. Die Yucca ist eine nahrhafte Wurzel, die als Gemüse gegessen werden kann oder als Mehl oder Granulat für Speisen verwendet wird. Lidia bespricht auch mit dem Biokräuter-Experten Peter Lendi im Tessin die Exportaussichten, muss aber hören, dass aus einem Binnenland nur verarbeitete Produkte Erfolg haben können. Peter wäre eher an Palmherzen, wie sie bei Lidia in Rosario del Yata wachsen, interessiert. Lidia glaubt nicht, dass OCMA die dafür notwendige regelmässige und qualitativ hoch stehende Produktion garantieren kann. Die Organisation beschränkt sich bis heute auf den bolivianischen Markt und verkauft dort gut.

In Begleitung von meinen beiden jüngsten Kindern und meiner Mitarbeiterin Isabella Augustin reise ich 2002 wieder nach Guayaramerin. Weit hinter dem Pistenende steht noch immer ein arg beschädigtes Flugzeug, eine Fokker F-27, zwischen den Bäumen. Beschwipste Piloten haben sie an einem Weihnachtsabend dahin befördert. Den Passagieren ist glücklicherweise nichts passiert. Isa, Janay, Jaelita und ich werden diesmal mit dem Pick-up abgeholt. Guayaramerin als Grenzstadt zu Brasilien prosperiert. Schmuggel und günstige Einkaufsmöglichkeiten haben ein schmuckes Städtchen entstehen lassen. Dank der Dezentralisation der Verwaltung werden zudem die Steuergelder nun auch in der Region investiert.

OCMA bildet inzwischen Frauen aus allen Dörfern aus. Das geschieht zusammen mit alten Menschen, die noch über traditionelles Wissen verfügen. So werden wertvolle Erfahrungsschätze zusammengetragen. Die Tochter eines anerkannten Heilers hilft ihnen dabei. Mit ihr dürfen wir zu kranken Leuten aufs Land mitfahren. Dort zeigt sie uns die Pflanzen und Baumrinden, die sie zusammen mit den Kranken in der Umgebung gesucht hat. Alles zusammen wird in einer grossen Pfanne den ganzen Tag über gekocht, dann wird die Medizin getrunken. Die traditionelle Medizin ist erfolgreich und erwünscht; vor allem bei Menschen, die im Monat umgerechnet kaum 50 Franken verdienen.

Die Heilerin spricht in einer Pause von einer erfolgreichen Heilung, die kürzlich geschehen sei. Eine Schlange habe sich auf einen Tisch gelegt und dort ihren Samen zurückgelassen. Davon sei eine Frau, die sich auf den Tisch gesetzt habe, schwanger geworden. Sie habe diese Frau gepflegt, weil sie sich im ersten Schwangerschaftsmonat über Bauchschmerzen beklagt habe. Nach längeren Behandlungen mit Wickeln habe die Frau dann eine Schlange geboren, und das Grossartige sei, dass das Kind keinen Schaden genommen habe: Die Frau habe nach neun Monaten ein gesundes Kind auf die Welt gebracht. Sie habe der Frau jedoch nicht sagen dürfen, was mit ihr geschehen war, berichtet die Heilerin weiter. Sie habe nur den Mann eingeweiht.

Als auch die Projekt-Betreuerinnen bestätigen, dass im Regenwald immer wieder Frauen von Tieren schwanger würden, bin ich ein wenig vor den Kopf gestossen. Unterstützen wir doch ein Projekt, das auf Mythen beruht, die wir nicht verstehen. Ich versuche, von meinen europäischen Denkansatz her eine Auflösung zu finden. Die Schlange tritt ja in der christlichen Schöpfungsgeschichte als Verführerin Evas auf. Hat sich diese Verführungsgeschichte im katholischen Bolivien mit indigenen Mythen vermischt? Mein freies Assoziieren macht Sprünge. Ich denke mir, dass es vielleicht wegen einer «Verführung» nicht sicher war, wer der Vater ist. Umso mehr war es für den Ehemann wichtig, dass die Schlange als Symbol der Verführung von der Heilerin aus dem Bauch der Frau vertrieben wurde. Ich teile diese selbst gebastelte psychologische Betrachtungsweise den Projektpartnerinnen mit. Sie bleiben dabei, dass es sich genauso zugetragen haben muss, wie die Heilerin es erzählt. Sie lassen sich auch nicht dadurch beirren, dass ich auf die Forschung hinweise, die in Europa doch relativ offen über sexuelle Beziehungen zwischen Mensch und Tier berichtet und artübergreifende Befruchtungen ausschliesst. Für Isabella Augustin ist die Geschichte keine Aufregung wert. Sie anerkennt, dass es andere Welten und mystische Betrachtungsweisen gibt.

Was hier offensichtlich wird, passiert zum Teil auch in unseren anderen Projekten: in Afrika zum Beispiel. Nur wird dort darüber kaum gesprochen. Ich frage mich, ob ich denn das Leben im Regenwald dermassen glorifiziere und daher nicht einmal sehe, dass wir alten Aberglauben in neuem Gewand unterstützen. Ein unkritisches Zurückbesinnen auf die alten Werte? Ich kaufe mir ein Buch, um über die Schlange in der andinen Welt mehr zu erfahren. Die Schlange, lese ich dort, hilft bei Unfruchtbarkeit, wenn sie der Frau um den Kopf gewickelt wird. Wenn sie um einen Knochenbruch gelegt wird, unterstützt dies den Heilungsprozess. Die Schlange hat auch in unserer Kultur mit Heilung zu tun, sie schlängelt sich im Signet jeder Apotheke um den Äskulapstab, und hier wie dort wird die Symbolik selten hinterfragt. Wieder zu Hause, spreche ich mit meinem Freund Emilio Modena, der Arzt ist, über meine Irritation.

Er meint lakonisch, dass auch bei uns der Glaube an die Medikamente oft stärker wirke als die Medikamente selbst. Nun, bei aller Verunsicherung, weiss ich, dass Lidia Antty keine Geschäftemacherei oder Machtpolitik mit dem alten Glauben betreiben wird. Es gibt keinen Grund, das Projekt nicht weiter zu unterstützen.

Den Sonntag verbringe ich mit Lidias Familie und meinen Kindern Jaelita und Janay in Cachuela Esperanza am Rio Beni. Cachuela Esperanza war früher ein grosses, bekanntes Kautschukhandelsdorf. Noch immer zeugen eine alte Eisenbahn und viele Arbeiterhäuser von vergangenem Ruhm und einem Wohlstand, der auch soziale Einrichtungen für die Arbeiter ermöglichte. Nun ist alles überwachsen, auch die alte Villa des Gummibarons Suarez, der diesen Ort und die Firma leitete. Hierher wurde der Kautschuk gebracht und von unterhalb des Kataraktes bis ans Meer verschifft. Im heute verschlafenen Dorf liegen wir dösend am sandigen Ufer des Rio Beni. Das Wasser ist trüb, aber warm. Als ich mit meinem Sohn Janay hinausschwimme, entdecken wir bei der Rückkehr seitlich in den Uferfelsen einen toten, ausgedörrten Kaiman von zweieinhalb Metern Länge. Nachträglich schreckt uns das durchaus. Die so schöne Wildnis ist doch etwas gefährlicher als ich dachte, und man muss nicht nur – wie in der Schweiz – auf Vipern achten. Die bunten Schmetterlinge am Strand lassen sich weder von uns noch von Kaimanen stören.

*

Im neuen Zentrum von OCMA in Guayaramerin tauschen 2005 schon 30 Naturheilerinnen ihre Erfahrungen aus und bereiten Tinkturen, Pomaden und Säfte zu. Kräuter und Rinden werden verarbeitet und die Mischungen diskutiert. Rezepte werden verfeinert und Dosierungen festgelegt. Am Tag meines Besuches suchen die Frauen in vier Gruppen die Schulen der Umgebung auf, um die Kinder mit Säften zu entwurmen.

Die Produkte des Zentrums laufen unter dem Markennamen «Palma Real». Einige einheimische Ärzte verschreiben sie schon, und verkauft werden sie in einem Geschäftslokal an der Strasse nach Riberalta. In diesem Lokal gibt es auch zwei Spitalzimmer, in denen stationäre Patienten auch mit andern Heilverfahren wie Massagen, Lehmpackungen, Wassergüssen und Sonnenbädern behandelt werden. In einem modernen Labor werden Tinkturen gegen Entzündungen hergestellt, die medizinisch überprüft wurden und Erfolg zeitigten. Auch für schwere Krankheiten wird Heilung versprochen, was bei uns auf diese Art nicht erlaubt wäre. Hygienische Verpackungen mit einem unverkennbaren Design sorgen für einen guten Wiedererkennungseffekt. Bei allen Medikamenten muss aber noch die Qualität verbessert werden. Trotzdem hat OCMA einen Quantensprung nach vorne getan. Wir titeln im Mitgliederinfo erfreut: «Vom Hexenkessel zum Reagenzglas».

OCMA möchte in den nächsten Jahren die medizinischen Produkte im ganzen Land anbieten. Das hat auch für mich vor dem Export erste Priorität. Lidia Antty ist sehr zufrieden. Ich auch, denn OCMA hat sich durch das grosse Geld aus Spanien nicht verführen lassen. Sie haben zwar eine Zuckerfabrik gebaut und eine Anlage für die Yuccaverarbeitung, aber die Leute sind bescheiden geblieben und arbeitsam. Lidia wohnt noch immer im alten Holzhaus am Fluss und teilt den Raum mit der ganzen Familie. Nur das Büro befindet sich jetzt auswärts.

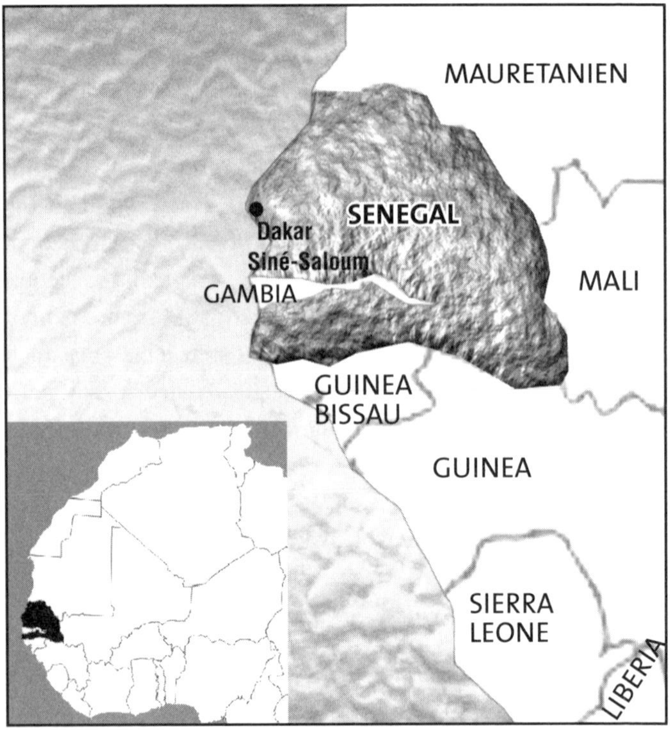

Senegal 2003. Frauen sind bei den EcoSolidar-Projekten überall sehr stark vertreten oder als Begünstigte besonders wichtig. In Sri Lanka zum Beispiel richten sich unsere Projekte zu 50 Prozent an Frauen, obwohl es keine von Frauen geleiteten Projekte sind. In Senegal sind die Frauen Hauptzielgruppe. Waame (West African Association for Marine Environment) heisst dort unsere Partnerorganisation, die sich dem Schutz der Meere und der Mangroven annimmt. Sie wird von Abdoulaye Diame geleitet. Er ist ein Meeresbiologe, der mit Waame von der EU ein Projekt zum Schutz der Mangroven im Siné-Saloum-Meeresarm in Auftrag bekam. Abdoulaye wurde schnell klar, dass mit dem Schutz der Mangroven allein die Umwelt nicht erhalten werden kann. Es braucht auch den Einbezug der Menschen, die in diesem Gebiet Raubbau betreiben und die Lebensgrundlagen für die Zukunft schädigen. Deshalb wandte er sich an EcoSolidar, um Kleinprojekte mit den Bewohnerinnen der Region zu initiieren.

Die Umwelt- und Entwicklungsproblematik macht auch vor den Meeren nicht Halt. In Afrika kennen wir den Kampf gegen die Abholzung und das Voranschreiten der Wüste in der Sahelzone. Viele Menschen sind davon bedroht und verlieren eine gesicherte Existenz. Sie migrieren. Die Wüste kommt aber auch zum Meer, wo die Versandung und die Versalzung der Böden voranschreiten. An den Meeresarmen werden die Mangroven abgeholzt und die Fische bleiben aus. Für die Ernährung der Menschen in Westafrika ist der Fisch aber von besonderer Bedeutung. Die Industriestaaten tun das ihre zur Verschärfung der Situation. Sie überfischen das Meer mit modernsten Fangflotten, zahlen den traditionellen Meeranrainerstaaten für die Lizenzen und spenden Almosen für die Fischer. Meistens findet zudem die Verarbeitung der Fische und Meerfrüchte nicht in den entsprechenden Ländern statt, so dass keine Entwicklungsanreize ausgelöst werden.

Ich fahre mit Abdoulaye, einem sehr grossen und warmherzigen Menschen, der seit seiner Kindheit hinkt, weil ihm einmal eine Spritze falsch gesetzt wurde, in den Siné Saloum. Dort, 200 Kilometer südlich von Dakar, nahe einem prächtigen Naturschutzpark, reichen zahlreiche Meeresarme bis ins Landesinnere, so dass unzählige kleine Inseln gebildet wurden. Viele werden von Fischerfamilien bewohnt. Die Küsten waren früher überall mit Mangroven bedeckt, einem immergrünen Laubwald, der den Fischen Laichplätze und Schutz bot. Ein Fluss, der Süsswasser brachte, ist versiegt, weil im Landesinneren zu viele Wälder der Landwirtschaft geopfert wurden.

In Rofangué, einem Fischerdorf auf einer Insel im Meeresarm, werden wir mit Gesängen und Tänzen empfangen. Die letzten Meter zum Ufer müssen wir mit hochgekrempelten Hosen im Wasser waten, weil das Dorf nicht einmal einen Steg besitzt. Die Leute sind äusserst arm, und das Dorf sieht schmutzig aus, denn viele Tiere laufen zwischen den Hütten und Häusern herum und lassen ihren Kot liegen, der wiederum Fliegen und andere Insekten anzieht. Ein alter Häuptling mit Turban und wallendem Gewand bittet uns in sein Haus. Neben dem breiten Ehe-Himmelbett lassen wir uns nieder, tauschen erste Gedanken aus und versuchen einander einzuschätzen. Mir ist daran gelegen, dass der Häuptling die möglichen Entwicklungsaktivitäten gutheisst und sich nicht dagegen stellt. Später besichtigen wir das Dorf und lernen die Situation der Dorfleute kennen.

Traditionsgemäss ist es so, dass die Fischer fischen und die Fischerfrauen ihnen den Fang abkaufen. Die Frauen kommerzialisieren den Fang und verdienen so ihr eigenes Geld. Auf den Inseln im Siné-Saloum ist es heute üblich, dass die Frauen den Fisch kaufen und auf dem Kopf 300 Meter weiter tragen – also einen Katzensprung –, um ihn dort an Leute aus Guinea-Conakry zu verkaufen. Diese räuchern den Fisch und transportieren ihn in ihr Heimatland. Das Räuchern geschieht mit ineffizienten Öfen, die viel Mangrovenholz verschwenden, das von den Fischern geliefert wird. Die staatliche Kontrolle der Abholzung oder der Befischung der Gewässer versagt. Und neben dem ökologischen Debakel vergeben sich die Fischerfamilien die Kontrolle über die Vermarktung. Sie verdienen weniger und können ihre sozialen Grundbedürfnisse kaum finanzieren. Die Frauen des Dorfes haben einen Gesundheitsposten eingerichtet, der allerdings noch kein Dach hat. Bis heute wurden Alphabetisierungskurse durchgeführt, und auch eine Spar- und Leihkasse existiert. In den Dörfern Rofangué, Baute und Velingara sind die Ufer zum Teil erodiert. Elektrischen Strom gibt es keinen und nur wenige Aussenbordmotoren für die Pirogen. Viele Dorfleute, die ins Bezirksspital müssten, können selbst das Geld für den Pirogentransport nicht aufbringen.

Nach längeren Diskussionen mit dem ganzen Dorf einigen wir uns auf einen gemeinsamen Plan. Da die kommerzielle Grundlage für eine Entwicklung eigentlich vor der Haustüre liegt, wollen wir die Mängel bei der Vermarktung und die ökologischen Probleme gleichzeitig angehen. Die Fischerfrauen werden in Zukunft die Fische selbst räuchern – mit neuen Öfen, die mehrschichtig arbeiten und weniger Holz benötigen. Jedes Dorf wird zwei neue Öfen bauen, und eine Spar- und Leihkasse soll ermöglichen, dass die Zeit zwischen Kauf und Verkauf überbrückt werden kann. Die Fischer werden von Waame für den Erhalt des Fischbestandes und entsprechender Schutzzonen sowie den Gebrauch adäquater Netze sensibilisiert. Sie sollen auch die Kontrolle über die Mangroven auf ihrer Insel ausüben. Die Inselbewohner werden Mangroven aufforsten und ebenso Nutzhölzer für den Gebrauch pflanzen.

Die Frauen unternehmen eine Austauschreise in das eigene Land sowie das Binnenland Mali, um Märkte zu erforschen und mit dortigen NGOs einen Abnahmevertrag auszuhandeln. Wird Mehrwert bei der Verarbeitung geschaffen und werden die Märkte direkter bedient, so können sich die Frauen soziale Einrichtungen wie den Gesundheitsposten leisten. Und die Ökologie dankt. Um die Frauen in ihrer Dreifachbelastung zu unterstützen, wird eine bewusstseinsbildende Gendergruppe, die bereits existiert, mit mehr Mitteln bedacht. In der Gruppe werden auch Themen wie Aids oder die Mädchenbeschneidung sowie andere gesundheitliche Fragen von Frau zu Frau angegangen.

*

Das Projekt ist noch jung. Deshalb kann ich mich noch nicht auf viele Erfahrungen stützen. Aber nach zwei Jahren sehe ich doch schon erste Fortschritte. Die Frauen haben nun die Holz sparenden Räucheröfen. Sie verdienen mehr als früher. Sie haben auch gelernt, wie man Fischsauce mit Austern, die sie auf den Sandbänken im Meeresarm finden, herstellen kann. Die Gerichte, die sie mir auftischen, schmecken ausgezeichnet. Das Dach auf dem Gesundheitszentrum ist noch nicht gedeckt. Für die Finanzierung fand sich zwar ein sozial denkender Europäer, aber die Fischerfrauen haben sich mit dem Geld zusätzliche Räume gebaut, statt das Dach zu decken.

An den jungen Nutzbäumen, die für den eigenen Feuerholzbedarf gepflanzt wurden, hat das herumstreunende Vieh viel Schaden angerichtet. Auch das ist leider ein altbekanntes Problem. Die Leute werden es mit einem Palisadenzaun zu lösen versuchen. Elektrischer Strom hat in Form eines Regierungsgeschenkes von drei Aussenpaneelen zur Gewinnung von Sonnenenergie Einzug gehalten. Das eine Paneel betreibt eine Strassenlampe neben der Schule, die andern dienen als Stromquelle für drei Fernsehgeräte.

Irgendwie bin ich gespannt auf die Auswirkungen dieser Neuerung. Wird sie zu vermehrter Arbeit motivieren, damit man die Errungenschaften der Städter auch kaufen kann, oder wird sie die Sitten verkommen lassen und Passivität fördern? Oder beides? Das wird sich zeigen. Neu ist zudem, dass die Frauen inzwischen auch im Gemüsebau aktiv sind. Im Bewusstsein dessen, dass der versalzende Meeresarm einmal nichts mehr hergeben wird?

Was auch noch geschehen ist: Die Leitung des EU-Mangrovenprojekt hatte im Senegal zwei Kodirektoren, einen Belgier und Abdoulaye von der ausführenden Organisation Waame, eingesetzt. Im Jahr 2005 hat sie den Kodirektor Abdoulaye Diame ausgewechselt und Waame einen neuen und ihr genehmeren Manager aufgezwungen. Abdoulaye ist es genauso ergangen wie Willie Gamage in Sri Lanka. Abdoulaye kümmert sich heute als Präsident von Waame weiterhin um die kleineren Projekte mit EcoSolidar und andern Geldgebern.

Schweiz – wir müssen uns zu Gunsten des Südens entwickeln

Der Treffpunkt für asylsuchende Frauen mit Kindern und Schweizerinnen – Aufbau und Ende – Süd-Nord-Austausch Nicaragua–Schweiz – Kleine Heimatkunde – Wir zeigen die Auswirkungen der gentechnologischen «Patente auf Leben» für die Bauernfamilien in der Dritten Welt – Ein Coaching bringt Leben in unsere Organisation – Der Einsatz für partnerschaftlichere Verhältnisse im Umgang der Hilfswerke mit Süd-NGOs – Eine Tagung und Ilses Beitrag aus Bolivien

Niemand wird bestreiten, dass auch in der Schweiz längst nicht alle sozialen Probleme gelöst und nicht alle Ungerechtigkeiten beseitigt sind. Deshalb ist es unglaubwürdig, sich bloss in der Ferne für das Gute in der Welt einzusetzen. Und es nützt unseren Partnern in der Dritten Welt sicher nichts, wenn wir unsere Zivilisation mit ihren Problemen exportieren und daran sogar noch verdienen. Deshalb setzt sich EcoSolidar auch in der Schweiz mit – zwar bescheidenen – Mitteln für Strukturveränderungen ein.

Im Frühjahr 1987 besucht mich eine Gruppe von Studierenden der Fachhochschule für Sozialarbeit Zürich in meinem Büro. Zwei Frauen und ein Mann suchen für ihr Projektjahr, das sie für ihren Abschluss in Sozialpädagogik brauchen, die Trägerschaft von EcoSolidar. Zu Beginn sind sie noch entschlossen, mit der Theatertechnik von Augusto Boal zu arbeiten, die dieser ausgehend von Paolo Freires «Pädagogik der Unterdrückten» geschaffen hat. Mich interessiert ihr Ansatz, ich bin aber der Meinung, dass zuallererst geklärt werden muss, mit welcher Gruppe von Menschen und mit welcher Zielsetzung ein solches Projekt durchgeführt werden soll. Ausgangspunkt des Projektes müssen die Bedürfnisse und Interessen dieser Menschen sein.

Ich beschreibe ihnen auch die Situation, in der sich EcoSolidar, damals in der Aufbauphase, befindet. Geld ist nicht vorhanden, ein normaler Lohn kann nicht bezahlt werden, was im Übrigen auch für mich gelte. Was ich leisten könne, sei ideeller und fachlicher Beistand. Unternehmerische Initiative müssen sie selber entwickeln, wozu auch die Suche nach Geldgebern gehöre. Nach ersten Vorgesprächen wird rasch klar, dass nur eine der Frauen die Arbeit unter diesen Bedingungen in Angriff nehmen will. Es ist Claudia Kunz, eine quirlige, begeisterungsfähige und zähe junge Frau, die ins kalte Wasser springt und ab und zu Schwimmhilfen in Anspruch nimmt. Sie recherchiert zunächst die Situation von Asylsuchenden.

Zu dieser Zeit leben die Asylsuchenden in der Schweiz besonders isoliert. Öffentliche Hilfe gibt es nur für anerkannte Flüchtlinge. In der Wartezeit auf den Asylentscheid – das konnte damals fünf Jahre dauern – waren nur wenige Angebote für ein Zusammenleben mit Schweizerinnen und Schweizern vorhanden. Die Behörden wollten keine Integration der Asylsuchenden, um sie ohne Umstände wegschicken zu können. Unter dieser Situation litten vor allem Mütter mit Kindern, nachdem sie das Durchgangsheim verlassen hatten und in Wohnungen alleine zurecht kommen mussten.

Die Kinderbetreuung im Vorkindergartenalter ist bei einer Arbeitsaufnahme von asylsuchenden Mütter 1988 nicht gelöst. Auch die Alltagsbegleitung bei Fragen der Einschulung der Kinder oder Problemen in der Schule oder am Arbeitsplatz fehlt. Vieles könnte in gutnachbarschaftlicher Hilfe geleistet werden. Aber das will auch organisiert sein. Bei ihren Abklärungen stösst Claudia immer wieder auf viel Zuspruch aus allen Kreisen, die sich mit der Thematik beschäftigen. Aber alle haben die gleichen Geldsorgen. Das Fürsorgeamt der Stadt Zürich zeigt sich zunächst interessiert, will dann aber weder Geld noch Räume zur Verfügung stellen, weil die Verantwortlichen beschliessen, nur eigene Projekte in diesem Bereich zu realisieren.

1987/88 baut Claudia im Verlauf eines Jahres mit bescheidenen Mitteln privater Hilfsorganisationen im Kreis 3 in Zürich einen interkulturellen Frauentreff auf, der Schweizerinnen und asylsuchende Mütter aus verschiedenen Herkunftsländern in einer gemeinsamen Frauengruppe zusammenbringt. Auch eine gemeinsame Kindergruppe entlastet die Mütter zweimal pro Woche für eine gewisse Zeit von ihren Alltagsproblemen. Den Kindern will Claudia die Möglichkeit bieten, kreativ sein zu können. Sie will ihnen Zeit geben für das freie Spielen, damit sie sich auseinander- und zusammensetzen können, aber auch in den Beziehungen untereinander selbständig eine gemeinsame Sprache finden.

Eine junge Frau und Mutter aus dem Iran schildert ihre Eindrücke wie folgt: «Ich habe im Frauentreff sehr schöne und erstaunliche Erfahrungen machen können, weil ich gesehen habe, wie viele ähnliche Gefühle die Frauen aus den verschiedenen Teilen der Erde haben. Das macht das Leben leichter. Die gemeinsame Stärke könnte zu sinnlicheren Beziehungen in der menschlichen Gesellschaft führen. Wir könnten ein anderes Wörterbuch für all die verloren gegangenen Bedeutungen schreiben.»

Und eine Schweizer Mutter schreibt über die Kindergruppe: «Meine Tochter konnte sich in der Gemeinschaft entfalten … und eine Freundschaft aufbauen, sich mit einer Freundin verschwören. Sie konnte auch Spiele machen, die in einer normalen Mietwohnung nicht durchführbar sind. Meine Tochter ist selbständiger geworden.»

Der von Claudia organisierte interkulturelle Frauentreff beginnt beim gemeinsamen Kochen von Mahlzeiten. In diesem lockeren Rahmen kommt bald das Bedürfnis auf, an konkreten Themen zu arbeiten. Es entsteht ein Lesezyklus über Frauengeschichte, der eine Diskussion über die Beziehungs- und Familiensituation der Frauen ermöglicht. Auch die für viele der Frauen noch fremde Aidsproblematik und -prävention wird zum Thema. Die Gruppe möchte zudem gemeinsame Aktivitäten entwickeln, wobei Claudia ihre ursprüngliche Idee eines Theaterkurses nach Augusto Boal einbringt.

Daneben setzen sich die Frauen aber auch konkret für den Auf- und Ausbau ihres eigenen Treffs für Mütter und Kinder ein. Die Eltern müssen durch Mitarbeit und ein kleines Entgelt auch eine eigene Leistung erbringen. So entsteht ein kleines Modellprojekt für jeweils zwölf Mütter und zwölf Kinder, das von anderen Quartieren übernommen werden könnte. Auch die Presse und eine private Fernsehstation berichten über den Treffpunkt.

Da Claudia Kunz Zeit für ihre Abschlussarbeit benötigt, muss sie die Leitung des Treffpunktes aufgeben. Sie hat uns jedoch den Weg in vielerlei Hinsicht geebnet. Zwei Hilfswerke wären zu einer Kooperation bereit, geraten aber genau zu dieser Zeit in interne Turbulenzen. Wir betrauen deshalb eine Flüchtlingsfrau mit der Aufgabe, den Treffpunkt für Asylsuchende und Schweizer Familien als Praktikantin weiterzuführen. Die Finanzierung ist schwierig, weil die privaten Spenden für Asylsuchende sehr spärlich ausfallen.

Nach einem Jahr eröffnet die Stadt kurz vor den Stadtratswahlen im selben Stadtkreis in ungefähr 500 Metern Distanz einen eigenen Treffpunkt. Die Mitarbeiterinnen haben Claudias Abschlussarbeit eifrig studiert. Die Ähnlichkeiten sind frappant. Sogar das Design unserer Flugblätter in den verschiedenen Sprachen wird übernommen. Einerseits freut uns diese späte Anerkennung, andererseits wurmt uns, dass die Stadt unser Projekt für 50 000 Franken nicht unterstützt hat, aber für das eigene 300 000 Franken ausgibt. In dieser Situation ergibt die Weiterführung des Projektes keinen Sinn mehr. Deshalb schliessen wir den Treff.

*

In den ersten Jahren laden wir gezielt Leute aus Ländern der Dritten Welt ein, um für ein Praktikum oder eine Informationsreise in die Schweiz zu kommen. Von Willie Gamage und von K. D. Pieris war schon die Rede. Von Ilse Miranda, Jailos Kanjanga und Lidia Antty auch. Wir wollen den Austausch unter Ökologieprojekten von Süd und Nord unterstützen. Ähnlich wie beim Süd-Süd-Austausch sollen die Beteiligten in der direkten Zusammenarbeit voneinander lernen. So verbringt Marcio Mercedes Vilchez aus Nicaragua 1987 ein halbes Jahr in der Schweiz und arbeitet auf dem wenig mechanisierten Biobauernhof von Iren und Matthias Scheurer-Täuber in Langenbruck mit.

Marcio ist ein offener Mensch, der gerne lacht und in Gesellschaft ist. Auf der Fahrt vom Flughafen zum Bauernhof überrascht er mich mit seinen Beobachtungen. Es ist für ihn kaum nachvollziehbar, weshalb wir einen Tunnel durch einen Hügel bauen. Er staunt über unsere Bequemlichkeit, denn er ist es gewohnt, meilenweit zu Fuss zu gehen. Auf der Autobahnraststätte bricht er in ungestümes Lachen aus, als er realisiert, was der Inhalt der Plastikdöschen ist, die zum Kaffee serviert werden. Mit ihm ist es erfrischend zu reisen. Er spiegelt mir meine eigene verrückte Welt.

Ziel seines Aufenthaltes ist es, Wissen zum biologischen Landbau für seine Bauernorganisation in Achuapa in Nicaragua nutzbar zu machen. Eine weitere Aufgabe Marcios ist die Vorbereitung der freiwilligen Brigadehelfer und -helferinnen aus der Schweiz auf den Aufbaueinsatz in Nicaragua. Diese Aufgabe gelingt ihm gut, denn er hat von der reichen Welt und insbesondere von der Schweiz einen ersten Eindruck gewonnen und kann die jungen, meist städtischen Freiwilligen für den Respekt gegenüber der anderen, ländlichen Kultur sensibilisieren. Später, zurück in Achuapa, wird Marcio mit seiner Organisation eine Biofarm aufbauen. Die Farm erhält Hilfe von dänischen Organisationen und Unterstützung im Rahmen der Städtepartnerschaft Bern-Achuapa.

Es braucht allerdings den entschlossenen Charakter eines Basismitgliedes wie Marcio, damit die Verlockungen der reichen Schweiz dem Projektvorhaben zu Gute kommen. So interessiert sich Marcio weniger für Traktoren als für die einfachen Möglichkeiten, arbeitsintensive Alltagssituationen der Bauern zu erleichtern. Auch ist es für ihn während des Aufenthalts in der Schweiz keine Frage, dass er in seine Heimat zurückkehren wird, um die ihm zugedachte Aufgabe zu erfüllen.

Auch anderen Männern und Frauen aus verschiedenen Ländern ermöglichen wir Reisen in die Schweiz, kommen aber mit der Zeit zum Schluss, dass der Süd-Nord-Austausch für Basismitglieder auch Gefahren mit sich bringt. Sie könnten von unserer Technik geblendet sein und streben plötzlich zu grosse Entwicklungsschritte an, oder sie überschätzen die Geldmittel, die wir zur Verfügung haben. Oder sie könnten auch hier bleiben wollen. Damit käme der Nutzen nicht mehr ihren Organisationen zu Gute. Wir verlegen uns deshalb auf die Einladung von Führungspersonen, die für ihre Organisation neue Ideen aus der Schweiz mit nach Hause bringen sollen. Vor allem im biologischen Landbau ist das sehr gut möglich.

Die Schweiz ist aber auch ein interessanter Dreh- und Angelpunkt für Vernetzungsstellen, Datenbanken und Erfahrungsaustausch. Bei einem einwöchigen Kurs der Direktion für Zusammenarbeit und Entwicklung (Deza) lerne ich, Projekte auf ihre Friedensverträglichkeit in Konfliktgebieten zu überprüfen. Das

Thema des Kurses heisst «Mediation in der Entwicklungszusammenarbeit und Friedenstransformation». Eine direkte Folge dieser Ausbildungswoche ist das jüngste EcoSolidar-Projekt, das im Jahr 2005 in Mindanao auf den Philippinen begonnen wurde.

In einem Krisengebiet mit zwei Befreiungsfronten, lokalen Clankonflikten, wo private Entführungsgruppen operieren und die Regierungsarmee Dauerpräsenz markiert, unterstützen wir eine lokale Vereinigung, die mit dem Einverständnis aller Konfliktparteien zum ersten Mal Entwicklung in ein Gebiet trägt, das bisher davon abgeschnitten war. Einerseits geht es dabei um die Aufarbeitung der alten, mündlich überlieferten Legenden des Stammes der Higaonon, andererseits um die Sicherung ihrer Landrechte und die Einführung neuer landwirtschaftlicher Methoden im Regenwald sowie die Vermarktung der Erzeugnisse des Stammes. Darüber hinaus werden zwei Nachbardörfer mit muslimischer Bevölkerung in das Projekt einbezogen. Bei Konflikten oder in deren Vorfeld interveniert unsere Partnerorganisation unter anderem mit dem Versuch, alte Friedensriten zu beleben. Das ganze Unternehmen ist anspruchsvoll und erfordert scharfen analytischen Verstand von Seiten der einheimischen Partnerorganisation. Das Projekt ist aber noch nicht so weit, dass bereits heute schon von Erfolgen berichtet werden kann. Aber eines ist klar, nämlich dass eine gute Koordination in der Schweiz mit einem sorgfältigen Wissenstransfer zu neuen Ansätzen führen kann.

*

Eine kleine Heimatkunde und eine weitere Selbstspiegelung ergibt sich 1991, als in der Schweiz die 700-Jahr-Feier stattfindet. Der Bund wendet eine Million Franken auf, um unsere Weltoffenheit öffentlich kund zu tun. Unzählige Projekte werden eingegeben. Den Zuschlag erhält das Austauschprojekt eines angesehenen Schweizers, der Präsident einer grossen Organisation ist. Er hat zwar keine Kontakte zur Basis in der Dritten Welt, ist den Behörden aber genehm. So erhalten wir zusammen mit anderen Hilfswerken die sonderbare

Anfrage, Dritte-Welt-Bauern oder -Bäuerinnen zwischen 20 und 22 Jahren, die Englisch sprechen, zu vermitteln. Nun ist es aber so, dass in der Dritten Welt kaum jemand Bauer, geschweige denn Bäuerin ist, wenn er oder sie mit 20 Jahren schon Englisch spricht. Das kümmert unseren Organisator aber nicht. Vorgesehen ist, dass die Eingeladenen in der Schweiz drei Wochen auf Bauernhöfen mitarbeiten, und im Gegenzug die Gastgeberfamilien später ihre Gäste auf Kosten des Bundes besuchen können.

EcoSolidar ist skeptisch. Wir wollen aber nicht über die Köpfe unserer Partnerorganisationen hinweg handeln. Deshalb überlassen wir ihnen den Entscheid, jemanden zu schicken oder nicht. Sie kennen unsere Skepsis, wollen sich aber die schöne Reise nicht entgehen lassen. Die Eingeladenen erhalten von den Veranstaltern ein Flugticket und ein Bahnbillett von Zürich nach Landquart. Dort sollen sie von den Gastfamilien abgeholt werden. So darf man es gerne mit Geschäftsleuten halten, die man nicht besonders mag; hier aber handelt es sich um junge Leute, die noch nie im Ausland waren. Ich hole sie deshalb auf dem Flughafen ab. Das erste Hindernis ist denn auch schon der Zoll, wo die junge bolivianische Bäuerin, die mittellos in die Schweiz kommt, verdächtigt wird, Drogen einzuschmuggeln. Sie wird am Zoll zurückgehalten. Ich lasse sie über den Informationsschalter aufrufen und erhalte nach geraumer Zeit den Bescheid, mich zum Zoll zu begeben. Von einer 700-Jahr-Feier wissen sie dort nichts. Sie kopieren meinen Ausweis, und ich garantiere für die Eingeladene.

Schwierig wäre es auch für eine junge Frau aus Sri Lanka geworden. Sie hätte keine Ahnung gehabt, wie sie von Kloten nach Landquart kommt. Ich beherberge sie zuerst einmal in Zürich und bringe sie dann – begleitet von einem Fernsehteam – ins Safiental zu ihrer Gastfamilie. Die Familie ist beim Heuen. Die junge Frau hat keine geeigneten Schuhe im Gepäck. Ich finde, dass man eine Gratis-Arbeitskraft für zwei Wochen mit einem Paar Bergschuhen ausrüsten könnte. Ein wenig genervt sage ich in sarkastischem Ton, dass in der Kinderabteilung von Jelmoli sicher geeignetes Schuhwerk zu finden sein müsste. Die junge Frau hat sehr kleine, zierliche Füsse. Das bringt mir im Titel einer Zeitung die Bezeichnung «zynischer Hilfswerkboss» ein. Die junge Frau aus Sri Lanka arbeitet drei Wochen für ein Taschengeld von umgerechnet 300 Franken. Nach ihrer Rückkehr verlässt sie die NGO, die sie in die Schweiz geschickt hat und «kauft» sich eine Regierungsstelle.

Der am Zoll als Drogenkurierin verdächtigten bolivianischen Bäuerin ergeht es besser. Sie ist im vierten Monat schwanger und kommt auf einem schlossähnlichen Hof in Pratval unter. Sie darf sich dort ausruhen und die Gastfreundschaft geniessen. Sie lernt einiges durch Zuschauen. Die Bauersleute sind früher in Lateinamerika umhergereist und erfreut, sich einmal für die dort erlebte Gastfreundschaft revanchieren zu können.

Höhepunkt der Austauschtage ist ein Alpfest im Bündnerland. Alle vom Bund Eingeladenen kommen hin, also junge Lehrer, junge Bäuerinnen und Wissenschafter. Die Älpler sind vorgängig zwar nicht informiert worden, erweisen sich aber als äusserst gastfreundlich. Die Musikinstrumente werden getauscht. Schwarze blasen das Alphorn. Ungewohnte Rhythmen erschallen auf dem Berg. Das Fest ist eine Verbrüderung und Verschwisterung an der Basis, wo die Leute keine Probleme haben, einander zu akzeptieren.

Bei den politisch Agierenden aber geht das nicht so einfach. In Disentis tagen Fachleute und machen sich theoretische Gedanken über das Zusammenleben verschiedener Kulturen, derweil sich der Organisator sehr ungehobelt einem portugiesischen Kellner gegenüber verhält. Das alles wird von der Rundschau des Schweizer Fernsehens kritisch begleitet und gefilmt. Die Fernsehleute wollen die schweizerische Austauschaktion und den von EcoSolidar organisierten Austausch der Fischergemeinschaften aus Sri Lanka und Kerala bildlich zueinander in Beziehung setzen. Der Beitrag ist zu einer guten Sendezeit vorgesehen, doch 1991 wird Michael Gorbatschow auf der Krim unter Hausarrest gestellt, und der Bericht darüber erhält natürlich Priorität. Später ist der Beitrag leider bereits nicht mehr aktuell. Was bleibt, sind die darin aufgeworfenen Fragen: Wie gehen wir mit Fremden um? Wer sind denn die «guten» Ausländer? Wer sind eigentlich wir?

*

«Der Weg in eine radikale Künstlichkeit hat bereits begonnen. Menschen haben zwar schon immer durch ihre kulturellen und landwirtschaftlichen Tätigkeiten eine künstliche Umwelt geschaffen. Bis vor kurzem hat der Mensch aber nicht über das Werkzeug zur geplanten Umgestaltung der materiellen Basis von Leben verfügt. Im qualitativ neuen Gehalt der Gentechnologie steckt der Schlüssel zur Erschaffung einer zweiten Natur. Heute greift der Mensch synthetisch und kreativ in Makromoleküle, Mikroorganismen, Pflanzen, Tiere, Menschen und in die Evolution ein. Damit ist die Neukonstruktion der uns umgebenden Lebensformen nach menschlichem Ermessen angelaufen. Dass sich der Mensch in diesen Prozess selbst einbezieht, ist unvermeidlich.» Diese Sätze schrieb Daniel Ammann von der Schweizerischen Arbeitsgruppe Gentechnologie (SAG) in der Publikation «Vom Menschenbild der Mäuse» anlässlich einer Bolderntagung zur Gentechnologie im Jahre 1993.

Sehr früh schon haben Willie Gamage und ich in Olten von der Kleinbauernorganisation und im Brüsseler Büro der Grünen Fraktion des Europaparlamentes erfahren, was mit der Gentechnologie auf die Bauern und Verbraucher hier und in der Dritten Welt zukommt. 1987 helfen wir deshalb bei der Gründung der SAG. Die Patentfrage ist uns dabei ein wichtiges Anliegen. Hier wollen wir in der Schweiz auch unseren Beitrag im Interesse der Bauernfamilien aus unseren Projekten leisten.

Der grösste Anteil der genetischen Ressourcen stammt aus dem Süden, wo die Biodiversität noch reichhaltiger ist als bei uns. Bis vor kurzem galten die genetischen Ressourcen als unser aller Erbe und waren frei zugänglich. In den Laboratorien der Konzerne des Nordens aber werden sie inzwischen verändert und in Monopolbesitz überführt, wenn wir ihre Patentierung zulassen. Die «Schöpfer» dieser neuen gentechnischen Erfindungen möchten ihre Kosten dank

Patentierung durch Lizenzgebühren wieder hereinbringen und kräftig dazuverdienen. Speziell bei den Nutztieren und den Agrarprodukten wird das katastrophale Folgen haben.

Kleinbauern bei uns und Bauern in Entwicklungsländern – das sind dort 70 bis 80 Prozent der Bevölkerung – müssen befürchten, dass ihre herkömmlichen Produkte verdrängt werden und nur die Grossbetriebe sich «das neue Leben» leisten können. Diese Kleinbauern werden in die Stadt abwandern und dort von der Hungerhilfe leben. Das ergibt keinen Sinn, ausser für unsere Industrie, die unseren Wohlstand und ihre Vorherrschaft für das 21. Jahrhundert sichert. EcoSolidar möchte dazu beitragen, dass die Ressourcen der Dritten Welt den Menschen dort auch für die Zukunft erhalten bleiben. Damit sie und wir über eine gesunde Lebensgrundlage verfügen.

Wir haben die Verantwortung, mit unserer Erde für unsere Nachkommen sorgfältig umzugehen. Forschung und kurzfristige ökonomische Veränderungen dürfen unsere Natur nicht unwiderruflich schädigen. Ein wichtiges Thema des Erdgipfels in Rio von 1992 ist die Erhaltung der Biodiversität auf unserem Planeten. Wale und Pandabären und Tomaten können die Aufmerksamkeit der Welt relativ leicht auf sich lenken, aber neben ihnen gibt es abertausende weniger exotischer Arten. Die bereits ergriffenen Schutzmassnahmen sind wichtig und richtig, bleiben aber ein Tropfen auf den berühmten heissen Stein, wenn nicht klare politische und rechtliche Leitplanken gesetzt werden. Nur ein Verbot der Patentierbarkeit von Leben garantiert, dass die heute schon fatal schrumpfende Biodiversität in Zukunft sich nicht noch mehr verringert und in eine Abwärtsspirale gerät. Und es gilt auch, die völlige Abhängigkeit der Kleinbauern hier und in der Dritten Welt von den Konzernen der industrialisierten Länder zu verhindern.

Dieser aktive Beitrag in den 1980er und 1990er Jahren ist uns ein wichtiges Anliegen im Entwicklungsland Schweiz. Gemeinsam mit vielen kleinen Organisationen wird eine Sensibilisierung in der Bevölkerung erreicht, die zumindest Verordnungen über die Wahlfreiheit der Konsumentinnen bei den Produkten garantiert. Es ist mir allerdings klar, dass der eigene Bauch den meisten näher liegt als die Anliegen der Dritten Welt. Nur die eigene Betroffenheit führt schlussendlich zum Umdenken.

*

Die Veränderungen, die wir in der Schweiz wie auch in der Dritten Welt anstreben, machen auch vor uns selbst als Organisation nicht Halt. Nach 12 Jahren Arbeit mit EcoSolidar lasse ich mir vom Vorstand ein Coaching bewilligen. Viele Entscheidungen habe ich in Absprache mit einzelnen Vorstandsmitgliedern getroffen, aber weitaus häufiger wurden Entscheidungen direkt an Ort und Stelle gefällt. Es waren so genannte einsame Entscheidungen, und so bin ich mir dabei oft auch vorgekommen. Vom Coaching verspreche ich mir eine Rückschau, eine Bestandesaufnahme und eine klarere Zukunftssicht. Eine Reflexion mit einer aussenstehenden Beraterin soll mich kritisch durchleuchten und mich mit meinen Haltungen und Entscheidungsmechanismen konfrontieren.

Claudia Kunz hat sich nach ihrer Diplomarbeit zum interkulturellen Frauentreff zur Beraterin in Organisationsentwicklung weitergebildet und sich selbständig gemacht. Später wird sie die Beratungsgruppe «passione-consulting.net» mitgründen. Ich bin froh, dass sie bereit ist, mich zu coachen. Ich kenne ihre unerbittliche Genauigkeit beim Aufarbeiten von Rollenmustern und systemimmanenten Fehlern in Organisationen. Ich schätze ihren gefühlvollen Einfallsreichtum, wenn es um die bildliche Darstellung von Problemen geht, und ich freue mich, wenn ihr Lachen mich dabei ansteckt. Ich ärgere mich aber auch, wenn sie mich auffordert, eine mir nicht genehme Situation so unheimlich genau zu analysieren, wie sie es kann.

Claudia zeigt mir auf, dass ein demokratischeres Selbstverständnis von EcoSolidar mit stärkerer Beteiligung des Vorstands zu mehr Effizienz und Effektivität führen und zusätzlichen Raum und Energie für zukunftsträchtige Veränderungen geben könnte. Sie verdeutlicht mir die Zusammenhänge, die zwischen einer Veränderung der Kommunikations- und Zusammenarbeitsstruktur mit dem Vorstand und der Qualität der Projektarbeit bestehen. Das Ziel ist, eine neue Vereinskultur zu schaffen.

Natürlich müssten dafür alle Ebenen des Vereins einbezogen werden, aber diesbezüglich bin ich zu Beginn skeptisch. Aus der Erfahrung in Kollektiven schaudert es mich vor deren Tendenz zur Nivellierung. Der Einzelne, der interessante Initiativen ausführen möchte, wird auf Grund einer von Neid geprägten Dynamik auf ein Mittelmass gedrückt. Keiner soll herausragen. Gute Ideen werden meist so lange zurechtgefeilt, bis nicht mehr viel davon übrig ist. Nach solchen Erfahrungen im Kollektiv machte ich aus meinem Wunsch, eigene Spuren zu hinterlassen, mein neues Credo. Ich wollte meine Ideen ausführen und zeigen, was möglich ist. Im Laufe einiger Coaching-Sitzungen beginne ich nicht nur vom Verstand her einzusehen, dass eine grössere Beteiligung des Vorstandes auch für mich ein Gewinn wäre. Meine Widerstände nehmen ab.

Bis dahin hatte ich meistens mit Buchhaltungshilfen zusammengearbeitet. Sie waren meine Kollegen und Kolleginnen, und sie bekamen meine unmittelbaren Gefühle bei der Projektarbeit mit, ohne in diese einbezogen zu sein. Ab und zu begleitete mich ein Vorstandsmitglied auf meinen Reisen. Das ergab meistens eine positive Reibung. Davon, wird mir nach und nach klar, brauche ich mehr. In den folgenden Jahren nimmt der Vorstand den Ball auf und entwickelt eigene Vorstellungen der demokratischen Kontrolle und der Strategieentwicklung. Die zwei Evaluationen sind Ausdruck dieser Veränderung, auch die interne Diskussion über die Nachfolge in unserer eigenen Organisation beginnt, und die im Jahr 2004 durchgeführte Schweizer Hilfswerktagung wäre ohne den Einsatz des Vorstandes nicht möglich gewesen. Der Einsatz von Claudia Kunz hat direkt und auch indirekt einiges bewirkt. Auch die Verstärkung durch Isabella Augustin, die 2001 bei EcoSolidar eingetreten ist, hat meine Situation im alltäglichen Bereich stark verbessert. Und mittlerweile ist sogar meine Entlöhnung eine für diese Branche normale.

Eine wichtige Stossrichtung für die Arbeit im Entwicklungsland Schweiz ergibt sich aus den gemeinsamen Erfahrungen auf Reisen mit Ilse Miranda und der Begegnung mit Madhu Bushan in Indien. Ich beginne zu verstehen, wovon sie sprechen, wenn sie eurozentrierte Respektlosigkeit und die Befehlsgewalt der Geldgeber kritisieren. Partnerschaftliche Verhältnisse in der Entwicklungszusammenarbeit kommen immer mehr unter die Räder. Ilse, Madhu und andere drängen EcoSolidar, hier in der Schweiz etwas dagegen zu unternehmen.

Ich habe diese Idee immer gut gefunden, aber es fehlte mir die Zeit oder das Geld oder beides, und immer gab es etwas, das mir dringlicher vorkam. Aber die Beispiele inakzeptablen Vorgehens gegenüber Partnerorganisationen häufen sich, und auch aus meiner Sicht wird eine Diskussion immer nötiger. Inzwischen dauern Gesuchsverfahren bei der EU drei Jahre, es werden starre Regeln zur Durchführung des Projektes aufgestellt, es ist nicht mehr möglich, Projekte einer veränderten Situation anzupassen, ein Mangel an Flexibilität ist die Folge.

Konzepte und Erfahrungen aus dem Süden gelten wenig, wie das Beispiel der willkürlichen Bedingungen zeigt, die europäische Grosshilfswerke beim Strassenkinderprojekt in Bolivien stellen. Universitätsabgänger aus nördlichen Ländern werden von den grossen Hilfswerken in Sri Lanka bei kulturell heiklen Interventionen ins Feld geschickt. Die EU setzt europäische Kodirektoren ein, die die bisherigen NGO-Leiter zu Helfern degradieren. Oft werden diese später sogar gegen Manager und Managerinnen ausgetauscht. In Indien werden Evaluationsverfahren benutzt, um durch finanziellen Druck politisch missliebige Teile von Projekten zu kippen. Von uns unterstützte Projekte werden mit höheren Geldmitteln abgeworben, und in erfolgreichen Projekten entbrennen so eigentliche Verteilungskämpfe. Ich dachte, das hätten wir in den 1980er Jahren schon überwunden, das hätten wir schon einmal diskutiert und abgehakt. «Was ist geschehen?», wollen wir wissen. Insgeheim hoffe ich, dass wir in der Schweiz noch ein wenig besser dran sind.

Eine Tagung mit Hilfswerkverantwortlichen soll zur Klärung solcher Fragen beitragen.

In den rezessiven 1990er Jahren wurde der Konkurrenzkampf bei der Geldsuche härter. Auch staatliche Stellen kamen unter Rechtfertigungsdruck. Aus der Erkenntnis heraus, dass unsere Branche in den Dekaden davor die Welt nicht besser zu entwickeln helfen konnte, entstand ein innerer Druck, nun professioneller an die Arbeit zu gehen. Es entstand eine wahre bürokratische Revolution. Bedeutend mehr Hilfswerke liessen sich bei der ZEWO zertifizieren, was noch das Beste war. Benchmarking machte die Runde. ISO-Zertifizierungen waren möglich. Qualitätsmanagement mit unzähligen Checklisten kam auf. Inzwischen gibt es ein «NGO-Label für Management-Excellence». Biozertifizierungen für Produkte aus den Projekten wurden nötig. Strenge Abläufe der Projektplanung, Ausführung und Evaluation wurden eingeführt. Und die Projekte passten sich dem Ziel «Förderung der Ärmsten» an oder wurden umgeschrieben. Ein ganzer Zweig freier Berater dankte dafür. Auch Teamsupervision, Coaching und Organisations-Entwicklung hielten da und dort Einzug, etwas, das immerhin einen emanzipatorischen Anspruch beinhaltet. Für die Umsetzung von all dem mussten die Partnerorganisationen im Süden «auf Vordermann» gebracht werden.

Wir von EcoSolidar haben nichts gegen eine Beurteilung der Effizienz. Aber wir sind der Meinung, dass diese gemeinsam mit den Partnern und Partnerinnen geplant und durchgeführt werden muss. Wir sind Mittler zwischen Geldgeber und Basis und folglich beiden gegenüber verantwortlich. Die Tagung im Jahr 2004 wird zur Gelegenheit, einmal kurz innezuhalten und uns als Hilfswerkverantwortliche zu fragen, ob der Respekt und die Hilfe im Sinne einer Zusammenarbeit von Menschen mit gleichen Rechten und unterschiedlichen Erfahrungen nicht aufgegeben wurden.

An der Tagung nehmen etwa 50 Hilfswerkleute teil. Willie Gamage, Madhu Bushan und Ilse Miranda halten Referate. Aus kritischer schweizerischer Sicht nimmt Al Imfeld Stellung. In der

Plenumsdiskussion und in den Arbeitsgruppen, die von Mitgliedern des EcoSolidar-Vorstandes geleitet werden, zeigt sich, dass eine Mehrheit durchaus für straffe Abläufe und Evaluationen plädiert. Diese sollen aber nie auf Kosten einer partnerschaftlichen Beziehung gehen.

Fast alle sprechen sich für die Weiterführung der Thematik aus und möchten ein nächstes Mal möglichst anhand von praktischen Beispielen arbeiten. Auch eine Nacherhebung nach einem halben Jahr zeigt noch ein starkes Interesse, die eigene Arbeit in partnerschaftlicher Weise zu verbessern. Eine nächste Konferenz wird von EcoSolidar auf das Erscheinen dieses Buches zu unserem 20-jährigen Jubiläum angesetzt.

Ilse Miranda spricht an der Tagung von ihrem Ansatz zur Partnerschaft. Dazu ein kurzer Auszug aus einer sehr grundsätzlichen Perspektive:

«Kleine Hilfswerke definieren ihr Vorgehen mit Hilfe von Wahrnehmungen, Eindrücken und Meinungen über das, was sie sehen und in unserem Land als Problem erkennen, sowie über das, was sie als mögliche Lösungen einschätzen. Nebst ihrer Logik lassen sie sich von ihren guten Wünschen leiten, wenn sie das Prozedere ausarbeiten, mit dem sie versuchen, Geld für die Finanzierung ihres Projektes zu erhalten. Manchmal führt eine erste Reise in unsere Länder des Südens bereits zur Schaffung eines kleinen Hilfswerks.

Grosse Entwicklungsagenturen gehen beim Aufbau ihrer Projekte viel technischer vor. Sie richten sich nach einem bereits funktionierenden Modell. Sie folgen gewöhnlich den Entwicklungsleitlinien, die von politischen und wirtschaftlichen Entscheidungsträgern festgesetzt werden, welche die ganze Welt bereisen und Ausschau halten nach Initiativen, die sie finanzieren können, und die ihren kurz-, mittel- und langfristigen Interessen entsprechen. Im Bereich von Gesundheit und Bildung strömen Millionen-Dollarbeträge zusammen.

Was nun das Vorgehen bei der gesellschaftlichen Entwicklung betrifft, so sind es die Kriterien der Geber, die massgebend sind für die erwünschte, ausgedachte, sich vorgestellte soziale Entwicklung. Es ist ein Monolog, der manchmal mit einer bestimmten Technik vorgeht, manchmal aber auch nicht. Wenn dann der transzendente Entscheid bevorsteht, was wie lange und wie verteilt und finanziert werden soll, dann werden die Visionen und möglichen Alternativen dazu in Bezug auf Kultur und Ort nur einseitig betrachtet.

Alle Direktbeteiligten sehen, ob sie das wollen oder nicht, die gemeinsamen Probleme aus einer eigenen Perspektive, mit einer eigenen Tragweite und einem eigenen Wahrnehmungshorizont. Deshalb ist unsere Sicht in den armen Ländern des Südens – das, was wir selber an Problemen in der gesellschaftlichen Dynamik sehen, was wir als kurz-, mittel- und langfristige Alternativen betrachten, und was wir an Strategien und produktiven Lösungen bei sozialen Investitionen kennen – zwangsläufig von einer anderen Perspektive bestimmt, einem spezifischen Blick auf den Kosmos, einer alternativen Kultur sogar.

Das fehlende Bewusstsein über diese kulturellen Unterschiede und Gegensätzlichkeiten in Momenten der Entscheidungsfindung – die fundamental sind für die Entwicklung von späteren Aktionen – drängt diejenigen ab, die nicht mit Geld, sondern mit anderen Mitteln einen Beitrag leisten, und verweist sie bestenfalls auf die Ebene von Sozialarbeitern, meist aber auf die von Nutzniessern und Klienten. Will man beim Aufbau einer gleichberechtigten Gesellschaft Effizienz garantiert haben, so braucht es dazu gleichberechtigte Partner.»

Die Entwicklungszusammenarbeit ist entwicklungsbedürftig

Betrachtungen auf der Parkbank – Die Unzulänglichkeiten unserer NGOs – Wischen vor der eigenen Haustür – Mängel in der Schweiz und Vorschläge zur Verbesserung der Situation – Eine utopische Geschichte – Eine mögliche Vision – Ausklang

Wieder einmal verbringe ich einen sonnigen freien Tag am Zürichsee und finde meinen Seelenfrieden in der kontemplativen Betrachtung der sich schnell verändernden Spiegelungen auf dem sich kräuselnden Wasser. Die Parkbank ist noch frei, die verschiedenen in der Stadt ansässigen Volksgruppen haben das Seeufer noch nicht unter sich aufgeteilt, um zu musizieren oder zu spielen.

Meine Freunde, der Zyniker und der Pfarrer, schlendern heran, setzen sich, und schon ist es mit der Ruhe vorbei. «Was tust du denn eigentlich in der Dritten Welt?», eröffnet der Zyniker angriffslustig wie immer die Diskussion. «Du verhinderst doch nur, dass die Leute dort selbst gegen die ungerechten Verhältnisse kämpfen. Du verteilst Tropfen auf einem heissen Stein, damit er nicht zerspringt. Dadurch hilfst du, die bestehenden ungerechten und ausbeuterischen Verhältnisse aufrechtzuerhalten. Du würdest besser gar nichts tun, dann müssten die Leute sich erheben», giftelt er missmutig.

«Oh, da bist du ja wieder einmal bei deiner altmodischen Verelendungstheorie gelandet», gibt der Pfarrer mürrisch zurück. «Du müsstest doch eigentlich wissen, dass Verelendete keine Revolution anführen, wenn du deine Bücher nur schon durchgeblättert hättest. Nein, wir müssen hier endlich einmal Verzicht leisten und mehr Geld in die Entwicklungszusammenarbeit investieren, damit die Verhältnisse dort verbessert werden können. Wir müssen unsere Anstrengungen verdoppeln.»

An diesem Punkt hake ich ein und sage: «Mein Lieber, auch das ist mit Geld alleine nicht getan, da musst du erst einmal die Leute befähigen, ihr Schicksal in die eigenen Hände zu nehmen. Sie müssen in die Lage kommen, zu begreifen, dass sie für ihre Zukunft in Freiheit nur selbst sorgen können.» Der Zyniker fährt wieder dazwischen und spottet: «Dann werden sie wie du mit deiner Karriere vom Tellerwäscher in der Alternativbeiz Engel zum Hilfswerkboss. Dann sind sie zufrieden, dass sie auch ein Häppchen vom grossen Kuchen abbekommen, und wehren sich nicht mehr gegen ein System, das ihnen das ermöglicht hat.»

Der Pfarrer wird etwas ungehalten. «Du brauchst nicht gleich einen Lebenslauf zu verdammen, nur weil du es selbst nicht zu mehr gebracht hast. Ich finde, es ist eine anständige Art, sein Leben damit zu verbringen, anderen weiterzuhelfen», entgegnet er dem Zyniker. «Nun macht aber einmal halblang», werfe ich ein. «Meine Motivation ist doch wohl weder die eine noch die andere. Ich setze mich dort ein, wo ich stehe, und tue das, was ich eben kann. Natürlich strebe auch ich eine Veränderung an, bin aber nicht Politiker, der sich zum Beispiel für Zollsenkungen einsetzen kann, damit die Produkte der Dritten Welt bei uns auf den Markt kommen und nicht nur umgekehrt. Ich bin auch kein Philosoph oder Vordenker, der andere wachrüttelt. Ich bin ein Macher, ein Generalist, und als solcher ein Pragmatiker, der denkt und seine Erfahrung reflektiert und sich am Ort des Geschehens einmischt. Sehe ich die leuchtenden Gesichter derjenigen, die von einem Projekt profitieren, dann erhalte ich die Motivation, auch unangenehme Arbeitssituationen in Kauf zu nehmen.»

Nach einer Pause wechselt der Zyniker das Thema. «Du hast ja heute deine Sandalen nicht an», lächelt er verschmitzt und schiebt etwas fies nach: «Hast du nun den Verzicht aufgegeben? Das Leben ist doch wie ein saftiges Stück Fleisch, da musst du nur hineinbeissen.» – «Das Leben ist doch keine Wellnessveranstaltung!», ruft der Pfarrer aus. «Vielleicht doch», meine ich. «Insofern ich meinen Beruf liebe, geht es mir auch gut, und davon kann ich etwas weitergeben. Im Materiellen habe ich dieselben Bedürfnisse wie ihr auch. Auch ich geniesse es auf dieser Parkbank in der Sonne, und am Abend dann ein Glas Wein zu einem saftigen Stück Fleisch. Ich bin keine Projektionsfläche für Leute, die das Bedürfnis, Gutes zu tun, an andere delegieren. Ich habe Freude an meiner Arbeit und am Leben.»

Später erfreuen wir uns gemeinsam am simplen Vergnügen eines Bades im See. Unsere Gedanken tauchen mit unseren Köpfen in dasselbe Wasser, mit dem wir morgen auch wieder kochen. Nach dem Bad bleibe ich alleine noch etwas auf der Parkbank zurück und sinniere über meine Arbeit.

*

Die Entwicklungszusammenarbeit ist klar reformbedürftig. Sie könnte mehr leisten, wenn sich einerseits die NGOs zu mehr Effizienz durchringen könnten, und andererseits die Hilfswerke ihre Arbeit überdenken und gemeinsam koordinieren würden. Die Zusammenarbeit ist notwendig. Aus 20 Jahren Erfahrung mit EcoSolidar möchte ich im letzten Kapitel diesen Themenkreis angehen. Zentral ist die Frage nach dem Ziel unseres Tuns. Es geht nicht nur um wirtschaftliche Ankurbelung. Sie ist nicht Ziel, aber Mittel, um auf dieser Welt zu erreichen, dass Menschen nicht mehr ausgeschlossen werden. Das Ziel soll immer sein, wirtschaftlich oder sozial randständige Menschen zu befähigen, in die Gesellschaft zurückzukehren und in ihr die Rechte wahrzunehmen, die ihnen zustehen, und den Verpflichtungen nachzukommen, die damit verbunden sind. Entwicklung heisst im Weiteren auch Entfaltung. Entfaltung von persönlichen und gesellschaftlichen Utopien, aber auch Entfaltung einer friedlichen Kommunikation und Koexistenz unter den Menschen. Und da gehören alle dazu.

*

Die NGO-Gemeinschaft im Süden wie im Norden hat ihre eigenen Unzulänglichkeiten nun über Jahre hin gepflegt. Da gehören wir Hilfswerke dazu. Aus einer wirtschaftskritischen Haltung heraus wird der Kontakt mit der Geschäftswelt abgelehnt. Mit «Dirty Business» will man nichts zu tun haben, mit der Welt der Ideen schon. Dabei wird vergessen, dass irgendwo das produziert und verkauft werden muss, was dann zu sozialer Tätigkeit führen kann. Wirtschaftliche Aktivität soll aber nicht einzelne Gruppen privilegieren und reich machen, sondern ein klares, gemeinnütziges Ziel haben. Die Wirtschaft dient den Menschen.

Beim Beispiel von OCMA in Guayaramerin in Bolivien ist die soziale Tätigkeit durch die Erschwinglichkeit der Heilmittel garantiert. Eine grosse Scheu besteht aber davor, mit dem alten kollektiven Wissen Geld zu verdienen. Die Frauen der OCMA verkaufen deshalb nur lokal, was im ganzen Land Absatz finden könnte. Übersehen wird dabei, dass mit der Beschränkung auf einen begrenzten Markt auch weniger Leute vom alten Kollektivwissen profitieren. Wird aber wenig Einkommen erzielt, bleibt OCMA für Forschung und Entwicklung der Medikamente von den Hilfsgeldern anderer abhängig. Doch da die Selbständigkeit unserer Partner unser Ziel sein muss, bleibt nur die Möglichkeit, die Gratwanderung des kleinen Profits anzutreten.

Dagegen sträuben sich aber die Frauen von OCMA und berufen sich auf die Tradition einer egalitären andinen Volksgemeinschaft. Nur langsam gewinnt das Umdenken an Boden. Auch der mögliche Verkauf von Palmherzen in die Schweiz wird verzögert, wohl weil sich dadurch die Arbeitsweise entscheidend verändern müsste. Eine Logistik mit Disziplin und langfristiger Planung wäre die befürchtete Folge. Deshalb braucht es manchmal lange Jahre, bis ein neues Denken Raum findet.

Beim Beispiel Indiens zeigten sich ähnliche Probleme schon bei deutlich kleineren Projekten, wie beispielsweise der Motorradwerkstätte für Frauen und dem Lebensmittelladen in Bangalore. Bei meinem letzten Besuch frage ich die Projektleiterin im Taxi, das uns vom Flughafen in die Stadt bringt, nach dem Lebensmittelgeschäft. Sie weicht aus und sagt: «Ja weisst du, die Globalisierung...» Ich lache freundlich. Mit der Globalisierung hat das Scheitern des Projektes gar nichts zu tun. Schon eher mit dem Umstand, dass NGOs Leute beschäftigen, die in allen sozialwissenschaftlichen Richtungen ausgebildet sind, selten aber Leute, die sich am Markt auskennen. Und wie schon an anderer Stelle beschrieben, neigen NGOs mit ihren vielen Ansprüchen dazu, die Ziele einer wirtschaftlichen Tätigkeit mit weit ausgreifenden Ansprüchen zu vermischen, die dann nicht mehr finanziert werden können. Niemand kann auf eine andere Wirtschaftsordnung warten, die den eigenen Vorstellungen eher entspräche. Das ginge zu lange. Ideen dazu einbringen kann man schon, aber entschieden wird nicht mehr lokal. Die Globalisierung bringt im Norden wie im Süden Verlierer und Gewinner. Man kann die Wirtschaftsentwicklung nicht ignorieren und am Markt vorbei unrentabel produzieren, ohne von der Allgemeinheit zu leben. Irgend jemand bezahlt immer für Rechnungen, die nicht aufgehen. Und solche Rechnungen sind auf lange Sicht auch nicht sozial. Das ist in Kuba, China und in Bolivien oder Indien so, und die Leute haben sich dort inzwischen mehr oder weniger pragmatisch darauf eingestellt. Selbsthilfe ist nicht möglich ohne produktive Ausrichtung auf den Markt, den lokalen Markt in allererster Priorität. Produkte müssen dort bestehen können, nur so lassen sich auch die sozialen Wünsche der Erzeuger und Erzeugerinnen erfüllen. Zu oft stellen NGOs Produkte her, die sich nicht verkaufen lassen. Zu viele NGOs verharren in sozialer Träumerei. Das ist eine grosse Schwäche. Mit einer klareren wirtschaftlichen Ausrichtung rede ich nicht einer Absage an die Förderung der Schwachen das Wort. Nur lässt sich nicht gleich die ganze Welt bedienen. Eine NGO mit einem Produktivprojekt soll wenn möglich schwache und ältere Personen beschäftigen. Sie soll auch Jungen oder Behinderten eine Lernchance geben. So können sie im kleinen Kosmos die Ausgrenzung überwinden. Solche Unternehmungen sollten auch, wo immer sie stehen, dafür vom Staat Erleichterungen bei der Bürokratie und den Steuern erhalten.

Allianzen mit der Privatwirtschaft sehe ich als kritisch zu prüfende Möglichkeiten. Nach der Wende im Ost-West-Konflikt stehen sich heute eher wieder die konservativen und die entwicklungsbejahenden Kräfte quer durch die Parteien gegenüber. Einige Konzerne begannen, sich ökologische und/oder soziale Richtlinien zu geben, und setzen sich mit der Agenda der UNO zur Armutsbekämpfung, den Milleniums-Zielen, auseinander. Ein Verantwortungsgefühl ist vor allem deshalb entstanden, weil der Protest der Betroffenen oder der Konsumentinnen und Konsumenten zu grossem Imageschaden geführt hat. Grundsätzlich ist diese Entwicklung zu begrüssen. Wir müssen aber vorsichtig sein, weil Grossfirmen mit ihrem Engagement oft einzig ihr Image aufpolieren wollen. Deshalb ist eine kritische Prüfung bei Partnerschaften von Nöten. Und der Druck der Öffentlichkeit auf die Unternehmen muss erhalten bleiben.

Ein positives Beispiel für solch neue Allianzen ist jene zwischen dem WWF und dem Unilever-Konzern, die sich gemeinsam gegen die Leerfischung unserer Meere einsetzen. Im Visier haben sie die Arbeitgeber und die Gewerkschaften der Fischereiindustrie in Europa, die mit dem Raubbau weiterfahren wollen. In unseren kleinen Projekten haben wir weniger die Grosskonzerne im Auge. Es geht mehr um die Allianz mit Vertriebspartnern, die eben auch ökologisch und sozialverträglich wirtschaften sollen.

Ein ungelöstes Problem ist auch die Selbstgenügsamkeit vieler Partner. Oft begnügen sie sich mit einem ersten kleinen Schritt. Sie setzen sich keine neuen Ziele, um weiter zu wachsen oder um andere in ihre Arbeit einzubeziehen. Es braucht einen gewissen Bildungsstand, wirtschaftliche Anreize oder im schlechtesten Fall eine Verpflichtung dazu in einem Projektvertrag. Es geht daher nicht an, dass Entwicklungsgelder nur der einen, durch die Investition «privilegierten» Gruppe zukommen. In jedem Land warten Millionen andere mit ihren Ideen auf einen Startzuschuss oder einen Wissenstransfer mit Begleitung. Das habe ich bei der Daybank in Sri Lanka ausgeführt. Die mögliche Lösung liegt dort in der Anbindung an eine normale Genossenschaftsbank, von der aus die Ideen weiterverbreitet werden. Über all diese Fragen streite ich mich freundschaftlich mit den Projektpartnern vor Ort. Schlussendlich aber lasse ich ihnen die Wahl der «richtigen» Ausführung, denn sie kennen die Bedingungen in ihrem Land und müssen damit leben, nicht ich.

Ohne einen ausgeprägten Willen der einheimischen Projektverantwortlichen gedeiht längerfristig in der Regel nichts. Denn die meisten Staaten im Süden sind alles andere als innovationsfördernd. Jede NGO, die eine kleine Produktion aufbaut, muss mit einem immensen bürokratischen Aufwand rechnen. Während wir von «Service public» sprechen, muss man in der Dritten Welt eher von einer «Obstruction publique» ausgehen: einer staatlichen Verhinderungspolitik. Korrupte Beamte verzögern Projekte, um Geld zu erhalten. Die Gesetzesfülle ist dermassen kompliziert, dass nur gewiefte Anwälte in jahrelangen Feilschereien Probleme mit korrupten Richtern beheben können. Diese Zeit wird von Neidern und Nachahmern genutzt, um gute Ideen für eigene Zwecke umzusetzen oder sie der involvierten NGO abzujagen. Das ist ein wahrlich schwieriges Umfeld für NGOs. Die Forderung nach «Good Governance», die heute von vielen Ländern zur Bedingung für Entwicklungszusammenarbeit gemacht wird, ist daher wirklich unterstützungswürdig.

Die Verführbarkeit einzelner NGOs durch das grosse Geld, das internationale Hilfswerke zur Verfügung stellen, ist ein weiteres Problem. Von einem Tag auf den andern gelten andere Massstäbe bei der Planung, beim Einkauf von Gütern und bei den Löhnen. Letzteres stellt insbesondere für die Verantwortlichen, die besser entlöhnt werden, eine Verlockung dar. Die Folge ist häufig eine Entsolidarisierung unter den Angestellten und ein nachlassendes Engagement gegenüber der eigenen NGO und der Basis. Wie das Beispiel von Malawi zeigt, hätte dies desaströse Folgen haben können.

In Sri Lanka hatte das Auftreten der grossen internationalen Organisationen kein Abflauen der Entwicklungstätigkeit zur Folge, festzustellen war aber eine Vernachlässigung der kleinen Projekte. Es kann einen Schritt nach vorn bedeuten, wenn wir kleinste Initiativen so weit bringen, dass sie internationalen Massstäben genügen. Das zeigt das Beispiel von OCMA in Guayaramerin. Es kann also durchaus unsere Aufgabe sein, kleine Organisationen auch im Wissen darum zu fördern, dass EcoSolidar eines Tages von einem grossen Hilfswerk abgelöst werden könnte. Aber mich ärgert es masslos, wenn gut und initiativ arbeitende NGOs im «Haifischbecken» der Grossen landen und darin entweder selbst zu Haien werden oder als Gefressene ein Ende finden. Vor allem die Übernahme kleiner NGOs durch das Auswechseln der Führung, wie dies bei den EU-Projekten im Senegal und in Sri Lanka geschah, ist verwerflich und hat mit dem Partnerschaftsgedanken, dem wir uns verpflichtet fühlen, nichts mehr zu tun.

Im Falle von Übernahmen stellt sich für EcoSolidar die Frage, wie wir das Erreichte und die Ausbreitung der in der Zusammenarbeit entwickelten Innovationen sichern können. In Sri Lanka haben wir genügend Zeit, um dies zu planen. Im Fall von Malawi wäre dies, wenn Jailos Kanjanga sich zuletzt nicht doch noch durchgesetzt hätte, nicht mehr möglich gewesen. Für uns ist es deshalb wichtig, dass alle Versuche und Innovationen auch schriftlich dokumentiert zugänglich sind, damit andere davon profitieren können – unabhängig von den Umwälzungen, denen unsere Organisationen oft ausgesetzt sind.

*

Aber auch bei uns in Europa müssen wir vor der eigenen Haustür wischen. Die NGOs im Süden nehmen uns häufig als Vorbild für ihre eigene Organisation. Wenn wir transparent informieren, so werden sie das auch tun. Wenn wir uns in Frage stellen lassen, so lassen sie dies auch bei sich zu. Wenn wir mit dem Geld nicht um uns werfen, so tun sie dies auch nicht. Leider sieht die Realität oft anders aus. Grosse Organisationen neigen dazu, ihre Budgets auch auszuschöpfen, wenn kein klarer Bedarf vorhanden ist. Dann gelten plötzlich die elementarsten Vorsichtsmassnahmen nicht mehr. Man will im nächsten Jahr doch mindestens den gleichen Betrag wieder erhalten. Das ist ja auch bei Verwaltungseinheiten in der Schweiz so. Es müsste also ein Sparanreiz geschaffen werden, der den NGOs ermöglicht, bei gutem Arbeiten eigene Reserven zu bilden. Das wäre ohnehin sinnvoll, da im Normalfall nämlich kein Hilfswerk einen Beitrag an die Reserven bezahlt. Selbst die Abschreibungen auf Geräte sind häufig nicht budgetiert. Wenn diese veralten, erbittet man sich einfach neue, das ist einfacher. Das führt aber nicht zu einem verantwortlichen Wirtschaften mit langfristiger Planung.

Nun ist langfristige Planung für die südlichen NGOs aber sowieso kaum möglich, denn sie wissen nie, wann der Geldgeber wieder aussteigt. Nur wenige schliessen Partnerschaftsverträge über eine längere Dauer ab. Es gibt Stiftungen und Hilfswerke, die sich immer wieder neue Projekte aussuchen und nirgends Verantwortung übernehmen. Es gibt aber auch Hilfswerke, die ihren neu hinzugekommenen Projektverantwortlichen erlauben, die Projekte des

Vorgängers zu kündigen und neue zu suchen. So entsteht für die NGOs im Süden eine ständige Unsicherheit, die Planung wird kurzfristiger und die Zusammenarbeit erschwert. Fehler dürfen nicht mehr sichtbar werden, wenn das Vertrauen nicht funktioniert. Sie werden verschwiegen und können folglich auch nicht besprochen werden. Aus diesen Fehlern wir nicht mehr gelernt.

Besonderen Handlungsbedarf sehe ich bei der Begleitung der Projekte. Heute ist es in den meisten Organisationen so, dass die Projektverantwortlichen zwar dauernd schriftlich mit den Projekten im Süden verkehren, aber nicht genügend Zeit finden, um die Problematik der Menschen in den Projektländern selbst zu studieren. Viele meiner Kolleginnen und Kollegen sind höchstens einmal pro Jahr einen Tag auf Projektbesuch und haben kaum eine Ahnung, wie der Alltag dieser Leute aussieht. Abschreckendes Beispiel ist das deutsche Hilfswerk Misereor, das in Bolivien 66 Projekte betreut und nur alle zwei Jahre eine Reise des Projektverantwortlichen aus Deutschland vorsieht. So geht das nicht. Es ist für die Mitarbeiter ein Stress und für die Menschen im Projekt eine Beleidigung. Eine wirklich vertiefte Kommunikation ist so nicht möglich, und von einer fruchtbaren Partnerschaft kann nicht die Rede sein. Man will so die Spesen gering halten und spart am falschen Ort. Eine solche Zusammenarbeit basiert nicht auf Vertrauen, sondern nur auf Kontrolle.

Das vermeintlich eingesparte Geld wird dann anderswo ausgegeben. Die reisenden Projektverantwortlichen müssen nämlich nach der Rückkehr in ihre nördlichen Heimatländer ihre Vorgesetzten von ihrer Arbeit überzeugen. Sie schreiben lange Berichte und besprechen an zahlreichen Sitzungen das weitere Vorgehen. Das kostet auch. Häufig leisten sich grosse Organisationen auch spezialisierte Serviceabteilungen, zum Beispiel für den standortgerechten Landbau oder für Organisationsentwicklung. Diese Serviceabteilungen müssen nun mit ihren Expertisen auch in die Arbeit einbezogen werden. Das bringt zusätzliches Wissen in die Projektarbeit, macht aber den Weg kompliziert. Die Marketingabteilung will auch informiert sein, damit sie zu Spenden aufrufen kann. Das alles will koordiniert sein. Und alles muss auch auf die Vision des Hilfswerks abgestimmt werden. Die mitfinanzierenden Institutionen der öffentlichen Hand oder Stiftungen nehmen entsprechend ihren eigenen Absichten ihrerseits Einfluss auf die Gestaltung eines Projektes, und das Wissen darum hat zur Folge, dass beim Hilfswerk schon bei der Planung eine Art verinnerlichte Zensur wirksam wird.

Wo bleiben bei dieser Geschäftigkeit die Bedürfnisse der Betroffenen im Süden? Geht ihre Stimme auf diesen verschlungenen Entscheidungswegen nicht verloren? Wer setzt sich für sie ein, wenn Experten sich in langen Sitzungen auf ein bestimmtes Vorgehen einigen? Wer macht ihren Standpunkt anonymen Geldgeberkommissionen bekannt? Das sollten natürlich die Projektverantwortlichen tun. Aber können sie das nach nur einem Tag auf Besuchstour, falls sie nicht bereits einmal im Land gelebt haben? Das zu behaupten, wäre Augenwischerei. Nicht einmal, wenn unabhängige Fachleute eingesetzt werden, um in Projekten auf demokratische Weise Bedürfnisse zu eruieren, ist garantiert, dass sie zu Hause angehört und ihre Empfehlung ernst genommen werden.

Wir müssen also umdenken. Nicht die Projektverantwortlichen füttern die Serviceabteilungen und die Führungsetage. Nein, sie sollen von diesen Abteilungen so ausgebildet werden, dass sie vor Ort kompetent auch selbst Zusagen an die vom Projekt betroffene Bevölkerung machen können. Ihre Bildung und ihre Stellung im grossen Hilfswerk müssen gestärkt werden. Und sie müssen Zeit erhalten, viel Zeit, um in den Projekten den Alltag mitzuerleben und die Bedürfnisse mit den Betroffenen auszudiskutieren. Es geht dabei weniger um Einigkeit, die erzielt werden soll, sondern um Verständnis füreinander, um «Befreundung» im besten Falle.

Wir müssen also mehr Geld in die Begleitung der Projekte investieren, mehr Zeit zur Verfügung stellen, damit die Projekte auch im Sinne der Betroffenen nachhaltig wirken – also auch noch nach dem Tag unserer Verabschiedung. Projekterfolge sollten nicht beim Abschluss gemessen werden, sondern etwa zwei, drei Jahre danach.

Ein solches Vorgehen kostet mehr Geld im Süden und weniger im Norden. Grosse Institutionen müssten sich zu Gunsten von kleinen, selbstverantwortlichen Einheiten neu organisieren, die kompetent auf Grund der Diskussion mit den Partnerorganisationen informieren, Geld suchen und Unterstützung leisten. Das ist in der Schweiz möglich. Die meisten Hilfswerke sind bei uns noch keine Fabriken wie anderswo, und ein paar wenige bemühen sich immer wieder, die Stimme des Südens nicht zu vergessen. Die Einsicht in notwendige Veränderungen ist eigentlich vorhanden – vor allem bei den Angestellten, etwas weniger beim Kader. Nur müsste auch entsprechend gehandelt werden.

*

Doch auch in der Schweiz bestehen Mängel. Als Erstes fehlt eine unabhängige Fachzeitschrift. Es gibt in der Schweiz kaum eine Branche, die über keine Publikation verfügt. Dabei wäre es wichtig, dass Themen der Entwicklungszusammenarbeit breiter diskutiert werden könnten. Nur so könnte man von den Erfahrungen der andern lernen. Nur so könnte man wichtige Fachgespräche veröffentlichen und diskutieren. Es gab einmal eine von Freiwilligen publizierte Zeitschrift, die aber einging. Dass sich bis heute noch kein Fachverlag gefunden hat, der mit professioneller Arbeit in diese Lücke hätte springen wollen, muss wohl mit dem weit verbreiteten Zeitmangel und eben mit der Überlastung der Hilfswerkfachleute zu tun haben. Sie klagen über wenig Zeit zum Lesen und über zu wenig Zeit für Weiterbildungsseminare. Das ist ein Missstand.

Das zweite Problem lässt sich gut verdeutlichen, wenn man die Ärzte zum Vergleich heranzieht. Bei ihnen geht es häufig um Leben und Tod. In unserer Branche gilt das auch. Die Ärzteschaft hat eine Fehlermeldezentrale eingerichtet, wo Ärzte und Ärztinnen anonym von ihren Fehlern berichten können, und andere so vor Fehlern, die passieren können, gewarnt werden. Im Hilfswerksbereich gibt es kein Pendant dazu. Auch hier könnte eine unabhängige Fachzeitschrift eine wichtige Funktion wahrnehmen. Unsere Branche ist in diesem Bereich klar unterentwickelt. Weder die Gewerkschaften noch die Hilfswerke befassen sich mit solchen Fragen, diskutiert wird lediglich über Löhne und Sozialleistungen. So lange wir nicht selbst fähig sind, uns bessere Strukturen zu geben, geraten wir auch eher unter Beschuss der Medien. Solche Kampagnen haben einen Vertrauensverlust zur Folge, den alle bei der Geldsuche spüren. Ironischerweise sind es oft die zu Recht angeschossenen schwarzen Schafe, die dank der Nibelungentreue ihrer Spender und Spenderinnen von keinem Rückgang betroffen sind.

Das dritte Problem ist die mangelnde Koordination. Ich meine, dass dringend eine Koordinationsstelle unter den Hilfswerken geschaffen werden muss. Nicht eine Arbeitsgemeinschaft, wie sie etwa bei den grossen Hilfswerken für ihre politische Arbeit existiert, nein, eine unabhängige Stelle, die Grundlagen für eine Koordination unter allen Organisationen erarbeitet. Eine Koordinationsstelle sollte zunächst einmal zusammentragen, wer eigentlich mit welchen Kenntnissen und Erfahrungen in welchem Land und mit welchen Partnern an welchem Thema arbeitet. Das könnte die Zusammenarbeit verbessern, Synergien schaffen und Projekte befruchten. Es gibt zwar themenspezifische Dokumentationsstellen in der Schweiz, die Wissen aufbereiten und all jenen zugänglich machen, die nicht bei jedem Projekt das Rad neu erfinden wollen. Natürlich wäre eine solche Koordinationsstelle auch europaweit sinnvoll, doch warum nicht einfach zuerst einmal in der Schweiz damit beginnen.

Ein gut funktionierendes Informationsnetzwerk wäre zum Beispiel nach der Tsunami-Katastrophe im Dezember 2004 von Vorteil gewesen. Es wäre den Hilfswerken die beschämende Situation erspart geblieben, an einer gemeinsamen Sitzung als Konkurrenten auszumarchen, wer welchen Happen für welches Gebiet erhält. In Sri Lanka wäre dann anhand einer Landkarte sichtbar gewesen, wer in welchem Gebiet engagiert ist und folglich Kontakte zu lokalen NGOs hat. So hätte man mit Leuten, die mit der Kultur ihres Landes vertraut sind, den Gegebenheiten angepasste Hilfsaktionen durchführen können, statt teure Berater aus dem Norden einzusetzen, die zuerst einmal das Vertrauen der Einheimischen gewinnen müssen. Aktuell ist es so, dass das Wissen und die Kontakte von Hilfswerken, die nicht bei der Glückskette angemeldet und von ihr akzeptiert sind, nicht nutzbar gemacht werden können. Eine Koordinationsstelle, die einzig alle relevanten Informationen bereitstellt, würde die Situation deutlich verbessern. EcoSolidar würde bei der Schaffung einer solchen Koordinationsstelle mithelfen, ganz im Sinne unserer Maxime, dass auch die Schweiz entwickelt werden soll.

*

Vor einiger Zeit, 1991, schrieb ich eine kleine utopische Geschichte, die bewusst naiv gehalten war. Der Titel der Geschichte hiess: «Stellen Sie sich vor, wir könnten die schweizerische Entwicklungszusammenarbeit neu konzipieren. Versuch einer träumerischen Auseinandersetzung mit der bitteren Realität.»

Die Geschichte ging zusammengefasst etwa so:

In den vergangenen 20 Jahren wurde einiges an Entwicklungsgeldern investiert, trotzdem haben sich die Verhältnisse der betroffenen Bevölkerung in den entsprechenden Ländern zunehmend verschlechtert. Aus diesem Grunde möchte ich einmal einen unorthodoxen Vorschlag, eine Träumerei, vorstellen.

Die Schweiz sucht sich ein Partnerland mit ähnlichen Strukturen in der Dritten Welt und unterstützt nur dieses eine Land. Ziel wäre, dass beide Länder innert 30 Jahren einen annehmbaren gleichen Lebensstandard erreichten, ohne dass sich die Besitzverhältnisse zu Gunsten der Schweiz verschöben. Eine gemeinsame Kommission würde einen Entwicklungsplan erarbeiten.

Dadurch, dass die Entwicklungsgelder nicht mehr nach dem Giesskannenprinzip überallhin verteilt würden, entstünde auch eine klarere Kontrolle über die Verwendung der Gelder. Die Leistungen würden messbar.

Um das Ziel zu erreichen, müsste man einige Gesetze wesentlich verändern. So wäre die Schweiz klar nicht mehr am Fluchtgeld des

Partnerlandes interessiert. Das Geld würde ja dort gebraucht. Ebenso müsste die Schweiz die Zölle für Fertigprodukte beseitigen. Das Partnerland bräuchte ja auch einen Absatzmarkt. Vorerst müsste die Schweiz akzeptieren, dass das Partnerland noch Zölle erhebt, um nicht von einer expansiven Schweiz aufgefressen zu werden. Die Rohstoffpreise müssten bilateral neu ausgehandelt werden. Und ein reger Kultur- und Lernaustausch wäre die Regel. Die Entwicklungsgelder flössen in Erziehung und Gesundheit. Einige Kleinindustrien müssten gemäss dem gemeinsamen Entwicklungsplan von der Schweiz ins Partnerland transferiert werden. Mit den Worten: «Stellen Sie sich vor, es findet Entwicklung statt, und alle gehen hin» schloss meine Träumerei.

Das war damals als Gedankenspiel gedacht. Mittlerweile haben sich auch Leute in der Verwaltung dafür ausgesprochen, mit nur wenigen Ländern einen effektiveren Entwicklungsaustausch zu führen. Haupthindernis sind natürlich die Exportinteressen, derentwegen die Schweiz sich gerne in vielen Ländern einen guten Namen machen will, um auf Goodwill zurückgreifen zu können. Aber dass weitere Kreise über diese Idee nachdenken, kostet nichts. Vielleicht wird es in der Zukunft doch möglich, die Kräfte sinnvoller zu konzentrieren.

*

Meine Motivation, mich für die Interessen der «kleinen Leute» einzusetzen, ist nach wie vor intakt. Nach 20 Jahren wird es aber immer wichtiger, ab und zu Abstand zu gewinnen, um nicht vom alltäglichen Geschehen «gefressen» zu werden. Mein Wertekosmos ist bei der Schilderung der Projektarbeit hoffentlich sichtbar geworden. Darüber hinaus muss ich mir eine Weltsicht erhalten, für die es sich lohnt, zu arbeiten. Und genauso wie die Spenderinnen und Spender muss ich eine Vision haben, die mir den Weg weist. Dazu bin ich in einem Dialog mit den Frauen und Männern in den Projekten. Mit Ilse Miranda aus Bolivien teile ich die Ansicht, dass wir nicht gleich die ganze Welt umstellen wollen. Nein, wir beschränken uns auf

Realisierbares, von dem wir annehmen, dass viele Leute diese Vision teilen und sie deshalb möglich machen möchten.

Eine Entwicklung ist nachhaltig, wenn sie alle einbezieht – im wirtschaftlichen, politischen oder sozialen Sinn. Wenn nur einzelne Aspekte des Lebens berücksichtigt werden, zum Beispiel nur die rein wirtschaftliche Entwicklung, bewirkt dies letztendlich immer eine Ausgrenzung von Menschen. All jene, die zu diesem einzigen Ziel nur wenig beitragen können, werden beiseite gelassen. Dies geschieht meist nach Massgabe der Hautfarbe, des Geschlechtes, des Bildungsstandes, der sozialen Herkunft, des Gesundheitszustandes, des Alters oder der Religion.

Wenn man nur einen Lebensbereich entwickelt, dann muss man ihn, wie es heute geschieht, mit hohen Mauern politischer oder materieller Natur schützen. Gleichzeitig schwächen wir die andern Aspekte des Lebens. Wir müssen uns der Tatsache bewusst sein, dass wir mit dem meistverbreiteten Phänomen unserer Zeit, nämlich der Ausgrenzung, anderen gegenüber als menschliche Wölfe auftreten und dabei noch zusehen, wie wir uns und unsere Welt zu Grunde richten.

Diese Einsicht sollte uns dazu bringen, Entwicklung und sozialen Einbezug miteinander zu verbinden: das eine als unverzichtbaren Teil des andern zu sehen, wie das Yin und das Yang einer möglichen Entwicklung. Wir müssen unsere Wahrnehmung verbessern und die Ausgrenzung sehen, bevor es Kriege, Brandstiftung, Völkermord und Gemetzel gibt. Wir müssen bewirken, dass die Überwindung der Ausgrenzung schnell geschieht. Der Preis für eine solche Entwicklung wird nicht höher sein, sollten wir ihn bewerten wollen.

Davon wollen wir gemeinsam träumen und an diesem Traum wollen wir arbeiten, manchmal ein bisschen universell und ein andermal ein bisschen speziell. Gemeinsam wollen wir eine Philosophie und eine Methode, die horizontale Dialoge, Bürgerbeteiligung, angemessene Rechte und Pflichten, grenzüberschreitende Aktionen und den Austausch dieser Ideen auf den fünf Kontinenten vorsieht.

In zehn bis zwanzig Jahren soll die Ausgrenzung von Menschen nach Religion, Hautfarbe, Geschlecht, Bildungsstand, sozialer Stellung, Gesundheit oder Alter ein Ende haben. Die Ausgegrenzten sollen wieder einbezogen sein, und wir Idealisten, die uns selbst ein Stück in ihre Situation der Ausgrenzung begeben haben, werden uns dann – diesmal mit ihnen – wieder mitten drin in der Gesellschaft finden. In weiteren zwanzig Jahren werden unsere weissen Haare ausgefallen, unser Rückgrat ein wenig gebeugter sein, der Blick aber noch immer lebendig und die Brust voller Energie und Hoffnung. Zu dieser sinnvollen und harten Arbeit sind alle eingeladen.

*

Wir haben in den letzten 20 Jahren einiges von unseren Gedanken für eine respektvollere und effizientere Entwicklungszusammenarbeit verwirklicht. Wir wenden die nötige Zeit auf, um unsere Partnerorganisationen auch wirklich zu hören und zu verstehen. Und die Partnerinnen und Partnerinnen teilen das erarbeitete Wissen mit andern, die ebenso bedürftig sind. Aus einer Idee sind viele kleinere und grössere Projekte geworden, die sich sehen lassen dürfen. Darauf sind wir auch stolz.

Aber zurück zum Anfang:

Etwas aufgekratzt erhebe ich mich von der Parkbank und gehe dem See entlang zum nächsten Glacéstand. Ich brauche etwas innere Kühlung. Auf der Fahrt nach Hause erschallt im Radio eine altbekannte Melodie. Es ist «The Letter» von den Box Tops. Vor 35 Jahren war diese schmetternde Melodie meine einzige Chance, frühmorgens aus dem Bett zu kommen. «Gimme a Ticket for an Aeroplane» singt die Band mit Inbrunst und lässt mich ins Erinnern wegdriften. Die Ansage danach – das Lied wird von Radio DRS 1 gespielt – holt mich wieder in die Gegenwart zurück. Eine Gegenwart, in der ich um einiges älter bin, aber noch immer so reiselustig wie zu Zeiten der Box Tops.

Anhang

Chronik 1986 bis 2006 – Diagramm der Umsatzentwicklung – Dank an die vielen Freiwilligen und den Vorstand – Hinweis auf visuelle Informationen zu den Projekten von EcoSolidar

Chronik

1986

Schweiz: Gründung von EcoSolidar. Abklärungen mit der Romani Union für einen allfälligen Einsatz einer Freiwilligen in ihrem Büro. Erster Präsident: Markus Frei. Erster Jahresumsatz: CHF 52 000.–
Peru: Erste Projektunterstützung: Süd-Süd-Austausch Peru–Chile im Gemüsebau in Armenvierteln.
Sri Lanka: Kontaktaufnahme mit Ired in Sri Lanka, einem internationalen Netzwerk von 800 Nichtregierungsorganisationen (NGOs).
Philippinen: Unterstützung für politisch Verfolgte.

1987

Nicaragua: Planung und Ausführung des Süd-Nord-Austausches Nicaragua–Schweiz in Zusammenarbeit mit dem Zentralamerikakomitee. Marcio Mercedes Vilchez arbeitet sechs Monate auf dem wenig technisierten Biobauernhof in Langenbruck und bereitet freiwillige Schweizer/innen für den Aufenthalt in seinem Land vor.
Schweiz: Planung des Projektes «Treffpunkt für Asylsuchende und Schweizer Familien» von Claudia Kunz im Kreis 3 in Zürich.

1988

Sri Lanka: Begleitung des Süd-Süd-Austauschprojektes von Ired mit Fischer/-innen aus Sri Lanka nach Kerala in Indien. Nachbetreuung für Folgeprojekte der Fischergemeinschaften. EcoSolidar gibt dazu unter dem Titel «Neue Formen der Entwicklungs-Zusammenarbeit» auf Deutsch ein kleines Buch heraus und produziert ein Video. Planung der Projekte zur ayurvedischen Medizin «Kräutertee», das den biologischen Anbau voraussetzt. K.D. Pieris lernt in einem Süd-Nord-Austausch den biologischen Landbau und die Trocknungstechniken für Kräuter in der Schweiz kennen.
Bolivien: Erste Unterstützung für die Vernetzung von NGOs.
Schweiz: Diplomarbeit von Claudia Kunz zum «Treffpunkt für Asyl-

suchende und Schweizer Familien» von EcoSolidar veröffentlicht. Empfang und Reiseorganisation einer chinesischen Delegation, die die Minderheitenproblematik in der Schweiz mit jener in der Provinz Yenan vergleicht. Für das HEKS (Hilfswerk der evangelischen Kirchen Schweiz) organisieren wir einen Austausch zwischen einem vietnamesischen Akupunkturprofessor und den schweizerischen Ärzten.

1989

Sri Lanka: Reise mit Willie Gamage aus Sri Lanka und vier philippinischen Projektmitarbeiter/innen von HEKS an die IFOAM-Konferenz in Ouagadougou in Burkina Faso. Anschliessende Reise durch die Schweiz und nach Holland und Brüssel zum Studium der Infrastruktur des Biolandbaus. Aufbau des Crevettenprojektes in Sri Lanka. Landkauf für die Frauengruppe in Wilpotha in Sri Lanka für eine biologische Versuchsfarm.
Schweiz: Weiterführung des «Treffpunkts für Asylsuchende und Schweizer Familien». Mitbegründung der Schweizerischen Arbeitsgruppe Gentechnologie (SAG).

1990

Bolivien: Begleitung der Austauschreise von Frauen aus Bolivien nach Chile zu den Themen städtischer Gemüsebau und Frauenfragen. Dokumentation mit Broschüre und Video.
Schweiz: Einstellung des «Treffpunkts für Asylsuchende und Schweizer Familien», weil die Stadt Zürich einen eigenen aufbaut. Silvia Wehrli beginnt ihre kaufmännische Lehre bei EcoSolidar. EcoSolidar beteiligt sich an der Gründung der Alternativen Bank Schweiz. Iren Täuber von der Agrécol-Vernetzungsstelle wird EcoSolidar-Präsidentin.
Nicaragua: Austausch Nicaragua–Ecuador im Biolandbau.
Sri Lanka: Der erste Crevettentank wirft Gewinn ab.
Guatemala: Austausch Guatemala–Schweiz im Biolandbau.

1991

Bolivien: Nachbetreuung einer Frauengruppe aus El Alto. Sie ziehen Bäume in Gewächshäusern für die Aufforstung auf. Aktion «Schenken Sie 100 Bäume in den Anden».

Sri Lanka: Frauengruppe aus Wilpotha beginnt auf der biologischen Farm zu arbeiten. Austausch Sri Lanka–Schweiz im biologisch-dynamischen Landbau.

Chile: Austausch Chile–Schweiz im Auftrag von HEKS. Vermittlung von Kontakten und Reiseorganisation für einen ihrer Projektleiter und Tierarzt. Thema: alternative Tiermedizin und Forstwirtschaft.

Schweiz: Betreuung von Gästen aus der Dritten Welt im Rahmen der 700-Jahr-Feier der Schweiz.

1992

Bolivien: Begleitung und Dokumentation des ersten nationalen Treffens der Mädchen von der Strasse in Cochabamba. Vermarktungsseminar für die Frauengruppe in El Alto.

Sri Lanka: Austauschreise von Frauen aus Sri Lanka nach Indien und Bangladesh zu Kleinstbanken und Produktivprojekten. Ende des Engagements mit Ired in Sri Lanka.

1993

Bolivien: Austauschtreffen der Mädchen von der Strasse in Lavi. Betreuung einer gewählten Führungsgruppe. Aufbau von EcoSolidar Bolivia mit Ilse Miranda. Planung des Baus eines Austauschzentrums mit Begleitetem Wohnen.

Bolivien: Beginn der Zusammenarbeit im biologischen Landbau mit OCMA (Organización Comunal de la Mujer Amazónica) im Einzugsgebiet des Amazonas in Bolivien.

Schweiz: Jahresumsatz CHF 208 000.–

1994

Bolivien: Aufnahme der Arbeit mit Kindern auf Strassen und Plätzen von La Paz. Landkauf und Beauftragung des Architekten zum

Bau des Zentrums in Chicani bei La Paz. Unterstützung einer Vermarktungsmesse der Frauen von El Alto.
Bolivien: Austauschreise von OCMA zu El Ceibo und den Mennoniten mit dem Thema angepasste Technik und Biolandbau.
Sri Lanka: Vereinbarung einer Zusammenarbeit mit Willie Gamages neuer Organisation NFPO (National Federation of Peoples Organisations). Besichtigung der verkauften Crevettentanks und Besuch in Wilpotha. Unterstützung der neuen Frauengruppe.
Schweiz: Beginn der Geldsuche mit Direktmail für das Strassenkinderprojekt.

1995

Bolivien: Beginn des Baus in Chicani. Vorbereitung einer Mädchengruppe in einer Mietwohnung auf das Begleitete Wohnen. Baustopp in Chicani. Dokumentation erster Interviews mit einzelnen Mädchen.
Bolivien: Kurse von El Ceibo und den Mennoniten bei OCMA im Amazonaseinzugsgebiet.
Sri Lanka: Unterstützung von NFPO zum Aufbau der eigenen Organisation. Aufbau der Parallelstruktur der EcoLanka Association mit einem «Memorandum of Understanding» mit der Regierung. Entwicklung der ersten Daybank.
Schweiz: Geführte EcoSolidar-Reise nach Bolivien mit Themenschwerpunkten zu den Problemen des Landes, Besuch in Chicani.

1996

Bolivien: Austausch Bolivien–Schweiz, Besuch bei Sozialprojekten. Baustopp in Chicani dauert an. Suche nach einem neuen Architekten. Die Vorbereitungsgruppe für das Begleitete Wohnen zieht in eine eigene Aussenwohnung um.
Sri Lanka: Austausch Sri Lanka–Indien zum Thema Abfallentsorgung. Planung eines Ökozentrums mit Architekturwettbewerb. Finanzierungsversuch bleibt ohne Erfolg.
Schweiz: Umsatz CHF 437 000.–

1997

Schweiz: Emilio Modena, im Vorstand seit Beginn, wird Präsident. Finanzkrise im eigenen Haus in Zürich.
Bolivien: Das Zentrum in Chicani bei La Paz wird gebaut und im Herbst eingeweiht.
Bolivien: OCMA im Amazonaseinzugsgebiet verwirklicht das Modell des Öko-Nutzwaldes.
Malawi: Das Projekt mit Lomadef (Lipangwe Organic Manure Demonstration Farm) im biologischen Landbau beginnt.
Sri Lanka: Austausch Sri Lanka–Indien zum Thema Projektmanagement. Projektbeginn mit tamilischen Kriegswitwen in Vavunja.

1998

Schweiz: Abstimmungskampf für die Genschutzinitative, bei der EcoSolidar vor allem die Patentfrage zur Diskussion stellt.
Indien: Die Zusammenarbeit mit Sieds (Society For Informal Education and Development Studies) in Bangalore zur Ehe- und Mitgiftgewalt wird aufgenommen.
Sri Lanka: Kompostierungs- und Papierrecyclingprojekte starten.
Bolivien: Im Strassenkinderprojekt werden nun auch männliche Jugendliche aufgenommen. Die Weiterbildung mit dem Personal anderer Institutionen beginnt. Das Begleitete Wohnen wird von der gemischten Jugendgruppe bezogen.

1999

Bolivien: Bei OCMA im Amazonasgebiet beginnt die Diskussion eines Projektes mit traditionellen Heilmitteln.
Bolivien: Besuch der Programme von EcoSolidar Bolivia im Vollausbau. Workshops in Bolivien zu Kunst und Kreativität, Sinneswahrnehmung und Lebensschulung in allen Bereichen.
Indien: Besuch bei Sieds in Bangalore und Planung der weiteren Zusammenarbeit mit Bau eines Frauenhauses.
Sri Lanka: Aufgabe des Ökozentrum-Projektes.
Schweiz: Umsatz: CHF 658 000.–

2000

Schweiz: Internationale Konferenz zum biologischen Landbau in Basel. Die Projektpartner und Projektpartnerinnen aus Sri Lanka, Malawi und der OCMA aus Bolivien präsentieren ihre Resultate und reisen durch die Schweiz.

Malawi: In Malawi entstehen Wirren nach dem Geldsegen eines englischen Hilfswerks.

Bolivien: Entwicklung eines Projektteiles des Strassenkinderprojektes neu für behinderte Kinder. Besuch von Ilse Miranda bei europäischen Behindertenorganisationen.

Sri Lanka: Dokumentation der Abfallrecyclingprojekte zum Kopieren für andere NGOs.

2001

Bolivien: OCMA beginnt neben den andern landwirtschaftlichen Produktionen mit Heilkräutern zu arbeiten. Besuch an einem internationalen Symposium über traditionelle Medizin in Kuba.

Bolivien: Das Pilotprojekt mit behinderten Kindern in Bolivien startet.

Sri Lanka: Kurse zu Projektmanagment laufen nun jährlich. Kleinste Initiativen werden mit Startgeld ermöglicht.

Schweiz: Evaluationen für die Projekte in Sri Lanka und das Strassenkinderprojekt werden geplant. Isabella Augustin nimmt ihre Arbeit bei EcoSolidar auf.

2002

Bolivien: Das Strassenkinderprojekt erhält von Stiftungen einen Bus und einen Sportplatz. Behinderte Kinder werden auch am Computer geschult.

Malawi: Nach der Lösung der Probleme wird mit Lomadef weitergearbeitet. Lomadef-Mitglieder leiden nicht an der regionalen Hungersnot.

Sri Lanka: Die Vermarktung von Bioprodukten wird gefördert und eine Ausdehnung geplant.

Senegal: Es entsteht ein neues ökologisch-wirtschaftliches Projekt mit Fischerfrauen in der Zusammenarbeit mit Waame (West African Association for Marine Environment).
Schweiz: Die Evaluationen in Sri Lanka und Bolivien werden ausgeführt.

2003

Bolivien: OCMA baut ein modernes Labor für die Produktion von Heilmitteln.
Bolivien: Austausch Bolivien–Brasilien–Ecuador für Strassenarbeiter.
Indien: Das Frauenhaus ist eröffnet. Mehrere Beratungsstellen schützen die Frauen.
Senegal: Austausch Senegal–Mali zur Vermarktung der Fische.
Schweiz: Vorstandsretraite zur Besprechung der Resultate der Evaluationen mit ihren Langzeitbeobachtungen. Eine Fotobroschüre zum Strassenkinderprojekt wird herausgegeben. EcoSolidar schafft sich einen neuen Auftritt mit dem Info und einer neuen Homepage.

2004

Bolivien: Eine Stadthaus wird für das Projekt für behinderte Kinder und Strassenkinder als Büro und Anlaufstelle gekauft. Die enge Vernetzung aller im Kinderbereich arbeitenden Organisationen wird weiter ausgedehnt.
Malawi: Lomadef arbeitet bereits mit 69 Klubs, die biologische Methoden anwenden.
Schweiz: In Bern wird eine Tagung für Hilfswerkverantwortliche zum Thema Partnerschaft durchgeführt. EcoSolidar erhält eine Schenkung zuhanden des Reservefonds, der die Organisation stabilisiert.

2005

Philippinen: Mit der Pailig Development Foundation in Mindanao wird ein Friedenstransmissionsprojekt vereinbart. Entwicklung soll in einer Berggegend möglich werden, die bisher wegen dem Bürgerkrieg abgeschnitten war. Ein Inlandaustausch wird mit einer biologischen Versuchsstation geplant.

Bolivien: Die Gebäulichkeiten werden dem grossen Ansturm von interessierten Seminarteilnehmer/-innen angepasst. Neu werden transversale Kurse durchgeführt, die alle Betroffenengruppen zeitweilig zusammenführen und die Integration lebbar machen.

Bolivien: OCMA im Amazonasgebiet plant die Vermarktung ihrer Heilmittel in ganz Bolivien.

Indien: Mit Sieds in Indien wird ein mittelfristiger Vertrag abgeschlossen, der ihnen mehr Mittel zuführen wird.

Sri Lanka: NFPO unterstützt mit EcoSolidar-Hilfe Opfer des Tsunami.

Malawi: Lomadef trotzt der neuen Hungersnot und baut seine Dienste aus.

Senegal: Im Fischereiprojekt verdienen sich die Frauen ein Zusatzeinkommen mit Holz sparenden Räucheröfen.

Schweiz: Planung einer neuen Hilfswerktagung. Jahresumsatz in Zürich: CHF 1 110 000.–

2006

Schweiz: Am 12. Februar wird das 20-jährige Bestehen von EcoSolidar gefeiert.

Umsatzdiagramm EcoSolidar von 1986 bis 2005 in CHF

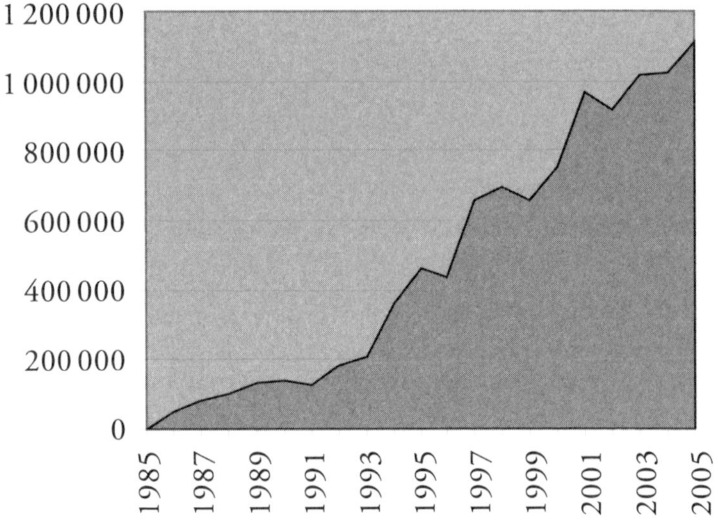

Verdankung

Mein Dank gehört auch allen an dieser Stelle nicht genannten Frauen und Männern, die in freiwilliger Arbeit oder mit Zuhören und Beraten EcoSolidar zu dem werden halfen, was es heute ist.
Dank an Sandra Acevedo, Samuel Andres, Alexander Augustin, Giorgio von Arb, Alex Baur, Peter Betschart, Dora Biasio, Urs Bitterli, Ursula Blum, Jael Bueno, Erica Burgauer, Stefan Dietrich, Markus Frei, Rainer Gangl, Christine Grünenfelder, Hans Peter Grünenfelder, Nafiye Günes, Barbara Häfelin, Almuth Hahn, Lidia Hellstern, Maja Hotz, Barbara Hug, Barbara Ingenberg, Dorothée Jaun, Christian Jordi, Martin Keller, Maria Martens, Peter Martmer, Lisa Maurer, Christoph Meienberg, Helena Meili, Barbara Meister, Mario Modena, Anja Naef, Bettina Nagler, Helena Nyberg, Maud Piller, Regina Radtke, Regula Rauch, Markus Rommel, Tatjana Schaefer, Matthias Scheurer, Ruth Snozzi, Susanne Staubli, Verena Stettler, Anna Stolz, Heidi Stutz, Iren Täuber, Edith Tenger, Fernand Vincent, Silvia Wehrli, Marianne Widmer, Jutta Wunderlin und dem Mädchenhaus Zürich.

Ebenso gehört dem aktuellen Vorstand von EcoSolidar meine Anerkennung. Drei Vorstandsmitglieder begleiten EcoSolidar seit 20 Jahren, die andern seit ungefähr 10 Jahren.
Präsident: Emilio Modena, Arzt und Psychoanalytiker.
Kassier: Hans Peter Vieli, Physiker, Ropress-Geschäftsleiter; Mitgründer der Alternativen Bank Schweiz und deren Sprecher bis 2001.
Aktuar: Christoph Rüegg, Chemiker.
André Affentranger, Ethnologe. Gregor Busslinger, Ethnologe und Psychoanalytiker. Paul Rippstein, Geschäftsleiter Genossenschaft Tofurei Engel. Christa Sulser, Ethnologin. Helena Zweifel, Ethnologin und Entwicklungsfachfrau.

Und besonderer Dank gebührt dem Schriftsteller Roger Monnerat, der dieses Buchprojekt bei Konzept und Stil begleitet hat.

Visuelle Informationen zu den Projekten von EcoSolidar

DVD und Video zu den Projekten und eine Internet-Homepage mit Fotos. Sehen Sie sich die beschriebenen EcoSolidar-Projekte in Kurzfilmen an.

Für den Videorekorder und DVD-Player:
Verschaffen Sie sich schnell und bequem einen persönlichen Einblick in die Projekte von EcoSolidar.
Sie können an der Geschäftsstelle von EcoSolidar ein Video bestellen und für eine Woche ausleihen.

Auf dem Internet:
Sie können aber auch die einzelnen Teile auf unserer Homepage direkt sehen. Klicken Sie auf den gewünschten Film. Alle PC-User haben den Windows Mediaplayer bereits integriert und können den Film schon nach 15 Sekunden sehen. Für Mac-User empfehlen wir die Realplayer-Variante.

Sie werden dann in die Erfahrungswelt von EcoSolidar und Partner/-innen eintauchen und sehen, wo und wie ihre Spende fruchtbar eingesetzt worden ist.

Informationsmaterial können sie auch gerne per Post oder Internet bestellen:
EcoSolidar, Langstr. 187, Postfach 1314, CH-8031 Zürich.
Telefon: +41 (0)44 272 42 00, Tefax: +41 (0)44 272 42 17
Internet: www.ecosolidar.ch
PC 80-9005-8

Weitere Titel aus dem Orell Füssli Verlag

Heinz Kindlimann

Geboren in der Steinzeit – Gestorben in der Gegenwart

Eine Reise ins Land der Yanomami-Indianer

Das Vordringen der Zivilisation ins Land der Nebelberge Nordwestamazoniens gefährdet eines der letzten noch intakten Urwaldgebiete Brasiliens. Es ist wie die Vertreibung aus dem Paradies: Das Leben der Urbevölkerung – ein Leben ohne Besitzstreben in völliger Übereinstimmung mit der Natur – gehört bereits weitgehend der Vergangenheit an.

Der Journalist Heinz Kindlimann unternimmt seit rund 40 Jahren regelmässig Expeditionen zu den Yanomami-Indianern in Amazonien. Die literarische und fotografische Dokumentation seiner Erfahrungen hat er in einem einzigartigen Band festgehalten, in dem er von der Kultur, der Geschichte und der Lebensart der Yanomamis erzählt und Einblicke in eine fremde Welt ermöglicht.

Mit 200 Abbildungen, 400 Seiten, gebunden,
ISBN 3-280-06081-8

orell füssli Verlag

Marianne Spiller-Hadorn (Hrsg.)

Adolfo Pérez Esquivel

Der gewaltfreie Rebell

Der argentinische Friedensnobelpreisträger Adolfo Pérez Esquivel gehört zu den grossen gewaltfreien Widerstandskämpfern unserer Zeit. Sein Engagement musste er mit Gefängnis und Folter bezahlen.

Marianne Spiller-Hadorn hat Auszüge aus Esquivels Schriften und Briefen übersetzt und sie hat mit ihm und seiner Frau Amanda intensive Gespräche geführt. Entstanden ist das eindrückliche Porträt eines Mannes, der den Militärdiktaturen die Kraft der Gewaltfreiheit entgegensetzte. Adolfo Pérez Esquivel ist aber auch Künstler. Seine Skulpturen, Gemälde und Zeichnungen spiegeln das Leiden der Menschheit und gleichzeitig die Vision einer besseren Welt wider.

160 Seiten, gebunden, ISBN 3-280-06079-6

orell füssli Verlag